Nina C. Grimm
Hätte, müsste, sollte

Vom Wunsch zur Wirklichkeit

Kennst du das? Theoretisch weißt du, wie du mit deinem Kind umgehen möchtest: zugewandt, achtsam, bedürfnisorientiert. Du weißt, dass Schimpfen Quatsch ist, Ungeduld nicht weiterhilft und Schreien gar nicht geht. Und doch passiert es dir. Immer wieder, jeden Tag. Nina C. Grimm zeigt, woran unsere guten Ansprüche so oft scheitern und warum es sich lohnt, die Herausforderungen unseres Familienlebens als Einladung zu betrachten. Mit psychologischem Fachwissen und Methoden der Achtsamkeit hilft sie uns, alte Muster zu durchbrechen, Vertrauen in unsere Fähigkeiten als Eltern zurückzugewinnen und unseren Kindern die Hand zu reichen, die sie gerade brauchen. So gelingt Erziehung authentisch und ohne Druck.

Dieses Buch holt Eltern ab, die mit ihrem Latein am Ende sind.
Und zwar da, wo sie stehen: mitten in den Herausforderungen
des Familienalltags. Um sie dorthin zu bringen, wo sie
wahrhaftig zuhause sind.

Isabel Huttarsch, Psychologin und Gründerin
von »MINDFULmothering«

Mit einem Vorwort von Nora Imlau

Nina C. Grimm

Hätte, müsste, sollte

Bedürfnisorientierung
im Familienalltag
wirklich leben

Mit einem Vorwort von Nora Imlau

Kösel

Penguin Random House Verlagsgruppe FSC® N001967

3. Auflage 2022
Copyright © 2021 Kösel-Verlag, München,
in der Penguin Random House Verlagsgruppe GmbH,
Neumarkter Str. 28, 81673 München
Umschlaggestaltung: Weiss Werkstatt München
Umschlagmotiv: © Liderina/iStock.com
Innenteilillustrationen gestaltet von PRHVG unter Verwendung des Bildmaterials von stock.adobe.com: 17 (ylivdesign); 23; 62; 89; 114; 124; 138; 183 (Colorfuel Studio); 80 (bullet_chained); 114 (Fiedels)
Redaktion: Diane Zilliges
Satz: Satzwerk Huber, Germering
Druck und Bindung: CPI books GmbH, Leck
Printed in Germany
ISBN 978-3-466-31164-4
www.koesel.de

Inhalt

Für meine wundervollen Kinder.
Ohne euch wäre ich nicht die,
die ich heute bin.
In Liebe und tiefer Dankbarkeit
Mami

Vorwort von Nora Imlau

Als ich zum ersten Mal Mutter wurde, wusste ich genau, wie ich mit meinem Kind umgehen wollte: liebevoll, geduldig und zugewandt, dabei konsequent und klar. Das konnte doch so schwer nicht sein? Es dauerte nicht lange bis zum ersten Sündenfall: Genervt und übermüdet meckerte ich mein weinendes Baby an. Und dabei sollte es nicht bleiben. Mit wachsendem Entsetzen stellte ich fest, dass zwischen all meinen guten Vorsätzen und der Realität mit meinem Kind immer öfter ein schier unüberwindbarer Graben zu liegen schien. Ich wollte geduldig sein, und verlor doch die Nerven. Ich wünschte mir Harmonie, und bekam stattdessen Wut. Ich dachte, ich könnte meinem geliebten Kind niemals wehtun, und ertappte mich gleichzeitig dabei, wie ich es manchmal fester anpackte als notwendig, wenn es sich mal wieder nicht wickeln lassen wollte. Einfach, weil ich so genervt war.

Das war der Punkt, an dem ich ahnte: Wenn ich die Mutter sein will, die ich wirklich sein will, liegt eine Menge Arbeit vor mir. In den folgenden Jahren erarbeitete ich mir mühsam aus zig verschiedenen Quellen Wege, meine Ideale mit meinem tatsächlichen Handeln zumindest einigermaßen in Einklang zu bringen. Wie viel leichter wäre das gewesen, hätte es damals schon dieses Buch gegeben!

Denn die erfahrene Psychologin und Mutter Nina C. Grimm hat in diesem grundlegenden Ratgeber endlich umfassend und leicht verständlich zusammengetragen, was Eltern brauchen, um vom Wünschen ins Tun zu kommen. Einfühlsam beschreibt sie die Fallstricke moderner Elternschaft mit ihren mannigfaltigen Herausforderungen, und zeigt ganz konkrete Wege auf, mit Stress und Überforderung umzugehen und feinfühliger und fürsorglicher zu werden – zuallererst uns selbst gegenüber. Denn das wahre Geheimnis eines gelingenden Familienlebens liegt nicht in den allgegenwärtigen Erziehungstipps, sondern in einer tief in uns verankerten Haltung der liebevollen Zugewandtheit, die bei unserem Umgang mit uns selbst beginnt.

Man merkt jeder Zeile dieses Buches an, dass hier nicht nur eine Beziehungsexpertin schreibt, sondern auch eine Frau, die selbst in ihrer Mutterschaft schon viele Höhen und Tiefen durchschritten hat. Die Verständnis hat, wenn Eltern hinfallen und an ihren eigenen Idealen scheitern. Und die ihnen in Momenten größter Zweifel nicht mit erhobenem Zeigefinger den Weg weist, sondern ihnen solidarisch die Hand reicht und ihnen hilft, sich aufzurichten, sich den Staub von der Hose zu klopfen und erhobenen Hauptes weiterzugehen, aller Fehler und Unperfektheiten zum Trotz.

Nachdem sich die Erziehungsratgeber der vergangenen Jahre immer stärker den Bedürfnissen unserer Kinder zugewandt haben, ist dieses Buch eine dringend notwendige Ergänzung, die die Bedürfnisse der Eltern in den Fokus rückt. Denn nur wenn wir Großen haben, was wir brauchen, können wir auch dauerhaft und verlässlich für unsere Kleinen da sein. Deshalb ist es so wertvoll, dass Nina C. Grimm ganz konkrete alltagstaugliche Handlungsimpulse gibt, die Eltern helfen, ihre eigenen Bedürfnisse überhaupt erstmal wieder zu spüren sowie ihre persönlichen Grenzen zu erkennen und auch im stressigen Familienalltag zu wahren. Dabei bleiben ihre Tipps nicht an der Oberfläche, sondern wirken bis in die tiefsten Sedimentschichten unseres Fühlens und Handelns hinein.

Denn Elternstress ist eben nichts, was sich mit einer Tasse Tee oder einer halben Stunde Mandalamalen einfach wegzaubern lässt. Denn er wurzelt nicht nur in unserem herausfordernden Alltag heute, sondern auch in unseren eigenen frühesten Prägungen und damit auch in uralten schmerzvollen Erfahrungen, die unterbewusst noch immer in uns nachwirken. Sich diesen Einflüssen aus unserer Vergangenheit zu stellen, erfordert Mut und Kraft. Doch mit der so fachkundigen wie feinfühligen Begleitung durch dieses Buch können sich Eltern vertrauensvoll auf diese Reise zu sich selbst einlassen – und dabei den Weg in ein Familienleben entdecken, das Spaß macht, erfüllt und in dem alte Wunden langsam heilen können.

Von Herzen viel Freude mit diesem wunderbaren Buch wünscht

Nora Imlau

Prolog

»GOTTVERDAMMTE SCHEISSE!«, schoss es durch ihren Kopf und »JETZT HÖR AUF!!!«, donnerte über ihre Lippen, während zeitgleich das Kleinkind vor ihr in Tränen ausbrach. Natürlich machte es das nicht *besser*. Natürlich ging es dadurch nicht *schneller*. Und natürlich *wusste* sie das. Sie *wusste*, dass Schreien nichts bringt. Sie *wusste*, dass sie das eigentlich nicht mehr wollte. Und dennoch überkam es sie. Wie ein wildes Tier. Dem sie scheinbar hoffnungslos ausgeliefert war. Denn obwohl sie ihren Fehltritt eigentlich bemerkte, noch *während* sie motzte, konnte sie nicht aufhören. Und hätten wir sie fünf Minuten später danach gefragt, wäre sie sehr wahrscheinlich voller Schuld und Scham im Erdboden versunken.

Diese Mutter – … war ich! Nina, 2015.

Kennst du das auch?

Kennst du auch diese Lücke zwischen Theorie und Praxis? Hast du viele tolle Bücher rund um das Thema Erziehung gelesen und spannende Seminare dazu besucht, allesamt bereichernd und gewinnbringend? Und eigentlich hast du eine ziemlich klare Vorstellung davon, wie du dir dein Familienleben wünschst? Achtsam. Bedürfnisorientiert. Gewaltfrei. Artgerecht. Und wie sie alle heißen. Doch in den entscheidenden Momenten ist all dein Wissen und sind all deine guten Vorsätze wie weggeblasen?

Herzlich Willkommen im Club!

Ich hatte 2015 einen Master in Psychologie. Ich hatte tagelang auf Meditationskissen gesessen. Ich hatte mindestens zehn hippe Erziehungsratgeber gelesen. Und mindestens genauso viele Seminare, Vorträge und Fortbildungen dazu besucht. *Ich wusste so viel!* Und stand dennoch brüllend vor meinem zuckersüßen und vollkommen unschuldigen Kleinkind … *Scheiße nochmal* – wie kann das sein??? Wie kann es sein, dass dieser Sog alter Muster *so* unendlich stark ist?

Es entlastete mich natürlich ein Stück weit zu wissen, dass ich damit nicht allein war. Vielleicht geht es ja dir »zufällig« gerade genauso oder zumindest so ähnlich. Mir begegneten jedenfalls schon damals, sowohl im privaten als auch im beruflichen Kontext, immer wieder Menschen, die genau *wussten*, dass ihr Verhalten eigentlich ziemlich Banane ist. Und es dennoch nicht sein lassen konnten.

Nun entspricht es meinem Naturell und ein Stück weit auch meiner Berufung, den Dingen auf den Grund gehen zu wollen. Und die Tatsache, dass es eben nicht nur mir, sondern so *vielen* Menschen so ging, weckte meinen Ehrgeiz. Ich wollte es verstehen! Ich wollte es lösen! Ich wollte diese Lücke, *meine* Lücke, endlich, endlich schließen! Und so begann ich zu suchen. Ich suchte nach Büchern, nach Seminaren, die mir die Frage nach dem ultimativen Transfer endlich beantworteten … Und fand nichts. Ich fand nichts!

Das war die Geburtsstunde dieses Buches. Entsprungen aus meiner eigenen Sehnsucht. Basierend auf meinen eigenen Herausforderungen, untermauert von meiner Expertise als Wissenschaftlerin, Psychologin und angehende Psychotherapeutin und mittlerweile an sieben Jahren Mutterschaft erprobt.

Ich habe das Wissen unterschiedlichster Disziplinen zusammengetragen und für den Familienalltag übersetzt. Um Familie endlich so leben zu können, wie es theoretisch längst klar ist.

Ich wuchs mit dem Buch und das Buch wuchs mit mir. Denn mein Ziel brachte mich auf einen Weg. Einen Weg, der mich alten Prägungen entwachsen ließ und auf dem es Muster zu durchbrechen und alten Schmerz zu lindern galt – um zu der zu werden, die ich wirklich-wirklich bin. Und um zu erkennen, dass alles gut ist, so wie es ist. Selbst oder gerade, wenn es aktuell herausfordernd ist.

Der Türöffner dafür war der Blick in die Augen meiner Tochter.

Kannst du dich noch an das Wunder erinnern, das du bestaunt hast, als dein Kind frisch geboren war? Dieses Wunder ist immer noch da. Selbst wenn es gerade von Wutanfällen oder Selbstzweifeln verdeckt wird. Dieses Wunder ist *immer* da. In mir, in dir, in deinem Kind und in jeder Herausforderung, die ihr miteinander habt.

Wenn wir es uns erlauben, wieder in Kontakt zu kommen mit diesem Wunder, das uns alle eint, wird Erziehung zur Abenteuerreise. Konflikte werden zu Geschenken. Und der Alltag zu einer Liebeserklärung.

Ich bin diesen Weg selbst gegangen. Und mein Herz tanzt, weil ich ihn auch dir mit diesem Buch zugänglich machen darf. Wenn du möchtest, betrachte dieses Buch als eine persönliche Einladung, dich gemeinsam mit mir auf einen Weg zu machen. Lass uns gemeinsam Brücken schlagen – zwischen Theorie und Praxis. Damit eine gute Idee tatsächlich zum Leben erweckt wird! Für mich ist *das* ein Aufbruch in die friedvollere Welt von morgen.

Und alles beginnt mit dir.

Schön, dass du da bist!

Deine Nina

Alles beginnt mit dir.
So was wie eine Einführung

Vielleicht fragst du dich gerade, warum und wie und wieso überhaupt es mit dir beginnen sollte, wenn dein Kind dich auf irgendeine Art und Weise herausfordert. »Was hat es denn mit mir zu tun, wenn mein Kind meine Grenzen nicht toleriert? Und ist es dann nicht einfach eine logische Konsequenz, dass ich irgendwann wütend werde? Klar tut es mir im Nachhinein leid, wenn ich dann schimpfe – aber was genau hat es mit mir zu tun?«

Lass uns das kurz genauer anschauen:

Ist es dir auch schon mal so gegangen, dass du dich mit deinen Herausforderungen an eine Freundin gewandt oder Google befragt hast und dir dann der neuste Erziehungsratgeber, ein spannender Blog oder hippe Influencer empfohlen wurden? Die du dir natürlich angeschaut hast, denn du *willst* ja etwas verändern. Und so, wie es dort beschrieben wurde, klang es nicht nur toll, sondern eigentlich auch ganz einfach:

Ruhig bleiben! Einfach drei Mal tief atmen.

Bloß nicht schimpfen!! Loben am besten auch nicht.

Und natürlich Selbstfürsorge – ganz wichtig!!

Leuchtet total ein! Der Verstand sagt Ja, das Herz sagt Ja und da ist wirklich die aufrichtige Ambition, etwas verändern zu wollen.

Doch dann, im entscheidenden Moment – wutsch! – fällst du wieder zurück ins alte Muster. Und auf einmal sieht das, wovon du theoretisch überzeugt bist, in der Praxis ganz anders aus?

Spätestens wenn wir das, wovon wir *eigentlich* überzeugt sind (beispielsweise nicht mehr so viel zu schimpfen), *nicht* leben können (und trotzdem maulen), wird klar: In diesen Situationen wird etwas aktiviert, das unser Verhalten fernab von unserer elterlichen Vernunft steuert.

Und dieses »Etwas« beginnt mit dir.

Das Tolle ist: Während sich manche Menschen dieses »Etwas« in vielen Stunden Psychotherapie hart erarbeiten müssen, bekommen wir Eltern es von unseren Kindern auf dem Silbertablett serviert: Unsere eigenen Baustellen! Mit uns selbst. Mit dem Leben. Alte Wunden. Alte Glaubenssätze und alte Muster.

Sodass jeder Streit, jeder Konflikt mit unseren Kindern potenziell die Gelegenheit mit sich bringt, dem alten Kladderadatsch ein Stückchen mehr zu *entwachsen*. Und zu uns selbst zu *erwachsen*.

Genau an diesen Punkt möchte ich mit dir in diesem Buch gehen – ich möchte dieses »Scheitern« erhellen. Ich möchte die Negativbewertung von Schwierigkeiten mit einem Fragezeichen versehen und die Möglichkeit in Betracht ziehen, dass eben diese Herausforderungen ein besonderes Geschenk sind, das die Elternschaft mit sich bringt. Und so lade ich dich im ersten Teil des Buches dazu ein, die negative Bewertung von Herausforderungen aufzuweichen, um stattdessen die Grundhaltung zu kultivieren, dass unsere alltäglichen Herausforderungen eine wundervolle Gelegenheit sind, um uns bewusst für einen neuen Weg zu entscheiden. Um diesen Weg zielführend beschreiten zu können, brauchen wir natürlich vor allem eins: ein Ziel! Daher werden wir uns im ersten Teil auch mit der Frage befassen, wohin du eigentlich möchtest.

Ausgestattet mit dieser Grundhaltung und verbunden mit deinem Ziel werden wir dann im zweiten Teil des Buches deine Brücke zwischen Theorie und Praxis schlagen. Für diese Brücke braucht es ein solides Fundament – Selbstbeziehung – sowie drei Säulen: Vertrauen, Präsenz und Selbstverantwortung.

Wenn wir alte Muster durchbrochen haben und dank unserer wundervollen Brücke an neuen Ufern angekommen sind, gilt es als Nächstes, neue Wege zu erkunden und dann auch tatsächlich zu gehen. Neue Verhaltensweisen wirklich nachhaltig zu kultivieren. Und genau dabei unterstützt dich der dritte Teil dieses Buches.

Im vierten Teil des Buches sprechen wir gemeinsam darüber, wie wir Konflikte innerhalb der Familie auf eine Art und Weise lösen und klären können, damit dieser Prozess am Ende für alle gewinnbringend und zielführend ist.

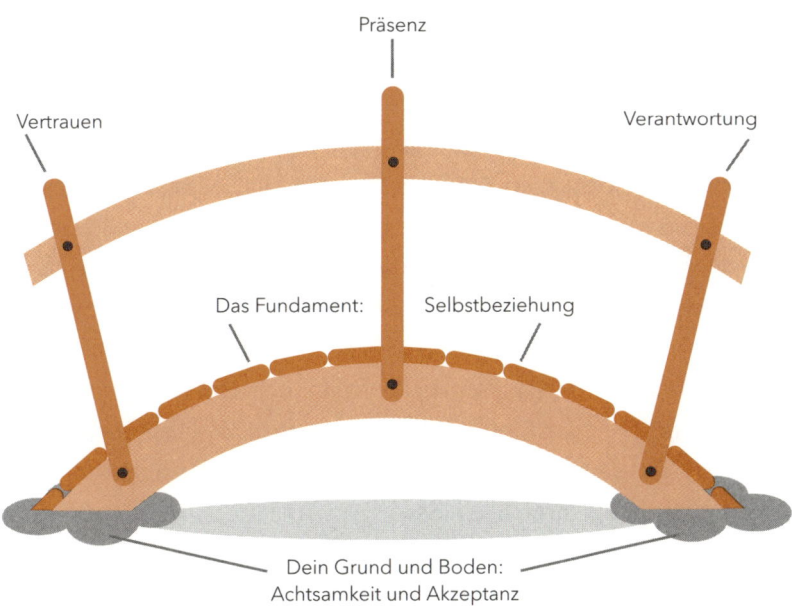

Präsenz

Vertrauen

Verantwortung

Das Fundament: Selbstbeziehung

Dein Grund und Boden:
Achtsamkeit und Akzeptanz

Im fünften Teil gehen wir in deinen Alltag und schauen gemeinsam darauf, wie du all dieses Wissen auf unterschiedliche Bereiche deines Familienalltags anwenden kannst.

Wie du dieses Buch nutzen kannst

Als Verhaltenstherapeutin ist es mein Herzenswunsch, dich mit diesem Buch in deine eigene Erfahrung zu bringen. Daher werde ich dich immer wieder zu praktischen Übungen, Meditationen, Reflexionen und kleineren Impulsen einladen. Meine Empfehlung an dich ist, dieses Buch chronologisch zu lesen, da die Kapitel aufeinander aufbauen und sich jeweils gegenseitig noch vertiefen.

Der letzte Teil »Herausforderungen meistern« ist ein Nachschlagekapitel. Auch wenn ich mich hier auf die im Buch erarbeiteten Kompetenzen beziehe, sind die jeweiligen Teile dort selbsterklärend. Sie kannst du je nach Anlass und Interesse auch einzeln (nach)lesen.

Wenn du möchtest, betrachte dieses Buch als einen Reiseführer. Für eine Reise, die dich dir selbst und dem (Familien-)Leben, das du dir wünschst, näherbringen wird. Und wie es bei einer echten Reise so ist, wird es Passagen geben, die du genießt, wo du lachst und alles toll findest. Und dann wird es Abschnitte geben, die dich vielleicht nerven oder fordern. Als Psychotherapeutin möchte ich dich von ganzem Herzen dazu einladen, gerade *diesen* Stellen deine Aufmerksamkeit zu schenken. Denn meistens sind es genau *die* Abschnitte, die den Stoff beinhalten, den du *tatsächlich* brauchst, um alten Mustern zu entwachsen und zu der oder dem zu erwachsen, die oder der du tatsächlich bist.

Ein guter Zeitpunkt, die Geschlechterfrage in der Ansprache aufzugreifen: Zugunsten des Leseflusses werde ich mich in diesem

Buch auf das weibliche Geschlecht begrenzen. Warum das weibliche? Statistiken zeigen, dass sich immer noch mehr Frauen mit dem Genre Erziehung befassen. Somit ist die Wahrscheinlichkeit schlichtweg höher, dass dieses Buch von einer Frau in der Hand gehalten wird. Falls du ein Mann bist: Schön, dass du da bist! Ich finde es wundervoll, dass du dich mit dem Thema beschäftigst! Bitte erzähl anderen Vätern davon und ermutige sie, sich auch mit der Thematik zu befassen. Ihr seid wichtig! Und eure Kinder brauchen euch!

Ich möchte dich zu guter Letzt noch dazu einladen, dir ein separates Notizbuch anzulegen, das du parallel zu deinem Buch-Leseprozess führen kannst. Denn ich werde dich an vielen Stellen einladen, Fragen zu reflektieren, und es wird viele praktische Übungen geben, deren Erfahrungen es wert sind, festgehalten zu werden. So wirst du am Ende dieses gemeinsamen Weges quasi dein eigenes kleines Buch geschrieben haben, das dir deine persönliche Route zu deiner Wunschfamilie aufzeigen wird. Außerdem trägt Schreiben auch ganz wesentlich dazu bei, dass dich deine Erkenntnisse tatsächlich durchdringen. Sodass eine gute Idee schließlich zum Leben erweckt werden kann.

Legen wir los?

Dein Grund und Boden

Lass uns zu Beginn darauf blicken, wie wir einen soliden Grund und Boden für deine Brücke zwischen Theorie und Praxis erschaffen können: Er entsteht durch die Art und Weise, wie du den Herausforderungen deines Lebens begegnest. Und dabei unterstützt dich Achtsamkeit.

Achtsamkeit

Achtsamkeit ist mittlerweile in aller Munde und das zu Recht. Denn seit Jon Kabat-Zinn diese Praxis für die westliche Kultur zugänglich machte, erwies sie sich in ganz vielen unterschiedlichen Bereichen als sehr wirksam,[1] sodass sie nach und nach Einzug hielt in die Psychologie und Psychotherapie, in die Wirtschaft und schließlich auch in den Mainstream. Und auch wenn – oder gerade weil – über Achtsamkeit so viel gesprochen wird, möchte ich dir an dieser Stelle eine kurze Definition vorstellen. Einfach, damit wir eine gemeinsame Idee davon haben:

Achtsamkeit ist eine bewusste Ausrichtung auf den gegenwärtigen Moment, auf das, was gerade tatsächlich ist. Dabei geht es vor allem darum, ein Gewahrsein für die eigenen inneren Regungen (Gedanken, Gefühle und Körperempfindungen) zu gewinnen, ohne diese zu bewerten (gut/schlecht, angenehm/unangenehm) oder sich gar mit ihnen zu identifizieren (»Ich *bin* wütend« wird zu: »Ich fühle Wut«). Schließlich übt man sich darin, innere Regungen loszulassen und sich mit einem klaren Geist den Dingen zuzuwenden. So ist Achtsamkeit viel mehr eine innere Haltung als einfach nur eine Technik.

Der immense Einfluss meiner Gedanken und die Kraft der Achtsamkeit wurden mir das erste Mal so richtig bewusst, als ich mit meinem Mann nach dem Studium ein halbes Jahr in Indien verbrachte, wo wir ein zehntägiges Vipassana-Retreat »saßen« (wie man im Meditationsjargon sagt – denn tatsächlich sitzt man sehr viel und meditiert! … Eigentlich nonstop). Das Zentrum war im Norden des Landes, in einem kleinen Ort in den Ausläufern des Himalaja-Gebirges. Obwohl es erst Spätsommer war, war es vor allem in den frühen Morgenstunden recht kühl. So kam ich zur ersten Meditation um fünf Uhr morgens bereits fröstelnd auf meinem Kissen an. Während der Meditation bemerkte ich, wie eiskalt meine Füße waren. Und in mir ging es ab: »Hoffentlich kriege ich keine Erkältung … Das wäre eine Katastrophe! Dann kann ich das Retreat nicht bis zum Ende mitmachen. Wie soll ich denn mit verstopfter Nase meditieren? … Hoffentlich krieg ich kein Fieber … Die Trekkingtour nächste Woche müsste damit dann auch ausfallen … Scheiße, ist das *kalt* ... Mir ist viel zu kalt … Heizen die hier etwa gar nicht?!??« Und so weiter und so weiter. Meine Schultern, meine Stirn und mein Kiefer waren genauso verkrampft wie meine Gedanken.

Und dann, Guru sei Dank, kam da plötzlich *ein* Gedanke unter all den vielen anderen an die Oberfläche. Ein Gedankenblitz, der die Worte Goenkas (so hieß der Guru) auf meinen Bewusstseinsradar schmetterte: »You just observe!« – »Das Einzige, was du zu tun hast, ist zu beobachten!« Einfach beobachten … und es machte Klick! Auf einmal wurde ich ruhig. Als wäre ein Schalter umgelegt worden. Und die kalten Füße wurden einfach zu kalten Füßen. Es war für mich so eindrücklich zu erleben, wie sehr sich mein kompletter Gesamtzustand veränderte, als ich es schaffte, meine Gedanken zwar wahrzunehmen, aber nicht mehr darauf einzusteigen. Sie »einfach« zu registrieren, um mich dann dem zuzuwenden, was da sonst noch so war: Stirn in Falten. Spannung im Kiefer … Okay – loslassen! Was noch? Ach ja, die kalten Füße! Ein ziemlich kalter großer Zeh. Ein etwas weniger kalter kleiner Zeh. Und ziemlich wohltemperierte Fußsohlen und Fersen … Und plötzlich hatte ich eine Wahl, was ich aus den kalten Füßen machte. Drama oder Lernfeld? So saß ich also mit meinen kalten Füßen und beobachtete meine Gedanken dazu – und wurde übrigens nicht krank!

Dass meine Füße damals im Norden Indiens kalt waren, war ein Fakt. Eine Tatsache, die sich nicht leugnen ließ. Doch inwiefern das meinen Gesamtzustand prägte, war ganz maßgeblich davon abhängig, was ich innerlich daraus machte. Ich hätte mich eine Stunde lang dem Lärm in meinem Kopf hingeben können. Der Angst vor der Erkältung. Dem Verfluchen dieser Idee, überhaupt hierhergekommen zu sein. Und – schwups – hätte ich eine furchtbare Stunde gehabt und wäre angestrengt aus der Meditation gekommen. Indem ich meine Gedanken und Gefühle beobachtete, ohne mich davon einnehmen zu lassen, löste sich etwas in mir. Und ich konnte klarer auf das blicken, was da fernab meines gedanklichen Dramas war: einfach nur kalte Füße.

Gut, und … ähm … was hat das jetzt alles mit Familie und mit den Herausforderungen des Alltags zu tun, Nina?

Dein Kind durchläuft gerade eine anstrengende Phase? Dann ist das eine Tatsache. Du reagierst darauf, zumindest gelegentlich, auf eine Art und Weise, die dir eigentlich missfällt? Dann ist auch das ein Fakt. Deine innere Ausrichtung entscheidet nun, ob daraus ein Drama oder ein Lernfeld wird. Und die Techniken der Achtsamkeit unterstützen dich dabei, in eine Haltung zu finden, die dich ermächtigt, zu *wählen*, wie du auf die äußeren Umstände *antwortest*, anstatt impulsiv darauf zu reagieren.

Lass uns zur Verdeutlichung ein konkretes Beispiel aus dem Familienalltag nehmen:

Max (2) wirft sich trotzig auf den Boden, weil er keine Schokolade mehr bekommt.

Was löst das gedanklich bei seiner Mutter aus?

Sie denkt: »Du undankbares Ding, du hast doch schon so viel bekommen!« Oder: »Ich kann ihm einfach nicht gerecht werden. Nie ist es genug …«

Kennst du sowas? Mir ist es wichtig, zuallererst zu sagen, dass es schlichtweg menschlich ist, wenn sich solche oder ähnliche Gedanken in dir regen. Das macht dich nicht zu einer schlechten Mutter.

Entscheidend ist, wie du mit diesen Gedanken umgehst. Welche Bedeutung schreibst du ihnen zu? Nimmst du sie für bare Münze? Lässt du dich von ihnen leiten? Lässt du dich von ihnen einnehmen? Dann kommt es sehr wahrscheinlich in irgendeiner Form zu einem Konflikt, entweder mit deinem Kind oder mit dir selbst.

Einer der Kernthesen der Achtsamkeit kann an dieser Stelle helfen: Gedanken sind nichts weiter als flüchtige Erscheinungen an der Oberfläche unseres Bewusstseins. Und wir können wählen, ob wir auf diesen Gedankenzug aufsteigen – oder eben nicht. Wenn du erkennst: »Aha – da kommt so ein fieser Gedanke. Aber ich muss darauf nicht einsteigen. Ich kann ihn loslassen«, kannst du deinen Blick neu ausrichten. Und dich für das öffnen, was neben diesem einen Gedanken noch alles so da ist. Und plötzlich siehst du in dem schokoverschmierten Monster vielleicht ein ziemlich müdes Kind. Oder ein besonders willensstarkes Kind, das sehr genau weiß, was es möchte. Oder deine eigene Erschöpfung – und die Unlust, über Schokolade streiten zu müssen … Und – tatataaaa – schon hast du ein komplett neues Feld an möglichen Antworten auf die aktuelle Herausforderung.

Fakt ist, dass wir als Menschen in jedem Moment durch unfassbar viele Reize beeinflusst werden – innere wie äußere. Achtsamkeit unterstützt uns dabei, uns in dem ganzen Lärm bewusst auszurichten. Sie schenkt uns eine Wahl:

Was mache ich aus den kalten Füßen?

Was mache ich aus meinem wütenden Kind?

Lasse ich mich von meinen Gedanken wegtreiben? Oder richte ich mich aus und wähle zu antworten, anstatt blind zu reagieren?

Aus der Kognitiven Verhaltenstherapie wissen wir, dass es unsere *Gedanken* sind, die aus den herausfordernden Momenten unseres Alltags einen Stressmoment machen. Und Achtsamkeit hilft uns, uns so auszurichten, dass wir selbst im größten Chaos Familie *so* leben können, wie wir es uns wirklich-wirklich wünschen.

Und genau das werden wir gemeinsam in diesem Buch aufgreifen. Ich beziehe mich hier im Wesentlichen auf Techniken, die in der Achtsamkeitsphilosophie verwurzelt sind und sich in der sogenannten dritten Welle der Kognitiven Verhaltenstherapie sehr bewährt haben.[2] Diese »dritte Welle« ist eine neue Strömung innerhalb der etablierten Kognitiven Verhaltenstherapie, in der sich rund um die Jahrtausendwende unterschiedliche Ansätze formierten, die sich unter anderem auf zentrale Achtsamkeitstechniken stützen und beziehen.

Lass uns deine guten Ideen zum Leben erwecken! Und mit Achtsamkeit beginnt der Weg. Denn Achtsamkeit unterstützt dich dabei, die negative Bewertung von deinen Konflikten aufzuweichen, um sie als Chance betrachten zu können.

Akzeptanz

Eine weitere wesentliche Grundlage für unsere gemeinsame Reise ist die Art und Weise, wie wir den Herausforderungen unseres (Familien-)Lebens begegnen. Gerade in Konflikten.

Wie ist es bei dir? Welche Gedanken gehen dir durch den Kopf, wenn du an den letzten Streit mit deinem Kind denkst?

Ist es sowas wie: »Wow! … Ach, schön! Einfach schön, dass wir uns endlich mal wieder gestritten haben!«?

Sehr wahrscheinlich nicht, oder?

Warum haben Konflikte eigentlich so einen schlechten Ruf? Warum mögen wir sie so ungern, ja, versuchen sie sogar zu vermeiden?

Ist doch vollkommen klar, denkst du jetzt wahrscheinlich. Warum sollte ich etwas mögen, was mich stresst, was mich Kraft kostet? Was nervt, zehrt und Zeit raubt???

Hier können wir gleich die Achtsamkeit zu Rate ziehen, denn ihre zugrunde liegende Philosophie erklärt das sehr schön: Wir alle haben die menschliche Tendenz, ein Verlangen nach den Dingen zu entwickeln, die uns gefallen. Davon wollen wir immer mehr. Und wir entwickeln eine Ablehnung gegen das, was uns widerstrebt. Das wollen wir tunlichst vermeiden und so wenig wie nur möglich davon in unserem Leben haben. Und da Konflikte nun mal meist damit einhergehen, dass uns etwas oder jemand widerstrebt, ist die Ablehnung von Konflikten sehr plausibel.

Das Problem ist nur, dass wir dadurch immer in einer gewissen Abhängigkeit stehen. Wenn in unserer Familie gerade alles harmonisch ist, geht es uns gut. Und wenn unser Kind uns mit DUPLO-Steinen bewirft, Türen knallt oder nicht mehr mit uns redet, geht es uns nicht gut. Unser Wohlbefinden steht also in Abhängigkeit zu dem, was im Außen passiert.

Ein angestrebtes Ziel der Achtsamkeit ist es, ein neues Maß an innerer Freiheit zu gewinnen, indem wir uns von dieser Abhängigkeit lösen. Das gelingt durch ein Aufweichen von Bewertungen wie »gut« oder »schlecht«. Stattdessen beobachten wir neutral, was sich ereignet. Aus dieser Zeugenperspektive können wir gelassener auf die Welt blicken. Dann versetzen uns Konflikte auch nicht mehr in Rage! Dann sind wir frei.

Das klingt ziemlich erstrebenswert, oder?

Nur betrachte *ich*, ganz ehrlich gesagt, meine persönliche Chance, in diese Art von Erleuchtung zu finden, unter meinen aktuellen Lebensumständen als eher mäßig. Daher tut es *mir* gut, diese Erleuchtung zwar als schönes Ziel anzuvisieren, mir aber auf den Weg dorthin Zwischenziele zu setzen. Und genau *die* möchte ich an dieser Stelle mit dir teilen:

Ein ganz wichtiger erster Schritt ist, überhaupt zu bemerken, *dass* du bewertest. Der Moment, in dem du realisierst, dass du in einer negativen Bewertung gefangen bist (»Dieses undankbare Biest!«, »Das ist doch alles Scheiße!«) ist ein Geschenk. Denn er ermöglicht es dir, deine Scheuklappen zu öffnen und dich für das zu öffnen, was neben dieser einen negativen Bewertung noch alles da ist.

Außerdem hilft es mir, wenn ich mir anschaue, *warum* ich die Dinge denn überhaupt so schlecht bewerte (das hilft übrigens meist schon beim Loslassen der Ablehnung). Stattdessen richte ich mein Augenmerk auf das, was mir die Situation schenkt. Was sie mich lehrt. Wie mir die Situation dient. Und aus dieser Perspektive heraus schneiden Konflikte auf einmal ziemlich gut ab.

Die Geschenke deiner Konflikte

Echte Beziehung

Ein Konflikt schenkt uns immer die Möglichkeit, mehr über unser Gegenüber zu erfahren. Warum wird er gerade wütend? Was verletzt sie? Was ist der Schmerzpunkt? Was hätte sie gebraucht, um sich sicher zu fühlen? Wie kann ich mein Anliegen künftig zum Ausdruck bringen, sodass er es auch annehmen und berücksichtigen kann?

Hier beginnt echte Beziehung. Es mag bequemer sein, nebeneinanderher zu leben. Doch wer sich berührt, erzeugt eben auch Reibung. Ja, wo Bindung ist, ist Reibung. Schlussendlich sind Konflikte also ein Ausdruck der engen Verbundenheit, die wir miteinander haben.

Klarheit über dein Wertesystem

Wenn uns etwas missfällt, dann meist auch deswegen, weil es in Konflikt zu einem unserer (meist unbewussten) Werte steht. Reagierst du beispielsweise genervt, wenn eine Bitte nicht berücksichtigt wurde, liegt das sehr wahrscheinlich auch daran, dass der Wert Respekt eine wichtige Rolle für dich spielt und in diesem Fall übergangen wurde. Das heißt, ein Konflikt schenkt dir potenziell auch immer einen Einblick in dein Wertesystem. Und hier verbirgt sich so ein kostbares Geschenk! Denn ein klar und bewusst definiertes Wertesystem kann dir wie ein guter Kompass dienen. Er weist dir die Richtung, wenn du dich verloren fühlst.

Wunde Stellen werden offenbar

Äußere Umstände oder ein Gegenüber vermögen uns nur dann in ein inneres Ungleichgewicht zu versetzen, wenn er, sie oder es einen wunden Punkt *in uns* trifft. Wie lässt es sich sonst erklären, dass das chaotische Kinderzimmer deinen Partner kalt lässt, dich selbst aber in Rage versetzt? Jede einzelne Auseinandersetzung, in der du stark emotional involviert bist, zeigt dir eines der Themen auf, mit denen du noch nicht im Frieden bist. Und damit serviert dir jeder einzelne Konflikt die Möglichkeit, in ein Persönlichkeitswachstum einzutreten, auf dem Silbertablett.

Ein triftiger Grund zur Veränderung

Wir Menschen brauchen häufig das Unangenehme im Außen, das so gnadenlos an unserer Tür rüttelt, bis wir uns schließlich in Bewegung setzen *müssen*. Konflikte sind dieses Unangenehme im Außen; sie holen uns raus aus unserem Alltagstrott, rütteln einmal ordentlich an uns und zeigen uns, was noch nicht ganz stimmig ist. Und damit haben wir aus psychotherapeutischer Sicht *die* perfekte Grundlage, um etwas zu verändern.

Summa summarum doch eigentlich eine ziemlich coole Sache, oder?

Konflikte innerhalb der Familie sind so sicher wie das Amen in der Kirche. Es ist also kein erstrebenswertes, geschweige denn realistisches Ziel, die Reibereien komplett aus der Familie zu verdammen. Lass uns stattdessen viel lieber Frieden mit dem Unumgänglichen schließen. Lass uns die Negativbewertung von Konflikten innerhalb unserer Familie aufweichen und uns für das Potenzial öffnen, das sie mit sich bringen.

Wenn du möchtest, lass uns kühn sein und dem Ganzen sogar ein wenig die Ernsthaftigkeit nehmen. Was gäbe es zu verlieren, wenn wir unsere Herausforderungen spielerisch betrachten würden? Ich weiß, es ist Teil unserer Kultur und damit der Tenor einer ganzen Gesellschaft, das Leben mit einer gewissen Ernsthaftigkeit anzugehen – und Dinge wie Kindererziehung erst recht. Aber jetzt mal wirklich: Was haben wir denn zu verlieren, wenn wir den Ernst ein wenig an die Seite stellen und stattdessen etwas mehr Spiel in unser Leben kommen lassen? Spiel im Sinne von Freude am Prozess. Verbunden mit dem Wissen, dass es in einem Spiel eben ganz häufig die Herausforderungen sind, die dem Ganzen eine gewisse Würze verleihen.

Was würde sich an deinem Familienleben verändern, wenn du deine Schwierigkeiten als Teil des Spiels willkommen heißen würdest?

Ich möchte hier nun nicht den Eindruck erwecken, dass *ich* bei jeder Streiterei freudvoll jubiliere: »Jaaa! Endlich! Da ist sie wieder! Meine Chance zum Wachstum!!« Natürlich verliere ich mich. Was sich aber verändert, ist die Dauer an Zeit, die ich im Trüben fische. Ich schaffe es schneller und schneller, aus meinem Drama auszusteigen und wieder klar auf die Situation zu blicken. Durchzuatmen. Und zu nutzen, was sich da präsentiert. Für mich persönlich, für meine Kinder, für meine Familie.

Also streitet euch. Haut euch ruhig mal die Köpfe ein. Und danach: Vertragt euch wieder. Und lernt gemeinsam daraus. Eure Konflikte sind eine so kostbare Grundlage, um sich mit der Frage zu beschäftigen, was ihr denn eigentlich wollt! Denn wir haben häufig die Tendenz, darauf zu schauen, was wir *nicht* wollen. Aber wo willst du denn eigentlich hin?

Wo willst du hin?

Wenn wir uns mit der Frage beschäftigen, wie wir Familie *so* leben können, wie wir es wirklich-wirklich möchten, macht es natürlich Sinn, sich mit der Frage zu befassen, *was* wir denn eigentlich wirklich-wirklich möchten. Denn selbst das klügste Navi braucht zur Berechnung der Route hin zu deiner Wunschfamilie zwei Koordinaten: den Ausgangspunkt und das Ziel. Lass uns daher diese beiden Punkte ein wenig näher anschauen.

Dein Ausgangspunkt

Wenn du mit beiden Füßen auf deinem Ausgangspunkt angekommen bist, hast du gute Bedingungen, um sicheren Schrittes in Richtung Wunsch-Familienleben loszugehen. Daher möchte ich dich an dieser Stelle einladen, deinem aktuellen Status quo ein wenig Aufmerksamkeit zu schenken. Wenn du möchtest, fühl dich ganz herzlich eingeladen, die folgenden Fragen für dich zu beantworten:

- Wo stehst du gerade?
- Was sind deine Schwierigkeiten? Was fordert dich?
- Was kannst du richtig gut?
- Was fehlt?
- Wovon gibt es genug oder gar zu viel?

Ein Experiment

Tue in den nächsten 24 Stunden nichts, als dort anzukommen, wo du jetzt gerade stehst. Stell für einen Tag alle Bemühungen, etwas verändern zu wollen, beiseite. Erlaube dir für die kommenden 24 Stunden, nichts tun zu müssen, keinen Plan und keine Strategie haben zu müssen.

Lass uns kühn werden und vielleicht – und das bitte nur für einige Augenblicke! – sogar damit experimentieren, wie es wäre, dir zu erlauben, deine aktuelle Herausforderung so richtig *gut* zu finden. Weil du in dem Wissen sein kannst, dass genau *diese* Herausforderung die Basis für eine Veränderung sein wird.

Was macht das mit dir?

Wahrscheinlich war es bisher so, dass du die Schwierigkeit am liebsten einfach sofort weggehabt hättest. Und vielleicht ist der Gedanke, voll in der Schwierigkeit anzukommen, für dich auch absurd. Denn schließlich *möchtest* du ja etwas verändern. Warum also zum Henker etwas betonen, was du eigentlich gar nicht möchtest? Einfach deshalb, weil ich gern mit dir gemeinsam darauf schauen möchte, wie du Glück, Freude und Leichtigkeit empfinden kannst, *obwohl* die äußeren Umstände nicht genau so sind, wie du es dir wünschst. Ein wesentlicher erster Schritt hierfür ist anzuerkennen, was gerade ist. Und genau dazu möchte ich dich für die nächsten 24 Stunden einladen.

Wenn das Navi deinen aktuellen Standort erfasst hat, kann es sich mit dem Ziel beschäftigen.

Dein Ziel

Was, wenn alles möglich wäre? Was würdest du dir dann für dich und deine Familie wünschen?

Stell dir einmal vor, auf deiner Schulter sitzt eine kleine Fee mit einem magischen Zauberstab – und du kannst ihr zuflüstern, was auch immer du dir für dich und deine Familie wünschst. Was wäre das? Vielleicht hast du sofort ganz konkrete Vorstellungen und eine klare Vision von dir, von euch. Vielleicht hast du darüber aber auch noch nie wirklich nachgedacht und tust dich gerade eher schwer. Beides ist total in Ordnung.

In jedem Fall lohnt es sich, ein paar Gedanken in die Frage zu investieren, wohin du denn eigentlich möchtest. Denn nur, wenn das Ziel klar ist, kann die richtige Route berechnet werden.

Wenn du möchtest, schnapp dir dein Notizbuch und mach dir zu folgenden Fragen Notizen: Wenn alles möglich wäre …

- Wie lebst du Familie?
- Wie ist euer Umgang miteinander?
- Wie geht ihr mit Konflikten um?
- Wie bist du im Umgang mit dir selbst und mit deinen Liebsten?

Ich schreibe hier bewusst nicht im Konjunktiv. Wenn du es schriftlich für dich festhalten möchtest, darfst du auf zwei Dinge achten: Schreibe in der Gegenwart und formuliere positiv (mach aus: »Wir hätten keinen Streit« also zum Beispiel: »Wir leben in Leichtigkeit«).

Du kennst nun deinen Grund und Boden. Und du weißt nach diesem Kapitel auch, wohin du möchtest. Perfekte Voraussetzungen, um die Brücke zwischen Theorie und Praxis zu schlagen. Auf zu neuen Ufern!

Deine Brücke zwischen Theorie und Praxis

Mit dem Wissen um die beiden wichtigsten Koordinaten – Ausgangspunkt und Wunschziel – können wir nun unseren Weg antreten. Ich möchte dir in diesem Teil des Buches die vier Säulen vorstellen, die deine Brücke über die Lücke zwischen Theorie und Praxis stützen werden. Die Grundlage jeder einzelnen Säule ist zunächst, ein Ja zu dem zu entwickeln, was gerade ist. Vielleicht hilft dir hierbei folgendes Bild:

Stell dir dein Leben als einen Fluss vor. Der Fluss entspringt aus der Quelle und beginnt zunächst ganz zaghaft und sanft durch die Landschaft zu fließen. Allmählich wird er dann kräftiger, kecker, lebendiger. Und dann kommen die ersten Passagen, an denen es wild wird. Laut. Chaotisch. Ungestüm. Scheinbar ohne Kontrolle. Im Verlauf des Flusses gibt es dann aber auch wieder Abschnitte, da bahnt sich der Fluss seinen Weg ganz stetig, scheinbar mühelos und elegant durch die Landschaft. Und dann gibt es wiederum Stellen, die von außen künstlich begradigt wurden, sodass er gar nicht mehr in seinem authentischen Fluss fließen kann. Doch der Fluss fließt, immer weiter – bis ans Meer. Komme, was wolle – sein Ziel ist ihm gewiss.

Was, wenn wir die Herausforderungen unseres Alltags schlicht als einen wilden Abschnitt auf dem Fluss des Lebens betrachten würden? Laut. Chaotisch. Vielleicht sogar auch mal einhergehend mit der ein oder anderen Stromschnelle oder Begradigung. Aber verbunden mit dem Wissen, dass es wieder ruhigere Abschnitte geben wird.

Natürlich können wir uns mit aller Kraft gegen die Strömung des Flusses stemmen, weil wir etwa der felsenfesten Überzeugung sind, dass unser Kind *jetzt* unbedingt (!) XY lernen *muss*. Oder weil wir verbissen und angespannt denken, dass etwas auf eine ganz bestimmte Art und Weise stattfinden sollte. Das kann man natürlich machen. Und sicherlich kann man diese Strategie auch eine Weile durchhalten. Doch sehr wahrscheinlich ist man nach einer gewissen Zeit einfach müde. Angestrengt. Und wirkliche Freude kommt dabei auch nicht auf.

Ich möchte dich mit diesem Bild dazu einladen, deinen Widerstand zu lockern und dich den Strömungen deines Lebens hinzugeben. Verbunden mit dem Wissen, dass es jetzt vielleicht genau *diese eine* bescheuerte Untiefe *braucht*, um ans Meer zu kommen. Wenn wir ein Ja zu dem entwickeln, was gerade ist und mit den aktuellen Strömungen unseres Lebens gehen, schließt sich die Lücke zwischen Theorie und Praxis viel leichter. Und genau so darf es sein!

Die nachfolgenden Kapitel führen dich durch vier zentrale Aspekte, die dich zunächst stärken (Selbstbeziehung) und in Verbindung mit dir selbst und deinem Kind bringen werden (Vertrauen). Außerdem geht es darum, dich von alten Mustern zu lösen und im Jetzt anzukommen (Präsenz), wo du als selbstbestimmter Erwachsener, fernab von alten Prägungen, Antworten auf die Herausforderungen deines Lebens findest (Verantwortung).

Die folgenden Zeilen werden dich immer wieder einladen, zu reflektieren, kleinere und größere Gedankenexperimente zu wagen und in deinem Alltag aktiv zu werden. Ich bin dabei an deiner Seite – als Therapeutin, Beraterin oder einfach als eine gute Freundin, die dir an den richtigen Stellen die richtigen Impulse gibt.

Selbstbeziehung

Zu Beginn dieses Kapitels möchte ich dich zu einer Übung einladen: Stell dir vor, du begegnest einer guten Freundin. Sie sieht ganz erschüttert und erschöpft aus und erzählt dir Folgendes: »Du kannst dir nicht vorstellen, wie es heute bei uns zuging. Ich fühl mich unfassbar schuldig. Ich hatte einen echt anstrengenden Tag und kam schon müde nach Hause. Max hätte längst bettfertig sein sollen, ich hab ihn sicherlich drei oder vier Mal darum gebeten, sich umzuziehen. Und er ignoriert das einfach. Als ich dann zum wiederholten Male ins Zimmer reinkomme, sehe ich auch noch, wie er seine kleine Schwester foppt. Da bin ich ausgerastet. An Nachtruhe war danach natürlich nicht mehr zu denken. Das war ein Drama! Ich bin fix und fertig.«

Wie würde deine erste Reaktion ausfallen? Was würdest du über deine Freundin denken? Was würdest du ihr sagen? Nimm dir gern ein paar Momente Zeit, um dir deine Antwort und deine Reaktion vor Augen zu führen.

Fertig?

Dann stell dir jetzt vor, bei *dir* wäre heute Folgendes passiert: Du hattest einen anstrengenden Tag. Du bist müde und dein Kind hätte längst bettfertig sein sollen. Du hast es sicherlich drei oder vier Mal darum gebeten, sich umzuziehen. Und wieder einmal ignoriert es dich einfach. Und als du zum wiederholten Male ins Zimmer kommst, siehst du auch noch, wie es gerade den Bruder / die Schwester / den Hund … foppt. Da rastest du aus. An Nachtruhe ist danach natürlich nicht mehr zu denken. Du bist fix und fertig.

Wie reagierst du im ersten Moment auf dich selbst? Was denkst du über dich? Was sagst du dir? Nimm dir gern wieder ein paar Augenblicke Zeit, um deine Reaktion auf dich selbst gedanklich entstehen zu lassen.

Erkennst du einen Unterschied?

Wenn du zur großen Mehrheit gehörst, dann reagierst du auf deine Freundin mitfühlender als auf dich selbst. Während du deine Freundin wahrscheinlich liebevoll darauf hinweist, dass sie aber doch auch vieles richtig macht und jeder mal einen schwachen Moment hat, wirst du dich selbst wahrscheinlich als schlechte (ungeduldige, unbeherrschte …) Mutter verurteilt, dein Versagen betont und all deine guten Eigenschaften außen vor gelassen haben. Stimmt's?

Warum gehen wir mit anderen mitfühlender um als mit uns selbst? Es handelt sich hier um eine tief verwurzelte, kulturelle Prägung. Es gehört zu unserer Sozialisation, dass wir uns durch Strenge und Autorität zu *noch* mehr Leistung und Effizienz anspornen. Der Gedanke, dass aus einer Sanftmut uns selbst gegenüber heraus ein Veränderungsprozess in Gang kommen könnte, erscheint uns hingegen ziemlich abwegig. Für viele ist es ein vollkommen neuer, vielleicht auf den ersten Blick sogar ziemlich schräger Weg. Doch die neuste Forschung zeigt uns, dass er eben ziemlich zielführend ist.[3] Daher möchte ich dich mit diesem Kapitel gern auf genau diesen Weg einladen: ein Weg, auf dem du dir selbst freundlich begegnest.

Viele Eltern befassen sich mittlerweile bewusst mit Erziehung und haben tolle Ideen für einen wertschätzenden Umgang mit den Kleinsten. Eine wunderbare Entwicklung! Doch die Basis für eine neue Form des Miteinanders ist deine Beziehung zu dir selbst. Die Basis bist du. Und hier beginnt unsere gemeinsame Reise.

Du bist der Kirschbaum

Wenn du an deinen letzten Streit mit deinen Liebsten denkst, bei dem du auf eine Art und Weise reagiert hast, für die du dich im Nachhinein vielleicht sogar schämst – war das zufällig in einem

Moment, in dem du eigentlich selbst entweder ziemlich müde, gestresst, hungrig oder im schlimmsten Fall alles zusammen warst?

Nein, ich bin keine Hellseherin, ich weiß einfach nur, dass *einer* der Gründe für die Lücke zwischen Theorie und Praxis ganz häufig einfach nur die eigene Erschöpfung oder Überforderung ist. Es ist also mehr als einfach nur eine gute Idee, sich als Eltern gut um sich selbst zu sorgen. Ich möchte dich in diesem Kapitel dazu einladen, dich um dich selbst so gut zu sorgen wie um dein eigenes Kind. Denn du bist wichtig!

Das hätte ich dir theoretisch auch schon vor zehn Jahren sagen können. Aber wirklich begriffen, *wie* relevant ich tatsächlich bin, habe ich es erst mit der Geburt meines zweiten Kindes. Lass es uns für dieses Buch Mogli nennen (tatsächlich war das mein Wunschname, aber mein Mann hat sein Veto eingelegt). Ich bin damals, was mich und meine Selbstzuwendung betrifft, durch eine ziemlich harte Schule gegangen. Bei meinem ersten Kind, lass es uns für dieses Buch Mala nennen (das wäre mein Wunschname, wenn ich noch mal ein Mädchen bekommen würde …), war ich definitiv eine bedürfnisorientierte Achtsamkeits-Streber-Mama aka Typus »aufopfernd«. Ich habe *alles* für mein Kind getan, auch wenn ich dabei auf der Strecke blieb. Und das tat ich tatsächlich (unsere Paarbeziehung übrigens auch. Aber das ist ein anderes Thema.). Und dann war da dieser Moment, der sich einbrannte:

Mogli wurde mitten in einer stürmischen Aprilnacht bei uns zu Hause geboren. Als ich am nächsten Morgen bei den ersten Stillversuchen, die gar nicht so funktionierten, wie ich das kannte und wollte, in Malas große blaue Augen blickte, wusste ich genau, was sie wollte: dabei sein! Und tatsächlich hatten wir es in den Wochen zuvor auch genauso besprochen. Denn sie hatte so ihre Ängste, was es bedeutet, wenn das Baby kommt. So hatte ich es mir mit ihr gemeinsam ausgemalt: Wenn das Baby erst mal da ist, halte ich sie in dem einen Arm und sie hat weiterhin ihre Mama zum Kuscheln, während das Baby im anderen Arm liegt und gestillt wird. So hatte ich mir das theoretisch vorgestellt. Praktisch hatte ich Schmerzen und litt unter den Schreien meines hungrigen Sohnes, während auf der anderen Seite ein Kleinkind zappelte und versuchte, es sich im richtigen Winkel in meinem Arm bequem zu machen. Und ich versuchte allen gerecht zu werden. Merkte aber, wie zunehmend Verzweiflung in mir aufstieg. Denn es *ging nicht!* Ich *konnte* nicht! Ich *konnte* mich nicht auf mein Neugeborenes *und* auf die richtige Stillposition konzentrieren *und* auf Mala eingehen, die aufgeregt schnatterte, während mir zeitgleich gefühlt mein ganzer Körper wehtat. *Es ging nicht!* Ich *musste* zuallererst auf mich schauen. Ich *musste* meine Bedürfnisse in diesem Moment wichtiger nehmen als ihre. Ich brauchte Ruhe. Ich brauchte Zeit. Ich brauchte die volle Aufmerksamkeit für mein Neugeborenes. So sickerte es mit Moglis erstem Lebenstag allmählich bei mir durch, dass ich als Mutter das Epizentrum der Familie bin. Wenn ich auf dem Zahnfleisch gehe, hat niemand was von mir. Nur wenn ich in meiner Blüte stehe, können sich meine Kinder an mir nähren.

Du bist der Kirschbaum!

Nur wenn du in deiner Blüte stehst, kann sich deine Familie an dir nähren.

Es gibt mittlerweile viele Studien, die eindeutig zeigen, *wie* wichtig die psychische Gesundheit und das subjektive Wohlbefinden der Mutter für die Entwicklung des Kindes sind.[4] Wir sprechen hier also fernab des mittlerweile üblichen Selbstfürsorge-Hochglanzmagazin-Geplänkels von einer wirklich guten Idee. In meinen Augen dürfen wir damit beginnen, es als Teil unserer elterlichen Fürsorgepflicht zu betrachten, uns gut um uns selbst zu sorgen. Denn um die Lücke zwischen Theorie und Praxis schließen zu können, braucht es dich in deiner Kraft. Daher möchte ich dich einladen, als Erstes darauf zu blicken, wie du dafür Sorge tragen kannst, dass du erblühst.

Was brauchst du, um zu erblühen?

Bei einem realen Kirschbaum ist die Sache ziemlich klar: Zum Erblühen braucht er fruchtbare Erde, regelmäßig Wasser, Licht und ab und an ein wenig Dünger.

Was brauchst *du*?

Nicht selten können wir die Frage danach, was *uns* guttun würde, nicht beantworten. Vor allem Mütter sind es gewohnt, sich selbst so zurückzustellen, dass es fast schon einer Überforderung gleichkommt, wenn da auf einmal jemand fragt: »Was brauchst denn *du*?«

Das zeigt, dass viele von uns tatsächlich nicht mehr in Beziehung mit sich selbst sind. Daher ist es ein erster und ganz entscheidender Schritt, dass wir wieder ein Gefühl für uns selbst bekommen und für das, was wir eigentlich brauchen. Vor allem bei Müttern mit kleinen Kindern kommt es häufig vor, dass im Alltag nicht mal mehr die Grundbedürfnisse befriedigt sind (etwa nach Schlaf und Nahrung). Tatsächlich ist es bis zu einem gewissen Grad gut, dass wir so altruistisch (= selbstlos) sind und die Fähigkeit besitzen, uns selbst komplett zurückzustellen, um das Überleben unserer Nachkommen zu gewährleisten. Gerade in den ersten Lebenswochen ist es fundamental für das Überleben eines Kindes, dass seine Eltern sich voll auf sein Wohl ausrichten und folglich sich selbst zunächst einmal zurückstellen. Das Problem an der Sache ist nur, dass bei vielen Eltern diese Tendenz überschwappt – zunächst in das Klein-kindalter und von dort in das Kindergarten-, Vorschul- und Schul-alter. Nicht ungefährlich! Denn wer sich die ganze Zeit nur küm-mert, kümmert und kümmert, läuft Gefahr irgendwann, selbst zu verkümmern. Dadurch gefährden wir nicht nur die eigene (psychi-sche wie körperliche) Gesundheit, sondern auch die unserer Kin-der. Denn elterlicher Stress begünstigt beispielsweise die Entste-hung von Verhaltensauffälligkeiten bei Kindern.[5] Wenn es dir also schwerfallen sollte, dir selbst um *deinetwillen* freundlicher zu begeg-nen, dann tu es für dein Kind!

Die Zeit ist reif für eine neue Beziehung zu uns selbst.

Nicht weil wir egoistisch sind, sondern weil wir wissen, dass alle von unserer Selbstfürsorge profitieren: wir, unser Kind, unsere ge-samte Familie. Und damit ein Stück weit die ganze Welt.

Da Grundbedürfnisse die schöne Eigenschaft haben, sich im Alltag ziemlich eindeutig zu präsentieren (Müdigkeit, Hunger oder Durst können wir deutlich spüren), eignen sie sich super als Übungsfeld, um wieder in Kontakt damit zu kommen, was *wir* brauchen. Ein schöner Start wäre folgender: Wann immer du in deinem Alltag ein Grundbedürfnis verspürst, pausierst du mit dem, was du gerade tust, um es zu erfüllen. Hier ein paar Bei-spiele:

- Dein Baby signalisiert Hunger und du willst es stillen. Weil du Durst verspürst, sorgst du zuerst für ein Glas Wasser, be-vor du dich dem Baby widmest.
- Du kochst das Familienessen und merkst, dass du zur Toi-lette musst. Das Abschmecken der Soße verschiebst du auf den Moment, in dem du aus dem Badezimmer zurückge-kehrt bist.

- Du bist mit den Kindern zu Hause und fühlst dich völlig übermüdet. Um zur Ruhe zu kommen und Kraft zu tanken, lässt du sie ihre Lieblingsserie schauen und legst dich kurz hin.

Natürlich bleibt es unsere Aufgabe, die Bedürfnisse unserer Kinder zu sehen und zu erfüllen. Ich möchte dich hier *nicht* dazu anregen, erst mal noch in Ruhe deinen Kaffee zu trinken, während dein Kind vor Hunger schreit. Aber gerade Eltern, die Familie bedürfnisorientiert leben möchten, haben die Tendenz, ihre eigenen Grenzen zugunsten der kindlichen Bedürfnisse zu überschreiten. In meinen Augen eines der größten Missverständnisse in der bedürfnisorientierten Szene: Wer die Bedürfnisse des Kindes berücksichtigt, verpflichtet sich *nicht* dazu, die eigenen dauerhaft zu übergehen. Es darf Grenzen geben. Du darfst und solltest dich auch an *deinen* Bedürfnissen orientieren. Denn sonst brennst du früher oder später aus. Und niemand hat etwas von einem ausgemergelten Bäumchen, das nicht mal mehr die Energie hat, sich selbst aufrecht zu halten.

Deine eigene Bedürfnisorientierung darf im Kleinen beginnen. Beispielsweise indem du schlichtweg erst etwas trinkst, wenn du durstig bist, bevor du dein Kind wickelst. Ich möchte dich dazu einladen, dir selbst *die* Aufmerksamkeit und Zuwendung entgegenzubringen, die du für dein Kind schon längst als selbstverständlich erachtest. Mach den Unterschied – und hör auf, einen Unterschied zu machen: Sorge dich um dich selbst wie um dein eigenes Kind.

Du bist wichtig!

Und es braucht dich in deiner Kraft.

Du bist der Kirschbaum!

Stell dir deine Selbstfreundlichkeit wie einen Muskel vor. Bei den allermeisten von uns ist dieser Muskel nicht sonderlich ausgeprägt, vielleicht sogar recht verkümmert. Und wir beginnen jetzt mit dem Training! Wir trainieren, uns selbst freundlich zu begegnen. Nicht weil wir narzisstische Züge ausprägen wollen, sondern weil wir anerkennen, dass wir wichtig sind. Und dass unsere Kraft darüber entscheidet, wie wir beispielsweise einen kraftraubenden Konflikt am Ende des Tages begleiten können.

Selbstbeziehung im Alltag etablieren

Wasser zu trinken, wenn du durstig bist, reicht natürlich nicht aus, um in deine Kraft zu finden. Daher ist es als Nächstes wichtig, in deinem Alltag verbindliche Inseln zu schaffen, die dich nähren. Das können kleinere oder größere Aktivitäten sein, durch die du zum Felsen wirst, der in der stürmischen Brandung namens Familienalltag stehen bleiben kann.

Häufig verhält es sich so, dass wir es theoretisch durchaus einsehen, dass es eine gute Idee ist, sich selbst zu berücksichtigen. Doch in unserem vollen Alltag ist es eben meistens doch die Zeit für uns selbst, die als Allererstes hinten runterfällt, wenn es mal wieder etwas stürmischer zugeht. Lass uns daher in diesem Kapitel gemeinsam darauf schauen, wie du diese Zeiten für dich selbst in deinem Familienalltag nachhaltig kultivieren kannst.

Lass mich dir dazu zunächst eine Frage stellen: Schaffst du es, dir zweimal am Tag die Zähne zu putzen? Selbst an jenen Tagen, an denen es wirklich heiß herging und du nur sehr wenig Kapazitäten hattest? Putzt du dir zweimal am Tag die Zähne, komme, was wolle?

Ja?

Wie schaffst du das?

Und was ist der Unterschied zwischen dem Zähneputzen und deiner Selbstfürsorge?

Beim Zähneputzen handelt es sich um etwas, dessen Relevanz wir von Kindheitstagen an eingetrichtert bekommen haben. Es ist eine Routine geworden und wir hinterfragen es gar nicht mehr. Auch, weil wir anerkennen, dass die Gesundheit unserer Zähne wirklich wichtig ist, schließlich brauchen wir sie zum Essen. Und wahrscheinlich haben wir auch schon mal erfahren, wie schmerzhaft Karies ist. Daher nimmt sich eigentlich jeder immer irgendwie Zeit für diese zweimal zwei Minuten am Tag.

Wir können also festhalten, dass du bezüglich des Zähneputzens von klein auf gelernt hast, dass es wichtig ist, und dass du mittlerweile routiniert bist – deswegen gelingt es jeden Tag, egal wie voll er ist.

Dann lass uns doch jetzt schauen, wie wir diese Prinzipien in deine Selbstzuwendung übertragen können.

Neues Verhalten kultivieren

Aus der Verhaltenstherapie wissen wir, dass neues Verhalten bis ins hohe Erwachsenenalter erlernt werden kann. Das gilt auch für die Selbstfürsorge. Das sind doch schon mal gute Nachrichten, oder?

Um ein heißes Eisen kommen wir allerdings nicht herum. Jeder kennt ihn, jeder hat ihn: den inneren Schweinehund! Und das ist uns Psychologen natürlich nicht entgangen! Der Sportpsychologe Reinhard Fuchs beschreibt, dass es für eine nachhaltige Kultivierung eines neuen (Gesundheits-)Verhaltens zwei Dinge braucht: Motivation und Volition.[6]

Motivation – das ist noch recht selbsterklärend. Natürlich braucht es einen eigenen inneren Antrieb, eine Einsicht in die Notwendigkeit, damit wir den Mehraufwand, den so eine neue Verhaltensweise mit sich bringen kann, überhaupt auf uns nehmen wollen. Ich hoffe, dass das Kirschbaum-Gleichnis für dich plausibel ist – und dass wir uns daher an dieser Stelle einig sind, dass Selbstfürsorge eine *wirklich* gute Idee ist. Sprich, dass du motiviert bist! Oder?

Was aber ist Volition? Volition legt deinen inneren Schweinehund an die Kette! Hierbei handelt es sich um die Fähigkeit, ein Vorhaben trotz Hindernissen zu realisieren. Diese Hindernisse können entweder internal sein (wie Müdigkeit oder Stress). Oder external, also alles, was nicht in deinen Händen liegt (wie etwa die spontane Absage des Babysitters).

Davon ausgehend lassen sich »volitionale Kompetenzen« ableiten, die dich dabei unterstützen, deinen guten Vorsatz tatsächlich auch in die Tat umzusetzen. Die gute Nachricht: Sie sind erlernbar! Daher freue ich mich, dir an dieser Stelle die wichtigsten Strategien vorstellen zu dürfen:

Ein guter Plan!

Wenn wir uns auf den Weg machen, Neues zu lernen, dann ist es zu Beginn hilfreich, wenn wir ein stützendes Geländer haben. Und das beste Geländer auf dem Weg hin zu einem neuen, erwünschten Verhalten ist: ein guter Plan!

Bei der Kultivierung von Selbstzuwendung ist eine sinnvolle Strukturierung deines Alltags die halbe Miete. Denn das schafft Klarheit für alle Seiten. Wenn für dich feststeht, dass du vormittags arbeitest, in der Stunde nach dem Kindergarten erst mal ausschließlich für dein Kind da bist, um dann vor dem Abendessen das Gröbste für den Haushalt zu machen (ich binde meine Kinder mittlerweile in die häuslichen Aktivitäten ganz einfach mit ein. Zwar dauert dann alles ein bisschen länger, aber das ist immer noch besser, als nichts gemacht zu haben), um dann am Abend etwas für dich zu tun, dann geht das ohne schlechtes Gewissen. Weil du weißt, dass alles seinen Platz hat. Das schafft wiederum eine Klarheit, die du gegenüber deinem Kind und deinem Partner zum Ausdruck bringen wirst, wovon alle Seiten profitieren.

Wenn du außerdem nur noch einen Blick auf deinen Wochenplan werfen musst und feststeht, dass dienstags Yoga dran ist, spart das außerdem Energie. Energie, die du für etwas Sinnvolleres einsetzen kannst, als jeden Tag wieder aufs Neue darüber nachdenken zu müssen, wann, wie, wo und wofür du Zeit für dich einräumst.

Also setzt euch als Familie zusammen und legt gemeinsam einen Wochenplan an. Wenn deine Kinder schon größer sind, kannst du sie gern einbeziehen, damit jeder das Gefühl hat, in dem Plan berücksichtigt zu werden. Geht dabei wie folgt vor: Sammelt erst einmal alle wiederkehrenden Aufgaben und Pflichten, die ihr in eurem Alltag habt. Das muss nicht zwangsläufig vollständig sein, aber gibt euch einen ersten Überblick. Bildet dann aus all diesen einzelnen To-dos Cluster (Gruppen). Beispielsweise so:

To-dos	Cluster
Wäsche waschen, aufräumen, putzen	Hausfürsorge
Frühstück vorbereiten, Kinder in Kita/Schule bringen & wieder abholen	Kinderbetreuung
...	...

Jetzt kommt ein wichtiger Trick:

- Plant nicht all die vielen einzelnen To-dos, sondern fixe Zeitfenster für die einzelnen Cluster!
- Plant zunächst die obligatorischen Cluster (beispielsweise Arbeit, Haushalt, Kinderbetreuung) – also all diese Dinge, die auf jeden Fall sein *müssen*.
- Wenn diese stehen, schau, an welcher Stelle du dein Selbstfürsorge-Cluster unterbringen kannst. Plane dir verbindlich jeden Tag ein Zeitfenster von mindestens fünfzehn Minuten nur für dich ein. Tu in diesen fünfzehn Minuten etwas, was dir *wirklich guttut*. Wäschewaschen und aufräumen sind in dieser Zeit VERBOTEN (es sei denn, du liebst es)!

Und dann noch ein kleiner Tipp aus der Praxis: Da wir es ja mitunter mit einem schlechten Gewissen zu tun bekommen, wenn wir uns Zeit für uns rausnehmen, kann es hilfreich sein, noch zwei weitere Kategorien in eurer Planung zu berücksichtigen:

- **Kinder-Zeit:** Also Zeit, die du exklusiv deinen Kindern widmest. Lieber täglich und dafür »nur« fünfzehn bis dreißig Minuten, die du dann aber auch wirklich voll und ganz für deine Kinder da bist.
- **Paar-Zeit:** Zeit für euch! Nicht, um über Organisatorisches oder Konflikte zu sprechen – sondern um etwas zu tun, das euch als Paar nährt: einen Film oder ein altes Fotoalbum anschauen, gemeinsam baden oder zusammen einen leckeren Nachtisch genießen. Hauptsache, es macht euch beiden Spaß! Meine Empfehlung: einmal pro Woche, damit kein zusätzlicher Stress geschaffen wird.

Achte bei der Umsetzung deines Plans auf eine gute Mischung aus Fix und Flexibel. Natürlich kann gerade im Alltag mit Kindern immer wieder etwas Unverhofftes passieren. Dann gräme dich nicht, weil du deinen Plan nicht einhalten konntest. Betrachte es einfach als Übung in Flexibilität und beginne neu.

Wünschenswert ist jetzt vor allem, dass deine Zeiten tatsächlich stattfinden. Und genau hierfür möchte ich dir jetzt noch ein paar Kniffe mit an die Hand geben.

Die vier W's

Wenn dein Wochenplan steht, blicke auf dein Zeitfenster für dich und konkretisiere deine Planung anhand der vier W-Fragen:

Wann? Im besten Fall hast du für jeden Wochentag einen Slot zu einer konkreten Uhrzeit eingeplant, der nur für dich reserviert ist. Beispielsweise möchtest du Dienstagabend um 19:30 Uhr Yoga machen. Wenn das klar ist, frage dich als Nächstes:

Wo möchtest du Yoga machen? Zu Hause im Wohnzimmer, im Yogastudio oder doch im Park? Lege fest, wo du dein Vorhaben umsetzen möchtest. Frage dich dann:

Wie möchtest du das realisieren? Wer passt auf die Kinder auf? Verwendest du eine spezielle App für deine Yogastunde daheim? Wie erreichst du dein Yogastudio?

Mit **wem?** Ein super Kniff ist außerdem, dich mit jemanden zu verbünden. So könntest du beispielsweise eine Freundin oder deinen Partner in dein Vorhaben einweihen – verpflichte dich vor ihnen, beziehe sie mit ein oder geh am besten gleich mit ihnen zusammen hin. Eine solche soziale Verpflichtung macht etwas mit uns und erhöht die Wahrscheinlichkeit, dass wir tatsächlich in die Umsetzung kommen.

Vielleicht klingt das in deinen Augen extrem kleinteilig, aber möglichst konkretes Planen ist nachweislich die beste Unterstützung, um nichts mehr zwischen dich und deine Yogamatte kommen zu lassen![7]

Plan B

Eine weitere ganz zentrale volitionale Kompetenz ist ein guter Plan B! Stell dir vor, du willst mit dem Fahrrad zum Yogastudio, doch dann schüttet es in Strömen. Was machst du? Damit du dich von diesem äußeren Hindernis nun nicht davon abhalten lässt, dennoch etwas für dich zu tun, ist es hilfreich, einen Plan B parat zu haben.

Dieser Plan B kann schlichtweg darin bestehen, dass du als alternatives Transportmittel das Auto oder die Bahn einplanst. Oder du planst dir eine Alternative zum Yoga bereits im Vorfeld ein. Zentral ist, dass du die für dich eingeräumte Zeit nun auch wirklich für *dich* nutzt. Hierbei kann dich deine persönliche Wohlfühl-Liste unterstützen:

Deine Wohlfühl-Liste

Sammle alle Aktivitäten, die dich nähren und mit denen du deine Selbstzuwendungszeit potenziell verbringen könntest: beispielsweise baden, ein Buch lesen, Spazierengehen, Kaffeetrinken, einen Film schauen … Dann braucht es nur noch einen Blick auf deine Liste, um deine Zeit für dich spontan auf eine andere, nährende und selbstfürsorgliche Art und Weise zu nutzen, wenn beispielsweise dein Yoga ins Wasser fällt (eine schöne Vorlage für deine Wohlfühl-Liste findest du auf meiner Homepage).

Wenn du magst, richte dir am besten einen schönen Korb her, den du entsprechend deiner Wohlfühl-Liste bestückst – mit einem guten Buch, deinen Stricksachen, einer Gesichtsmaske, der Yogakleidung … Dann braucht es wirklich nur noch *einen* Griff und du kannst die Zeit für dich maximal auskosten, ohne zu überlegen, ob du nun doch lieber erst mal den Haushalt machst, weil du nämlich dein Buch im Chaos nicht findest …

Ausreichend Puffer einplanen!

Was du auch immer vorhast: Plane ausreichend Puffer ein! Wenn du irgendwo zwischen Abendessen und Schlafenszeit fünfzehn Minuten für dich eingetragen hast, dann braucht es im Familienalltag nur einen Wutanfall oder eine volle Windel, um dir diese Zeit zu zerschießen.

Daher: Plane lieber weniger, aber dafür großzügig. Plane so, dass du dein Vorhaben ziemlich sicher erfüllen kannst. Denn nur so macht es Spaß. Der beste Plan nützt dir nichts, wenn du ihn nicht einhalten kannst. Wenn du dagegen realistisch planst und der Plan aufgeht, hat das den tollen Nebeneffekt, dass es deine Selbstwirksamkeit stärkt – was sich wiederum sehr positiv auf dein Gesamtbefinden auswirkt. Und genau da wollen wir hin!

Mach es trotzdem

Dieser Punkt ist eine persönliche Mamaerfahrung: Im Zweifel mach es einfach trotzdem!

Wenn du dir vorgenommen hast, morgens Yoga zu machen, und deine Kinder wachen unverhofft früher auf – mach es trotzdem! Binde sie mit ein oder schalte ihnen ein Hörbuch an. Nimm dich selbst und dein Vorhaben *so* wichtig, dass du ihm oberste Priorität einräumst.

Betrachte diese Planungszeit als eine Art Eingewöhnungsphase. Eine Eingewöhnung in eine neue Beziehung zu dir selbst. Viele von uns sind es schlicht nicht gewohnt, sich gut um sich selbst zu kümmern. Einfach, weil sie es nicht als eine ebenso notwendige Selbstverständlichkeit vermittelt bekommen haben wie das Zähneputzen. Du kannst dir deine alte Gewohnheit, dich selbst nicht zu berücksichtigen, als das eine Ufer vorstellen und die neue Gewohnheit, deine Zeit für dich als eine ebensolche Selbstverständlichkeit zu betrachten wie das Zähneputzen, als das andere. Um trockenen Fußes an das andere Ufer zu kommen, braucht es eine Brücke, am besten mit einem sicheren Geländer. Und die Planung deiner täglichen Kirschbaum-Momente ist dein Geländer!

Wenn ich mit Eltern in meinen Kursen über Selbstfreundlichkeit spreche, atmen viele erleichtert auf. Vielen tut es gut, von einer Expertin geraten zu bekommen, sich Zeit für sich zu nehmen. Zeitgleich kommen schnell Zweifel auf: *Steht mir das überhaupt zu? Bin ich dann nicht egoistisch?* Daher möchte ich auf diesen Punkt noch mal näher eingehen.

Die Angst, ein Egoist zu sein

»… aber mein Baby *ist* doch wichtiger«, »Sind denn die Bedürfnisse meines Kindes nicht viel fundamentaler als meine?«, »Also ich weiß nicht, ob ich so egoistisch sein will …«

Nur ein paar Ausschnitte aus Kommentaren von meinen Seminarteilnehmerinnen, wenn ich das Thema Selbstzuwendung einführe. Die wohl größte Angst bei vielen ist, dass Selbstzuwendung bedeutet, ein Egoist zu werden, der nur noch auf sich selbst schaut. Daher möchte ich an der Stelle mit einem großen Missverständnis aufräumen und eine ganz wesentliche Unterscheidung vornehmen. Nämlich die zwischen Egozentrik und Egoismus.

»Egozentrik« bedeutet, dass ein Mensch stets sich selbst und sein eigenes Wohlbefinden in den Mittelpunkt stellt. Das Wichtigste ist die eigene Person, und alles wird dem untergeordnet.

»Egoismus« hingegen stammt aus dem Lateinischen und ist zu übersetzen mit »Eigeninteresse« oder »Eigenliebe«. Lediglich unser kultureller Kontext hat die Bezeichnung negativ gefärbt, sodass sie heute tatsächlich als Schimpfwort durchgeht. Doch was ist denn eigentlich schlecht daran, sich selbst zu lieben? Was ist verkehrt daran, in seinem eigenen Interesse zu handeln?

Als aufmerksame Leserin bemängelst du an dieser Stelle vielleicht, dass der Teil der Definition fehlt, der beschreibt, dass eine egoistische Handlung »ohne Rücksicht auf andere« vorgenommen wird. Daher möchte ich dich explizit dazu einladen, in eine *gesunde, reife* Form der Eigenliebe zu finden, die *dich* berücksichtigt *und* die anderen.

Die Sorge, zu egoistisch zu sein, zeigt einen ganz häufigen Grund auf, weswegen Selbstzuwendung trotz guter Absicht (und einem guten Plan!) nicht gelingen mag: unseren Zweifel, ob es uns denn überhaupt zusteht. Ob wir denn überhaupt gut für uns sorgen *dürfen*.

Hier stoßen wir auf unser eigenes Wertigkeitsempfinden.

Die jetzige Elterngeneration hat durch ihre Sozialisation häufig Schwierigkeiten damit, sich auf eine gesunde Art und Weise einen eigenen Wert zuzuschreiben. Wir sind fokussiert auf Anerkennung für Leistung und glauben »Von nichts kommt nichts«. Und die Idee, dass wir bedingungslos, einfach nur aufgrund unseres Soseins wertvoll sein könnten, ist nahezu befremdlich. Dabei haben wir es mit Einflüssen zu tun, die viel älter sind als wir. Hier wirken Strömungen in uns, die die Menschheit seit Jahrhunderten prägen. Und das ist kein esoterisches Geplänkel, sondern ein Fakt, der sich durch epigenetische Studien auch wissenschaftlich immer besser nachweisen lässt. Das heißt, selbst wenn du auf einer rationalen Ebene total einsiehst, dass du dir Zeit für dich nehmen solltest, machen dir mitunter Jahrhunderte alte Strömungen in dir, wie »Nimm dich nicht so wichtig«, einen Strich durch die Rechnung.

Natürlich könntest du das alles nun in vielzähligen Therapiesitzungen analysieren, durch schamanische Ahnenarbeit erlösen und durch systemische Familienaufstellung *noch* besser verstehen. Klar. Doch selbst dann kommst du am Ende an den Punkt, an dem du eine Wahl treffen darfst. Eine Wahl, die das Wissen beinhaltet, dass deine bisherigen Strategien von altem Kladderadatsch gefärbt sind, der dir eigentlich nicht mehr wirklich entspricht. Und dass du es von nun an anders lösen möchtest. Und genau das kannst du bereits *jetzt* tun. Wenn du möchtest, dann fühl dich heute, hier und jetzt ganz herzlich von mir zu einer Entscheidung eingeladen: Zu der Entscheidung, damit zu beginnen, dir deinen Wert zuzusprechen. Es ist tatsächlich eine schlichte Wahl, die wir treffen können.

Vielleicht möchtest du sogar ein kleines Ritual daraus machen. Ganz extravagant und in Gesellschaft. Oder ganz still und nur für dich. Schaff dir einen bewussten Moment, in dem du diese Wahl für dich triffst: Beginne, dich um dich selbst zu sorgen, wie um dein eigenes Kind. Denn du bist es wirklich wert! In diesem Sinne: Sei bitte egoistisch!

Selbstbeziehung in Konfliktsituationen

Gut zu sich selbst zu sein, wenn alles rund läuft, ist zwar eine Frage der Routine, aber an und für sich nicht »schwer«. Interessant wird es, wenn du einen richtig miesen Tag hattest. Oder es in deiner Familie geknallt hat. Wenn etwas nicht nach den Absprachen oder nicht nach deinen Erwartungen und Ansprüchen gelaufen ist. Daher möchte ich in diesem Kapitel mit dir gemeinsam darauf schauen, wie du mit dir selbst in den herausfordernden Momenten des Alltags fürsorglich und freundlich in Beziehung sein kannst. Ich möchte gern mit dir gemeinsam darauf schauen, wie Selbstfreundlichkeit zu einer neuen *inneren Haltung* wird, die es dir ermöglicht, mit dir selbst gut in Beziehung zu sein. Auch – oder gerade – wenn du mal wieder einen Konflikt durchlebst.

Dein Ja zu dir

Selbstfürsorge ist ja mittlerweile Trend und wird uns an jeder Ecke suggeriert. Jede Zeitschrift, jeder Ratgeber, jeder Blog und jede Influencerin, alle rufen sie uns zu: SORGE DICH UM DICH! Und das ist ja eigentlich ganz wundervoll, denn die Message dahinter stimmt! Doch ich habe den Eindruck, dass aus einer ziemlich guten Idee fast schon eine weitere Anspruchshaltung an moderne Eltern wurde. Etwas, das man auf jeden Fall tun *muss*. Aber Selbstfürsorge ist kein weiteres To-do. Selbstfürsorge ist dein Wissen um deinen Wert. Selbstfürsorge ist eine innere Haltung!

Die Inseln, die du dir im letzten Kapitel geschaffen hast, sind dabei ein toller erster Schritt – denn sie implizieren das Ja zu dir. Diese Inseln signalisieren deinem System, dass du beginnst, die Relevanz deiner Person anzuerkennen. Und dich selbst berücksichtigst. Doch um nachhaltig in deine Kraft zu finden, braucht es mehr als einen täglichen Latte macchiato. Was es braucht, ist ein umfängliches Ja zu dir selbst. Ein Ja zu dir, mit all deinen Ecken und Kanten. Mit all deinen Baustellen. Mit all den Facetten, die du jetzt vielleicht gerade noch ätzend findest. Ein Ja zu dir in all deiner imperfekten Perfektion. Nein, es geht nicht darum, narzisstische Züge anzunehmen. Sondern darum, dir eine perfekte Ausgangslage für eine nachhaltige Veränderung zu schaffen: Und das ist dein Ja zu dir, so wie du bist.

Es ist mir ein Herzensanliegen, dass wir aus einer Sanftmut heraus in Veränderungsprozesse eintreten. Wohlwissend, dass das vielleicht erst mal noch abwegig klingt. Doch die Achtsamkeits- und psychotherapeutische Praxis zeigt uns, dass genau das möglich ist.[8] Mein Wunsch ist, dass deine Beziehung zu dir selbst wirklich erblüht, indem Selbstfreundlichkeit nachhaltig Einzug in dein Leben hält. Eben auch – oder eben gerade – in *den* Momenten, in denen du Fehler machst. Wenn du gegen deine Werte gehandelt hast und mal wieder geschrien, gemotzt, gedroht oder dich zurückgezogen hast – obwohl du es eigentlich längst bleiben lassen wolltest. Sind das nicht die Momente, in denen wir eine freundliche, zugewandte Hand am allermeisten bräuchten? Warum sollten wir sie uns nicht selbst reichen?

Ich freue mich, dir ein paar psychotherapeutische Kniffe verraten zu dürfen, damit du dir selbst in den herausforderndsten Momenten deines Alltags freundlich begegnen kannst.

Bestandsaufnahme

Eine solide Bestandsaufnahme ist in der Kognitiven Verhaltenstherapie immer einer der ersten Schritte. Daher möchte ich dich gern zu den folgenden Fragen einladen:

Welche Anteile nerven dich an dir?

Was kannst du an dir nicht leiden? Was ist dir peinlich oder unangenehm? Was verheimlichst du am liebsten vor anderen? Ist es deine Impulsivität? Deine Zurückhaltung? Deine Wut? Dein falscher Stolz, dein übertriebener Ehrgeiz? Nimm dir einige Momente Zeit dafür und schreib es in deinem Notizbuch auf! Fertig? Wundervoll. Dann lass uns den nächsten Schritt gehen.

Solltest du mehrere Punkte aufgeschrieben haben, dann entscheide dich nun zunächst für einen Anteil, mit dem du beginnen möchtest. Im besten Falle nimmst du den, der dich im mittleren Maße herausfordert. Also nicht das leichteste Krümelchen, aber auch nicht den dicksten Brocken. Dem darfst du dich widmen, wenn du Sicherheit mit der Herangehensweise gewonnen hast.

Wenn du dich für einen Anteil entschieden hast, dann schau doch bitte mal, ob du einen Titel findest, der diesen Anteil gut charakterisiert. Das kann sowas sein wie »der Oberschlaumeier«, »die Irre«, »die Nörglerin«, »die Zicke«, »die Bitch«, »der Zweifler« oder »der Nerd«. Fertig? Wunderbar!

Nun möchte ich dich im nächsten Schritt gern zu einer neuen Perspektive einladen.

Was ist das Bedürfnis?

Jede von uns hat diese unliebsamen Anteile. Aspekte an uns, die wir einfach nicht leiden können oder die unseres Erachtens unserem Glück noch im Weg stehen. Und häufig verfluchen wir diese Anteile, verachten sie vielleicht sogar. Auf jeden Fall wollen wir sie am liebsten weghaben. Oder sie zumindest möglichst schnell ruhigstellen. Weil sie nerven!

Eine Frage: Wie gehst du mit einem schreienden Kind um? Ja – es nervt. Ja, es wäre angenehmer, wenn es einfach ruhig wäre.

Aber hört es auf zu weinen, wenn wir es ignorieren? Oder wird es dann sogar noch lauter? (Ja, irgendwann verstummt es – aber ein Kind, das schreit und keine Beachtung findet, wird definitiv erst einmal lauter!)

Was ein weinendes Kind braucht, ist ein zugewandter Erwachsener, der ihm Gehör schenkt und das Bedürfnis anerkennt. Und *genauso* verhält es sich auch bei deinen unliebsamen Anteilen. Diese Anteile haben ihre Geburtsstunde zu 99,9 Prozent in der frühen Kindheit[9] und weisen daher häufig sehr infantile Strategien auf – beispielsweise rumzuschreien, wenn sie sich verletzt fühlen. Oder sich zurückzuziehen, obwohl sie sich eigentlich danach sehnen, gesehen zu werden.

Was ist *dein* Bedürfnis hinter dem, was du an dir nicht magst? Worum geht es dir in solchen Momenten wirklich-wirklich? Was ist der eigentliche Schmerz? Die eigentliche Sehnsucht? Was bräuchtest du tatsächlich in den Momenten, in denen dieser Anteil durchbricht?

Und könnten wir die Möglichkeit in Betracht ziehen, dass du nicht auf den Prinzen auf dem weißen Ross warten musst, der es dir schenkt? Sondern dass du heute, hier und jetzt dafür Sorge tragen kannst, dass du bekommst, was du brauchst?

Was würde sich verändern, wenn du aufhören würdest, dich für deine Fehltritte zu schelten? Und stattdessen dafür Sorge tragen würdest, dass das dahinter verborgene Bedürfnis gestillt wird?

Es ist durch und durch menschlich, sich zu verfluchen, wenn man mal wieder entgegen seinen Erwartungen und Vorstellungen gehandelt hat. Aber bringt dich das weiter? Schuld, Scham und Selbstvorwürfe sind lähmende Zustände, die dich in der Vergangenheit halten und eine neue Ausrichtung im Hier und Jetzt erschweren. Daher möchte ich dich einladen, die Fäuste zu senken und deinen unliebsamen Anteil erst einmal willkommen zu heißen. Um zuzuhören. Hinzuschauen. Denn bei unseren unliebsamen Anteilen verhält es sich genauso wie bei dem schreienden Kind: Sie haben einen subjektiv guten Grund. Und sie haben ein Bedürfnis, das gestillt werden möchte. Und damit haben diese Anteile in 99,9 Prozent der Fälle eigentlich eine *gute Absicht*! Sie wollen dich *schützen*. Oder dafür sorgen, dass ein Bedürfnis erfüllt wird. Nur legen sie dabei leider meist eine recht infantile Strategie an den Tag. Da sie eben zu 99,9 Prozent aus deiner Kindheit stammen. Und *damals* war die Strategie maximal sinnvoll. Vielleicht sogar richtig notwendig bis hin zu existenziell wichtig. Auf jeden Fall war sie sehr erfolgreich – denn sonst würdest du sie nicht bis heute an den Tag legen. Ein lernpsychologischer Fakt!

Wir können also festhalten, dass die Absicht deines unliebsamen Anteils sehr wahrscheinlich eine sehr gute ist. Nur dass die Strategie nicht mehr zeitgemäß ist.

Ein Beispiel?

Ich selbst stand lange auf Kriegsfuß mit der strengen Oberlehrerin in mir. Diese kommt vor allem dann live on air, wenn die Dinge nicht so laufen, wie ich es mir vorstelle (… im Alltag mit zwei kleinen Kindern zum Glück nie. Naja manchmal. Also eigentlich fast immer!). Ich kam jedes Mal gehörig unter Stress, wenn mir beispielsweise mal wieder drohte, zu spät zu kommen, da auch die fünfte Unterhose nicht die richtige Farbe hatte. Ich komme dann schnell in eine Härte. In eine Strenge. Und habe die Tendenz zu diktieren.

Die eigentliche Funktion dieses Anteils ist, mir ein Gefühl von Kontrolle zu geben. Dahinter steckt der Wunsch, die Dinge richtig und gut machen zu wollen – denn das sicherte mir in meinen Kindheitstagen die Aufmerksamkeit meiner Eltern. Die sonst, da sie sich auf fünf Geschwister aufteilen musste, recht spärlich war. Daher war ich diejenige, die immer funktionierte. Und dafür Anerkennung bekam. Die strenge Oberlehrerin in mir trägt dafür Sorge, dass ich auch wirklich auf diesem hohen Niveau bleibe. Und unterstützt mich somit indirekt dabei, Anerkennung und Wertschätzung zu erfahren.

Nun trägt dieser Anteil natürlich dazu bei, dass ich die Tendenz habe, gestresst zu werden, wenn ich den Ansprüchen anderer nicht gerecht zu werden scheine (und beispielsweise zu spät komme). Aber er brachte und bringt auch einen *Zugewinn* für mein Leben. Und es gilt beides zu betrachten. So hat die Oberlehrerin definitiv dazu beigetragen, dass ich mein Abi mit eins Komma hingelegt und ein Hochschulstudium abgeschlossen habe, ebenfalls mit eins Komma. Sie trägt dazu bei, dass mein Essen erst dann serviert wird, wenn es perfekt abgeschmeckt ist, und dass ich dieses Buch gerade zum zehnten Mal Korrektur lese und immer wieder Passagen finde, die ich *noch* besser formulieren könnte, zum Beispiel diese hier.

Indem ich den Wert dieses Anteils würdigen konnte, legte sich meine innere Abneigung gegen die Oberlehrerin. Ich konnte nachsichtiger und liebevoller auf sie blicken. Denn ich erkannte, dass sie in meinem Leben eine wirklich wichtige Funktion einnahm und im Grunde genommen nur gute Absichten hegte – nämlich die, mir Anerkennung und Wertschätzung zu sichern. Und auch wenn die Strategie fragwürdig ist – so ist die Absicht hinter deinem unliebsamen Anteil erst einmal nicht zu verachten.

Was wäre, wenn hinter deinen unliebsamen Anteilen eigentlich eine wundervolle Gelegenheit verborgen liegt, herauszufinden, wie du dich auf einer tieferen Ebene noch nachhaltiger um dich selbst sorgen kannst?

Ich möchte dich dazu einladen, die Fäuste zu senken. Und deinen unliebsamen Anteil als einen Teil deiner Geschichte zu akzeptieren. Der wichtig war. Der eine wichtige Funktion hatte und vielleicht auch immer noch hat.

Sag Ja zu dir.

Und erlaube dir zu erforschen, was du wirklich-wirklich brauchst. Um dir selbst nachhaltig und bedingungslos fürsorglich zu begegnen. So wie du es bei deinem eigenen Kind tun würdest.

Nachsicht mit dir selbst entwickeln

Wenn in deinem Alltag etwas nicht so läuft, wie du es dir vorstellst, beispielsweise, dass dein Kind einfach nicht das Zimmer aufräumen oder die Zähne putzen will, versetzt das dein System in Stress. Und unter Stress reagieren wir meistens auf eine Art und Weise, für die wir uns im Nachhinein schuldig fühlen.

Aus evolutionspsychologischer Sicht betrachtet ist eine starke emotionale Reaktion auf eine Bedrohung sehr sinnvoll. Ein schnelles und automatisches Reagieren sicherte unseren Vorfahren und damit unserer ganzen Spezies augenscheinlich sehr erfolgreich das Überleben – ein neuropsychologischer Mechanismus, der bis heute besteht und tatsächlich (auch) lebensrettend sein kann. Wenn ein Reiz eine Bedrohung signalisiert, wird die Amygdala, das Emotionszentrum in unserem Gehirn, aktiviert. Diese ist eng vernetzt mit dem Stammhirn, auch Reptilienhirn genannt, das, wie der Name schon suggeriert, einer der ältesten Teile unseres Gehirns ist. Dieser Teil ist verantwortlich für die basalen Körperfunktionen wie Atmung und Verdauung. Auch grundlegende Instinkte, wie beispielsweise der Schutz unserer Brut, werden hier reguliert. Wenn wir eine Bedrohung wahrnehmen, übernehmen also das Emotionszentrum und das Reptiliengehirn die Zügel über unser Verhalten, beispielsweise indem sich die Herzfrequenz erhöht, mehr Blut in die Muskeln schießt, um blitzschnell reagieren zu können oder um entweder den Kampf aufzunehmen oder die Flucht anzutreten. Währenddessen ist der präfrontale Cortex, der Teil des Gehirns, der eine solide (und eventuell bedürfnisorientierte) Einschätzung der Situation vornehmen könnte, im Flugmodus. Denn für eine bedürfnisorientierte Einschätzung der Situation ist in akuter Gefahr schlichtweg keine Zeit. Wenn Gefahr droht – handeln wir! Blitzschnell und instinktiv. Ohne nachzudenken. Und das ist auch gut so und war vor allem für unsere Vorfahren extrem wichtig. Denn die rannten lieber einmal zu viel weg, als erst noch darüber nachzudenken, ob das Säbelzahnkätzchen vielleicht doch nur ein wenig Liebe braucht.

Nun haben sich unsere Umweltfaktoren aber drastisch verändert. Und die Bedrohung von uns Eltern des 21. Jahrhunderts ist nicht mehr der Säbelzahntiger, sondern der Wutanfall unserer Kinder wegen der falschen Nudelsorte. Die neuronalen Strukturen und grundlegenden Systeme unseres Gehirns sind aber immer noch dieselben! Der Wutanfall unserer Kinder versetzt unser System in den gleichen biologischen Zustand, als stünde der besagte Säbelzahntiger vor uns. Wir reagieren automatisch und schnell und sind zu allem bereit, um das Überleben (unserer Vorstellungen, Meinungen, Ansichten, Erwartungen) zu gewährleisten.

Die Achtsamkeitspraxis kann uns dabei helfen, uns zurück ins Hier und Jetzt zu holen. Ein vertiefter Atem bringt mehr Sauerstoff ins System, wirkt beruhigend und erdend. Dadurch kann uns bereits eine angemessenere Einschätzung der Situation möglich werden (»Nein, es droht mir keine Zerfleischung, wenn mein Kind mein Essen verschmäht«), was zu einer empathischen, liebevollen und vor allem konstruktiven Lösungsfindung beitragen kann. (Zum Beispiel dann eben einfach den Joghurt als Alternative anzubieten – und nein, dein Kind wird nicht dadurch ein essgestörtes oder verwöhntes Tyrannenkind, wenn du deine Ressourcen an dieser Stelle schonst, um ihm einfach *irgendetwas* zum Essen zu geben, worauf es eben Appetit hat).

Soweit die Theorie. Klingt gut und einleuchtend. Nun bist du vielleicht eine von denen, die das alles schon mal gehört haben, regelmäßig meditieren und dennoch immer wieder an den Punkt kommen, an dem sie vor dem gefühlten Säbelzahntiger stehen und wider jeden guten Wissens in alte Mechanismen zurückfallen. Inklusive der anschließenden Schuld- und Versagensgefühle. Und genau deswegen habe ich an dieser Stelle ein paar evolutions- und neuropsychologische Fakten aufgeführt:

Um an deine Nachsicht dir selbst gegenüber zu appellieren!

Wir sind uns einig, dass impulsives Reagieren im Umgang mit unseren Kindern *nicht* das Potenzial zum »Golden Standard« hat. Und dass das Ziel tatsächlich sein sollte, sich in Konfliktsituationen zunächst zu sammeln, um aus einer Klarheit heraus situationsgerecht und liebevoll agieren zu können. Doch bei der beschriebenen Reiz-Reaktions-Kette in unserem Gehirn handelt es sich um eine Strategie, die sich über Tausende Jahre hinweg bewährt hat. Dadurch hat sich quasi eine neuronale Autobahn in unseren Köpfen gebahnt. Und die Ausfahrt der achtsamen, bewussten Strategie ist im Vergleich dazu ein klitzekleiner Trampelpfad in einem dicht bewachsenen Dschungel. Und bis ein Trampelpfad zu einer gut ausgebauten Straße wird, braucht es Zeit. Zeit und Geduld und vor allem Wiederholung.

Das heißt: üben, üben, üben …!

Dieses Üben kann natürlich in einer formellen Meditationspraxis erfolgen. Oder in einem guten Reflektieren der eigenen Muster. Meiner Erfahrung nach macht es jedoch Sinn, das Feld von hinten aufzurollen und mit der Etablierung von Selbstfreundlichkeit zu beginnen. In diesem Kontext meine ich damit, dass du aufhörst, dich selbst zu verurteilen. Und stattdessen nachsichtig mit dir selbst bist und dein (Fehl-)Verhalten adäquat in den Kontext einordnest.

Vielleicht kommt es dir bekannt vor, dass du dich dafür verurteilst, wenn du dein Kind zusammenstauchst, weil es das Zubettgehen verweigert. Dabei vergisst du aber, dass du morgens beim Aus-dem-Haus-Gehen die ganze Zeit über sehr geduldig warst, tagsüber beim Arbeiten mit deinen Kollegen sozial kompetent agiert hast und nachmittags noch in den Biomarkt geeilt bist, um sicherzustellen, dass deine Familie abends die dritte gesunde und vollwertige Mahlzeit des Tages vorgesetzt bekommt. Sprich: dass du den ganzen Tag über sehr viel »Gutes« geleistet hast. Und diese Tatsache dann mal eben auslöschst, weil du am Ende des Tages einfach nicht mehr die Kraft hattest, ein weiteres Heckmeck aufzufangen. Könntest du nicht genau in diesen Momenten eine Portion Freundlichkeit für dich selbst gebrauchen?

Lasst uns diese freundliche und fürsorgliche Haltung uns selbst gegenüber doch bitte endlich ausweiten, auf *die* Momente des Lebens, in denen wir sie eigentlich am allermeisten brauchen! Lasst es uns kultivieren, dass wir uns selbst liebevoll begegnen, wenn wir sowieso schon am Boden liegen. Anstatt noch mal mit den Füßen dagegen zu treten, drauf zu spucken und uns für unsere bescheuerten Muster zu verurteilen. Lasst uns uns selbst freundlich begegnen. *Vor allem* in den Momenten, in denen wir ja eigentlich schwach, verletzbar und hilflos sind. Und in den allermeisten Fällen sind wir genau das, wenn wir im Außen die Krallen ausfahren. Und uns in einem Konflikt befinden. Entweder mit uns selbst oder mit unseren Liebsten.

Wie gehst du mit dir selbst um,
wenn du einen Fehler gemacht hast?

Ich bin
so blöd!

Ich habe mein
Bestes gegeben.
Ich bin gut.

Der erste Schritt in diese Richtung ist zunächst einmal, die Scheuklappen zu öffnen und sich nicht nur auf das eigene Versagen zu fokussieren, sondern den größeren Kontext zu betrachten.

Sei nachsichtig mit dir! Im folgenden Kapitel gehen wir noch einen Schritt tiefer hinein in diese Nachsicht mit dir selbst.

Selbstmitgefühl

Wenn wir in herausfordernde Momente kommen, haben wir die sehr menschliche Tendenz, die aufkommenden negativen Gefühle wegdrücken zu wollen.

Du bist traurig? – Komm, reiß dich zusammen!

Du fühlst dich allein? – Jammern auf hohem Niveau!

Du bist wütend? – Das geht ja mal gar nicht!

Unser innerer Dialog entspricht dabei häufig den Floskeln, die uns unsere Leistungsgesellschaft seit Jahrzehnten eben so vermittelt. Und uns stockt beinahe der Atem, wenn wir nur daran denken, was passieren würde, wenn wir den Schmerz oder die Wut zulassen würden. Also drücken wir sie lieber weg. Sicher ist sicher. Und sozial erwünschter ist es allemal.

Leider eine Milchmädchenrechnung! Denn nur weil wir unsere Gefühle wegdrücken, sind sie deswegen noch nicht weg!

Kurze Frage an dieser Stelle: Was sagst du denn zu deinem Kind, wenn es traurig ist? Komm, reiß dich zusammen?

Oder setzt du dich neben dein Kind, legst ihm die Hand auf die Schulter, bringst in Worte, was es gerade durchlebt (»Der Turm ist kaputt, das ist wirklich schade …«), wiegst es, hältst es. Sprichst ihm wohlwollend und liebevoll zu?

Und wie genau machst du das noch mal bei dir selbst? Wollen wir denn nicht endlich damit beginnen, die Ansprüche, die wir an unseren Umgang mit den Kindern stellen, auch für uns geltend zu machen? Könnten wir uns selbst in den herausfordernden

Momenten des Lebens nicht endlich auch eine liebende Mutter sein?

Um sich selbst eine liebende Mutter zu sein (oder eine gute Freundin, ein wohlwollender Begleiter – es gibt viele Namen für ein und dasselbe Prinzip), gibt es viele unterschiedliche Ansätze. Doch eines eint alle: Wir dürfen uns erlauben, unsere Gefühle zu fühlen.

Gefühle fühlen

Das Zulassen eines unangenehmen Gefühls ist natürlich erst einmal unangenehm. Warum also sollte man das tun???

Ganz einfach: weil du dadurch neue Freiheit gewinnst! Wenn du dir erlaubst, in den Schmerz, in den Zorn, in den Frust hineinzugehen, der während eines Konflikts entstehen kann, wirst du die Erfahrung machen, dass sich das zwar zunächst unangenehm anfühlt. Aber auch, dass es vorbeigeht. Du wirst erfahren, dass dich deine Gefühle nicht wirklich bedrohen können. Weil sie endlich sind.

Stell dir deine Gefühle wie Wellen auf dem Wasser vor – sie erheben sich von der Oberfläche, nehmen Fahrt auf, werden größer und größer, kräftiger und kräftiger, doch am Ende brechen sie! Mit kleinen Nachbeben werden sie wieder Teil des Ozeans. Und die Wasseroberfläche beruhigt sich. Bis die nächste Welle kommt.

Ja - Gefühle können uns wie Wellen mitunter ganz schön durchwirbeln. Aber wir können lernen, die Wellen zu reiten. Um mit einem Gefühl von Freiheit und Leichtigkeit zurück an den Strand zu kommen.

Für viele passt es aber schlichtweg nicht in ihr Selbstkonzept, heulend auf der Couch zu sitzen, sich selbst zu umarmen und zu bedauern. Daher möchte ich an dieser Stelle noch mal eine wichtige
Unterscheidung betonen: nämlich die zwischen Selbstmitleid und
Selbstmitgefühl. Sich ewig und drei Tage jammernd um ein und
dasselbe Thema zu drehen, allen anderen damit auf die Nerven zu
gehen und so überhaupt gar nicht mehr zu Potte zu kommen – das
ist Selbstmitleid! Wir bedauern uns selbst. Wir tun uns selbst leid.
Selbst*mitgefühl* ist eine völlig andere Herangehensweise! Hier begegnen wir uns selbst mit Gefühl. Und das Spannende ist, dass dadurch
das Drama relativiert wird, während Selbst*mitleid* es betont. Selbstmitleid senkt dein Funktionsniveau, Selbstmitgefühl stärkt dich!

Eine zentrale Annahme des Konzepts Selbstmitgefühl ist, dass
uns unsere Herausforderungen verbinden.[10] Sie sind ein Ausdruck
unseres Menschseins. Was glaubst du, wie viele andere Eltern heute
schon, genauso wie du, an der mangelnden Kooperation ihres Kindes verzweifelt sind? Du bist nicht allein mit deinen Schwierigkeiten! Du bist verbunden. Mich beruhigt es, wenn ich mir in den herausfordernden Momenten meines Familienalltags all die anderen
Mütter vor Augen führe, die vielleicht genau im selben Moment vor
genau derselben Herausforderung stehen wie ich.

Was macht dieser Gedanke mit dir?

Für viele führt diese Sicht zu einer gewissen Lockerung. Die
Fäuste können gesenkt werden und ein Ja zur aktuellen Heraus-

forderung wird leichter: »Okay, gewünschtestes Wunschkind aller Zeiten, du willst dich also nicht anziehen. Was macht das mit mir? – Ich fühle mich hilflos. Und eben, weil ich mich hilflos fühle, lege ich mir jetzt zuerst mal die Hand auf mein Herz und anerkenne, dass diese Situation gerade eine Herausforderung für mich ist. Vielleicht rede ich mir sogar selbst gut zu: ›Das ist gerade nicht leicht für dich … Ich sehe dich! Du bist gut. Du kannst das!‹« Und auf einmal ist da ein anderer Blick auf die Situation. Und ein neuer Handlungsspielraum eröffnet sich dir.

Damit du das in den akuten Stressmomenten auch so leben kannst, kannst du folgende Vorbereitungen treffen:

- Übe dich darin, negative Gefühle zuzulassen und zu durchleben. Schaff dir so die Möglichkeit, dir selbst mitfühlend begegnen zu können, beispielsweise mit meiner geführten Meditation.

- Leg dir ein, zwei Sätze der liebevollen Mutter / der inneren besten Freundin / des wohlwollenden Begleiters zurecht, die in dir ein wohliges Gefühl erzeugen. Wie eben im Beispiel könntest du zu dir selbst sagen: »Das ist gerade nicht leicht für dich … Ich sehe dich! Du bist gut. Du kannst das!«

Sich in den Konfliktmomenten des Alltags selbst mitfühlend zu begegnen, ist die Königsdisziplin einer neuen Form der Selbstbeziehung. Ich möchte dich ganz herzlich daran erinnern, den Weg dorthin als das anzuerkennen, was er ist: ein Prozess!

Und wenn wir jeden Tag einen Schritt gehen, erreichen wir unser Ziel.

Im nachfolgenden Praxisraum findest du weitere Schritte, kleinere und größere, die dich auf dem Pfad der Selbstbeziehung voranbringen werden.

Praxisraum: Was du konkret tun kannst

Sich selbst freundlich zu begegnen, darf ein Prozess sein, und ich möchte dich an dieser Stelle noch mal ganz herzlich daran erinnern, daraus bitte keine weitere Anspruchshaltung an dich zu machen. Geh lieber sanft einen Schritt nach dem anderen, mit einem klaren Ziel vor Augen: eine Beziehung zu dir selbst, die den Ansprüchen gerecht wird, die du an den Umgang mit deinem Kind stellst.

Ich möchte dir in diesem Praxisraum drei unterschiedliche Kategorien von Übungen vorstellen, die dich dabei begleiten können, eine neue Selbstbeziehung nachhaltig in deinem Alltag zu kultivieren.

- Die erste Kategorie ist die Prävention – das sind Übungen, die du vorbeugend tun kannst, um dir selbst in deinem Alltag freundlicher zu begegnen.
- Die zweite Kategorie ist die Nachversorgung – also Techniken, die dich dabei unterstützen, mit dir selbst *nach* einem Konflikt freundlich in Beziehung zu bleiben.
- Und die dritte Kategorie ist die Königsdisziplin – quasi ein Notfall-Hilfe-Sofort-Paket, das dich dabei unterstützt, mit dir selbst *während* eines Konflikts freundlich in Beziehung zu sein.

Prävention
Hier findest du zwei verschiedene Übungen, die dich dabei unterstützen, deine Selbstbeziehung nach und nach aufzubauen.

Pflegeanleitung für deinen Kirschbaum

Erinnerst du dich? Du bist der Kirschbaum – nur wenn du in deiner Blüte stehst, können sich deine Kinder an dir nähren.

Diese Übung unterstützt dich dabei, den von dir gesäten Samen der Selbstfreundlichkeit beim Erblühen zu unterstützten. Hierfür möchte ich mit dir einen Blick darauf werfen, was du, ganz individuell *du*, brauchst, um in deine volle Kraft zu kommen. Hierfür möchte ich dich einladen, die folgenden Fragen zu beantworten:

- **Was ist deine fruchtbare Erde?** Was brauchst du, um dich sicher und geborgen zu fühlen?
- **Was ist dein Wasser, was ist dein Licht?** Welche grundlegenden Dinge brauchst du, um genährt zu sein?
- **Und was ist dein Dünger?** Welche kleinen Extras gibt es in deinem Leben, die dir einen Push geben? Ist es beispielsweise die wöchentliche Yogastunde? Sex, Schokolade, Kino? Was tut *dir* gut? Was ist Balsam für deine Seele? Wie kannst du dir zusätzlich Kraft schenken?

Nutze deine täglichen Selbstfürsorge-Fenster aus dem vorgestellten Wochenplan, um dein Selbstfürsorge-Bäumchen täglich mit ausreichend »Wasser« und »Licht« zu versorgen. Plane außerdem regelmäßig »Dünger« ein, also etwas, das dir einen kleinen Booster schenkt.

Erlaube dir zudem, einen ehrlichen Blick auf deine Umgebung zu werfen – denn es braucht fruchtbare Erde, damit du erblühen kannst. Gibt es vielleicht Dinge, die du im Außen ändern kannst, damit du dich wirklich sicher, wohl und geborgen fühlst? Erlaube dir, dafür einzustehen und mit deiner Familie darüber ins Gespräch zu kommen. Du bist es wert!

Selbstbeziehung fernab von Selbstfürsorge

Die tägliche Selbstfürsorge ist ein schöner erster Schritt, mit sich selbst in Beziehung zu gehen. Denn sie impliziert das Ja zu dir. Hier möchte ich noch eine zusätzliche Übung mit dir teilen, die dich dahingehend unterstützt, aus dieser guten Idee eine innere Haltung zu machen. Achte hierfür in den kommenden drei Tagen ganz neugierig darauf, wie du in deinem Alltag mit dir selbst umgehst: Auf welche Art und Weise meldet sich diese kritische innere Stimme, wenn dir beispielsweise ein Glas umkippt? Oder wenn du zu spät kommst? Oder wenn du etwas beim Einkauf vergessen hast? Oder wenn die Hose kneift? Beginne auf die inneren Kommentare zu achten, die vielleicht ganz leise und subtil, vielleicht aber auch sehr vehement und streng in dir aufpoppen. Was sagt diese Stimme?
Und wie möchtest du antworten?
Vielleicht hast du ja Lust auf folgendes Experiment: Wenn du dich das nächste Mal bei einer Strenge, einer Entwertung oder Verurteilung deiner selbst »erwischst«, dann halte kurz inne. Leg dir die Hand auf das Herz und wenn es die Situation zulässt, schließ auch gern deine Augen. Schenke dir für einige Momente Zuwendung. Stell dir vor, dass du dir selbst eine liebende und gütige Mutter bist, die dir gut zuspricht. Die dir

ihre Liebe versichert, ganz egal, was du tust oder nicht tust. Leg dir hierfür vorher Sätze zurecht, die dir Kraft geben. Verweile ein, zwei Augenblicke in dieser Zuwendung und wende dich dann wieder deinem Alltag zu.

Diese Übung unterstützt dich dabei, ein Gewahrsein dafür zu entwickeln, wenn du unfreundlich und harsch mit dir selbst umgehst. Wenn du dich darin übst, diese Tendenz in neutralen Situationen zu durchbrechen, indem du dir selbst freundlich begegnest, trainierst du deine Selbstfreundlichkeit wie einen Muskel und erhöhst damit die Wahrscheinlichkeit, dass sie dir auch in den Konfliktmomenten deines Alltags zur Verfügung steht.

Selbstfreundlichkeit nach einem Konflikt

Wenn wir in einen Konflikt geraten, dann ist das Drama, das sich dahinter verbirgt, meist, dass wir uns nicht gesehen fühlen. Mit unseren Bedürfnissen, unseren Wünschen, unseren guten Absichten. Es klopft die Sehnsucht an, dass unser Gegenüber erkennt, wie wertvoll wir sind. Wie gut unsere Intentionen sind. Es zeigt sich der Wunsch nach Anerkennung und Umsorgung. Ein liebes Lächeln, eine Umarmung. Ein gutes Zusprechen.

Warte nicht länger darauf!

Mach's dir selbst!

Bring dir nach einem Konflikt genau das entgegen, was du in der Situation gebraucht hättest oder was dir jetzt gerade guttun würde.

Du möchtest hören, dass du verstanden wirst? – Richte Worte an dich, die das zum Ausdruck bringen.

Du sehnst dich danach, in den Arm genommen zu werden? – Nimm dich selbst in den Arm! Wörtlich oder im übertragenen Sinn.

Und ja – ich kann die Sehnsucht sehr gut verstehen, dass du das aber doch viel lieber von deinem Partner oder deinem Kind zu hören oder zu fühlen bekommen würdest. Wirklich! Natürlich hat das eine *andere* Qualität. Und natürlich können wir unsere Liebsten darum *bitten*. Doch damit stehen wir ein Stück weit in einer Abhängigkeit. Was, wenn er Nein sagt? Ich möchte dich gern zu der Perspektive einladen, dass du heute alles zur Verfügung hast, um dich gut um dich selbst zu sorgen.

Selbstfreundlichkeit in Konfliktsituationen

Wie bereits erwähnt befinden wir uns hier in einer Meisterprüfung der Selbstbeziehung. Wenn es uns gelingt, noch während eines Konflikts freundlich, wohlwollend und mitfühlend mit uns selbst in Beziehung zu bleiben, dann haben wir wirklich eine Krone, einen Orden und den Schwarzen Gürtel verdient. Ja, alles zusammen!

Was es hierfür braucht, ist ein gewisses Maß an Achtsamkeit für das, was sich in dir regt. Gedanklich, emotional und auf Körperebene. Es ist auch von Vorteil, wenn du bereits darin geübt bist, dich von deinen Gedanken nicht einnehmen zu lassen. Außerdem ist es hilfreich, wenn du in der Praxis des Selbstmitgefühls erfahren bist und weißt, wie du die Wellen der herausfordernden Gefühle reiten kannst.

Du kennst vielleicht diese Momente in herausfordernden Situationen, in denen du dir denkst: »Warte mal! Was mache ich hier eigentlich gerade? Eigentlich *will* ich das überhaupt nicht!« *Diese* kleinen Fenster müssen wir kriegen! Diese kleinen Fenster müssen wir kriegen und weit, weit öffnen. Wenn du hier innehalten kannst, dann hast du es! Dann wird es leicht: Nimm zwei, drei tiefe Atemzüge. Sag Ja zu der Herausforderung. Begegne dir selbst mitfühlend. Verbinde dich mit deinem Ziel – mit dem, was du dir wirklich-wirklich für dich und deine Familie wünschst. Und dann richte dich neu aus.

Klingt einfach. Und ist definitiv die Königsdisziplin. Was es hierfür braucht, ist Übung, Übung und noch mal Übung! Also gesteh dir dafür ausreichend Zeit zu.

Auf den Punkt gebracht

Wir haben nicht gelernt, uns selbst freundlich zu begegnen. Und die Beziehung zu uns selbst liegt ziemlich häufig brach. Doch diese Beziehung zu uns selbst ist *die* Grundlage für alles, was auch immer wir verändern möchten. Denn sie bringt uns in unsere Kraft. Und Kraft ist das, was wir als Eltern brauchen, um neue Wege gehen zu können.

Eine neue Beziehung zu dir selbst kann darin Ausdruck finden, dass du schlicht beginnst anzuerkennen, *wie* wichtig es ist, dass du in deiner Kraft bist und bleibst. Ein schöner erster Schritt, um eine freundliche Beziehung zu dir selbst zu kultivieren, ist eine tägliche Selbstfürsorgepraxis. Jeden Tag mindestens fünfzehn Minuten, in denen du ausschließlich Dinge tust, die dich nähren. Weiterhin geht es darum, selbst für die schrulligsten und nervigsten Anteile deiner Selbst ein Ja zu entwickeln – weil du anerkennst, dass sie zu dir gehören. Denn der Widerstand gegen das, was ist oder wie du bist, kostet so viel Kraft. Kraft, die du als Mutter oder Vater definitiv für etwas Besseres gebrauchen kannst als für einen Krieg gegen dich selbst. Lass Frieden einkehren. Und sag Ja zu dir. So, wie du bist, bist du gut. So, wie du bist, bist du richtig. Und genau das werden wir im nun folgenden Kapitel zum Vertrauen noch mal vertiefen.

Vertrauen

Die Welt ist voll von unterschiedlichen Meinungen und Ansätzen darüber, wie Familie gelebt werden sollte, könnte, müsste. Jeder hat einen guten Tipp, jeder weiß es irgendwie besser und überall bekommen wir kluge Ratschläge, die sich am besten auch noch alle komplett widersprechen. Zeitgleich füllt sich die Landschaft der Ratgeberbücher in einem extremen Tempo und Erziehungs-Influencer sprießen nur so aus der Erde. Und eben weil uns Eltern von heute so viel Wissen wie nie zuvor zur Verfügung steht, unterliegen wir häufig der Versuchung, doch noch mal zu googeln, doch noch mal auf Instagram nachzulesen, ob wir es denn wirklich richtig machen oder ob nicht doch irgendjemand eine noch bessere Idee hat. Das führt nicht selten dazu, dass in unserem Kopf zwar viele Stimmen sind, wir am Ende aber doch keine Ahnung haben, was wir denn nun tun sollen.

Viele Stimmen, aber keine Ahnung?

Stell dir vor, dein Kind will nach dem abendlichen Zähneputzen noch was essen. In Momenten wie diesen haben wir viele Gedanken. Und diese Gedanken sind durch viele unterschiedliche Quellen geprägt:

»Dann müssen wir ja nochmal putzen« – sagt dein Partner.

»Essen nach Bedarf ist für eine gesunde Beziehung zum Essen unerlässlich« – sagt die Bloggerin XY.

»Du musst auch auf dich achten« – sagt die beste Freundin.

»Der tanzt dir aber auf der Nase rum« – sagt die Mutter.

»Zwischen den Mahlzeiten müssen mindestens vier Stunden liegen« – sagt der Kinderarzt.

»Du hast es einfach nicht im Griff« – sagt der innere Kritiker. All diese Stimmen wirken in uns, in jedem Moment, ob wir das nun mögen oder nicht. Sie sind geprägt durch unsere eigene Geschichte, durch die Werte und Normen der Kultur, durch die Ansprüche, die wir an uns und unser Kind stellen und eben auch durch die vielen Impulse, denen wir im Informationszeitalter ausgesetzt sind.

Doch damit nicht genug. Der noch recht neue Forschungszweig der Epigenetik gibt Anlass zu der Annahme, dass sogar die Erfahrungen unserer *Eltern* in uns wirken. So zeigt beispielsweise eine aktuelle Studie, dass sich traumatische Erfahrungen der Mütter an den neuronalen Strukturen ihrer Babys abzeichnen.[11] Die Forschung an Ratten belegt etwas Ähnliches: Hier wurde nachgewiesen, dass eine Stresserfahrung das Verhalten der nachfolgenden Generation prägt.[12] In diesem Experiment zeigten die Nachfahren einer negativ konditionierten Generation (sie erhielten auf einen Geruch hin einen Stromschlag) ebenfalls Stressreaktionen, sobald der Geruch präsentiert wurde, obwohl sie *niemals* einen Stromschlag erhalten hatten.

Kurz gesagt: In uns wirkt in jedem Moment ziemlich viel! Vielleicht sogar auch noch die negativen Erfahrungen der eigenen Eltern.

Daher ist es eine der größten Herausforderungen für unsere Elterngeneration, zwischen all den Optionen und Varianten wieder einen Bezug zu uns selbst zu bekommen. Und zu dem, was sich für uns wirklich richtig anfühlt. Erst dann können wir auf unseren individuellen Weg *vertrauen*. Und darauf, dass er für uns selbst und für unser Kind genau richtig ist.

Besonders schwer fällt uns dieses Vertrauen natürlich dann, wenn wir mitten in einer Herausforderung stecken – entweder mit uns selbst (wir schimpfen, obwohl wir es eigentlich nicht mehr wollen) oder mit unserem Kind (das wild um sich schlägt, sobald es nicht bekommt, was es will). Ich möchte dich an dieser Stelle zu einer ganz frischen Perspektive einladen:

Was wäre, wenn all eure größeren und kleineren Baustellen genau *richtig* wären? Für dich, für dein Kind, für die ganze Familie.

Bitte, was?

Du hast richtig gelesen! Alle deine Baustellen sind genau richtig! Nämlich genau richtig, um deine alten Muster endlich zu durchbrechen. Quasi eine maßgeschneiderte Einladung des Lebens an dich, um zu der zu werden, die du hinter deiner Sozialisation, hinter all deinen verstaubten Glaubenssätzen, Prägungen und versteckten kleinen Neurosen eigentlich bist.

Hierfür braucht es Vertrauen. Vertrauen in dich. Vertrauen in dein Kind. Vertrauen darauf, dass *alles*, was gerade passiert, ein perfekter Match ist, um miteinander zu wachsen.

Vertrauen in dich

Kennst du den Druck, wenn dein kleiner Engel mal wieder »eine dieser Phasen« durchläuft und du unter Zugzwang kommst? Denn schließlich bist du ja verantwortlich!? Und wenn dir dann mal wieder die Schippen und die Schimpfwörter um die Ohren fliegen, kann es passieren, dass du ins Zweifeln kommst. Entweder an dir oder an der bisherigen Strategie, denn sonst hätte es ja niemals so weit kommen können. Und dann willst du am besten *sofort* (!!!) eine pädagogisch wertvolle Aktion griffbereit haben, um dein Kind wieder auf Spur zu bringen.

Kurz: Du setzt dich selbst ziemlich unter Druck!

Geht es dir auch manchmal so?

Führt dieser Druck denn tatsächlich zu einem besseren Ergebnis?

Oder führt er am Ende nicht vielmehr dazu, dass es eng wird in deiner Brust. Dass sich der Kiefer anspannt und der Magen flau wird?

Hilft dir das *wirklich* weiter?

Was würde passieren, wenn wir uns erlauben würden zu akzeptieren, dass unser Kind beispielsweise gerade eine Trotzphase durchlebt – ohne den Drang, etwas *tun* zu müssen. Etwas »Besseres« machen zu müssen? Was passiert dann?

Vielleicht entsteht dabei für eine Millisekunde ein Gefühl von Erleichterung. Ent-spannung. Ein Moment des Aufatmens? Vielleicht kommen aber auch *sofort* Zweifel: »Ja, aber …!« Und wenn er nicht sofort kommt, dieser Zweifel, dann allerspätestens in der nächsten Konfliktsituation. »Ja, aber wenn …«:

- »… ich das Fehlverhalten einfach so akzeptiere, dann wird er wichtige Lektionen des Lebens *nie* lernen.«
- »… ich *jetzt* nicht eingreife, dann wird mir das in drei Jahren um die Ohren fliegen!«
- »… sie diese eine Sache jetzt nicht lernt, wird sie später riesige Probleme bekommen.«

Es stimmt. Als Gefährten unserer Kinder haben wir die Aufgabe, auf Dinge hinzuweisen, Grenzen zu setzen und einiges zu unterbinden. Oder unsere Meinung, unsere Einschätzung kundzutun. Doch die Frage ist, aus welchem Zustand heraus wir agieren. Handeln wir unter Spannung und Druck? Oder agieren wir klar und entspannt?

Wäre es denn ein Fehler, zunächst einfach nur mit unserem Kind zu *sein*? Zu halten, was ist. Auszuhalten, was wehtut. Und das Kissen hinzuhalten, wenn Aggressionen raus müssen? Ohne den Druck zu verspüren, immer gleich etwas Sinnvolles *tun* zu müssen?

Nur um hier ganz klar zu sein: Es geht *nicht* darum, Probleme unter den Teppich zu kehren. Es geht *nicht* darum, sich als Eltern aus der Verantwortung zu nehmen. Es geht auch *nicht* darum, sich den Launen des Kindes zu unterwerfen. Es geht um eine neue innere *Haltung*, mit der wir den Herausforderungen des Lebens begegnen könnten.

Was würde sich denn verändern, wenn wir uns mitten in der Herausforderung entspannen könnten? Um aus dieser Ruhe heraus die richtige Antwort zu *empfangen*? Mühelos. Und wahrhaftig authentisch? Nichts, was wir gelernt haben! Schließlich wurde uns spätestens in der Schule eingetrichtert, dass es nur die *eine* richtige Lösung gibt und wenn wir *die* nicht finden, sind wir leider einfach ein bisschen zu dumm für diese Welt. Und natürlich müssen wir uns auch gehörig anstrengen, uns konzentrieren und uns vielleicht sogar zensieren, um den Ansprüchen angemessen gerecht werden zu können. Aber soll ich dir was verraten? Das ist Blödsinn! Du bist gut genug! So wie du bist! Selbst wenn du noch Fehler machst. Du darfst Vertrauen in dich selbst entwickeln. Denn du reichst aus. Du bist vollkommen. Nicht im Sinne von perfekt und makellos. Aber unvollkommen vollkommen.

Das ist ein Gedanke, der schon in guten Zeiten nicht so easy peasy zu schlucken ist. Wenn wir dann auch noch mitten in einer Herausforderung stecken, scheint es fast schon utopisch, dass unser Beitrag dazu auch nur ansatzweise irgendwie »gut genug« sein könnte … Schließlich *wollen* wir ja auch etwas verändern … Wenn ich einfach die Haltung »Passt schon so!« vertrete, bedeutet das doch Stillstand, oder?

Eine innere Haltung von Vertrauen impliziert *nicht*, nichts zu tun. Sie betrifft vielmehr die innere Ausrichtung, mit der wir eine Veränderung angehen. Ein Vertrauen in uns selbst mündet nicht in Passivität, sondern vielmehr in einer besonderen Form der Agilität.

Diese Haltung könnte darin resultieren, dass du immer noch voller Liebe auf dein wütendes Kind schauen kannst, ohne den Druck zu spüren, unmittelbar etwas an ihm oder an der Situation verändern zu müssen. Durch diese Haltung kommst du aus dem Zugzwang heraus, die Kontrolle wahren und unbedingt *sofort* eine adäquate, pädagogisch wertvolle Strategie zur Hand haben zu müssen. Stattdessen darfst du (erst mal) durchatmen. Loslassen. Entspannen.

Das gelingt uns am allerbesten, wenn wir aufhören, das Verhalten unseres Kindes persönlich zu nehmen. Es darf jammern. Es darf aggressiv sein. Das muss uns nicht automatisch unter Druck setzen, es sofort lösen zu *müssen*. Natürlich immer vorausgesetzt, es ist keine akute Gefahr im Verzug. Weder für unser Kind noch für uns oder einen Dritten. Wenn wir uns von diesem Druck freisprechen, können wir mit einer gelasseneren inneren Haltung Verständnis zum Ausdruck bringen. Angebote machen. Wenn sie angenommen werden – wunderbar! Und wenn nicht – ja, dann halt nicht. Wir dürfen den Anspruch an uns runterschrauben und uns erlauben, in eine gesunde Distanz zu unseren Kindern zu gehen. Und dennoch dazubleiben. Ansprechbar zu bleiben. Sie zu halten und gegebenenfalls zu führen, nur eben ohne es persönlich zu nehmen.

Aus dieser gesunden Distanz heraus komme ich in einen viel besseren Kontakt mit mir selbst. Und von hier aus kann ich viel besser und vor allem sehr viel nachhaltiger mit meinen Kindern in Verbindung bleiben. Und somit wahrhaftige Nähe erschaffen. Denn von hier aus warten Antworten auf mich, an die kein Erziehungsratgeber jemals rankommen wird. Nämlich *meine* Antworten! *Deine* Antworten!

Ich könnte dir hier natürlich Hunderte tolle Tipps geben – nur würde es sich dabei immer um *meine* Lösungen, um *meine* Strategien handeln. Aber in *dir* wartet eine Antwort auf *deine* Herausforderungen, die jeden gottverdammten Expertentipp in den Schatten stellt. In dir ist ganz genau die Antwort, die passgenau für dich ist, für dein Kind, für deine Familie. Eine Antwort, die du in keinem Buch lesen kannst. Und die dir kein Spezialist geben kann. Denn von denen erhältst du immer nur Ratschläge und Meinungen, Ansichten und Perspektiven. Aber wissen, wissen kannst es nur *du*. Lass uns daher wieder in eine Verbindung zu uns selbst finden. Lass uns wieder Freude daran haben, unsere eigenen Wege zu finden, anstatt mit verbissenen Zähnen unbedingt »das Richtige« machen zu wollen. Denn: Du bist gut genug! Du darfst dir und deinem authentischen Elternsein vertrauen!

Löwenmama bleibt Löwenmama

Mein Weg ist ein wundervolles Beispiel für die eben beschriebenen Schritte – und deswegen möchte ich an dieser Stelle gern etwas Persönliches mit dir teilen:

Ich bin eine Löwenmama! Und ich wäre lange sehr viel lieber ein Goldkehlchen gewesen. Eine dieser Mütter, die selbst in den heftigsten Gefühlsstürmen ganz sanft bleibt und immer eine halbe Oktave höher spricht als der Rest der Welt. Ihr eiferte ich nach.

Im ersten Jahr als Mutter klappte die Goldkehlchen-Strategie auch ganz gut; wenn Mala weinte, hielt ich sie. Ich war einfach mit ihr und mit ihrem Ausdruck. Doch je älter sie wurde, desto heftiger bebte sie. Und ja, das konnte ich eine Zeit lang so halten. Und vielleicht auch drei-, viermal am Tag. Aber beim fünften Mal … verlor ich die Geduld! Und etwas in mir brüllte! Die Goldkehlchen-Strategie scheiterte. Auch wenn sie mir noch so richtig vorkam. Und lange Zeit dachte ich, dass mit *mir* etwas falsch sei. Dass ich einfach noch nicht gut genug sei. Dass ich mich einfach noch mehr anstrengen müsse. Noch mehr kontrollieren müsse … Dann, ja dann würde auch ich endlich das zarte Lied des Goldkehlchens trällern können, so wie es in all den klugen Büchern steht, selbst wenn Mala auf eine Art und Weise bebt, für die sie vor ein paar Jahrhunderten noch einen Exorzisten bestellt hätten.

Nur – eine Löwin ... wird *niemals* so lieblich zwitschern können wie das Goldkehlchen. Sie wird auch niemals fliegen lernen. Und wenn die Löwin nun ihr Elternleben lang am Fuße des Baumes sitzt und wehmütig zum Goldkehlchen aufblickt, macht sie das nicht nur unglücklich. Sie verhöhnt dadurch auch ihre Kompetenzen, die sie als Löwin ganz natürlich mitbringt. Eine Löwin hält das Rudel zusammen. Eine Löwin hütet! Und eine Löwin jagt. Und wenn sie brüllt, dann tut sie das aus gutem Grund.

Mit dem Ja zu meinem inneren Aufschrei kam das Ja zur Löwin. Und mit dem Ja zu ihr erkannte ich, dass so eine Löwin nicht einfach nur wie wild brüllt. Sondern dass sie eigentlich auch sehr fokussiert ist. Geduldig. Ein Teamplayer. Eine Strategin. Indem ich mir zusprach, für einen Moment alles loslassen zu dürfen, was in meinem Kopf so an Erziehungsstrategien rumschwirrte – und das war einiges! – kam ich wieder in Kontakt zu mir selbst. Und auf einmal konnte ich Lösungen auf einer Ebene finden, die mir tatsächlich zugänglich war. Und nun kommt der spannende Part: Lösungen, die bei Mala auch tatsächlich und endlich (!!!) zündeten!

Als Löwin bin ich voll da. Ich halte den Fokus. Ich habe die Situation als Ganzes im Blick. Ich beobachte ... um dann – zack! – im richtigen Moment in Führung zu gehen. Und genau *das* ist es, was Mala in ihren Leidensmomenten brauchte. Sie brauchte kein Goldkehlchen. Sie brauchte die Löwin. Indem ich begann, auf das zu vertrauen, was mich auszeichnet, konnte ich meiner Tochter zu der Gefährtin werden, die sie braucht.

Dein authentischer Weg liegt in dir. Deine authentische Lösung ist bereits in dir. Und alles, was du tun musst, ist, sie freizulegen. Indem du es dir für einen Augenblick erlaubst, alles beiseitezustellen, was du zu wissen meinst, um in einen aufrichtigen Kontakt mit dir selbst zu kommen. Hier ist alles, was du brauchst. Hier liegt deine wahre Kraft. Hier ist die Quelle einer unendlichen Weisheit, die nur darauf wartet, von dir gefunden zu werden. Hier bist du das, was du wirklich-wirklich bist: ein wundervolles Wunder. So wie du jetzt gerade bist. Und das nehme ich mir raus zu sagen, obwohl wir uns kaum kennen, da ich weiß, dass es für *jeden* Menschen gilt.

Erlaube dir, darauf zu vertrauen, dass das, was du in dir vorfindest, genau richtig ist. Selbst wenn es nicht dem entspricht, was in den tollen Büchern geschrieben steht. Erlaube es dir, die volle Schönheit deines individuellen Seins zu entfalten, anstatt dich als Löwin in der Ecke zu verkriechen und dich dafür zu verhöhnen, dass du nicht fliegen kannst.

So wie du bist – bist du genau richtig! Für dich. Für deinen Weg zu der Erwachsenen, die du wirklich-wirklich bist.

So wie du bist, bist du genau richtig für dein Kind! Das vielleicht genau diese eine Eigenart von dir braucht, um die Lektion seines Lebens zu erfahren, für die es vielleicht sogar hierhergekommen ist. Zu dir! Als seiner Mutter.

Ich glaube nicht an Zufälle. Und ich glaube auch nicht, dass du mit deinen Eigenarten ein Zufall bist. Daher bist du für mich für diese Welt genau richtig!

Praxisraum: Was du konkret tun kannst

Um in ein Vertrauen zu sich selbst zu finden, sind zwei Dinge essenziell: ein gesundes Selbstbewusstsein und eine gute Verbindung zu dir selbst. Darüber könnte man natürlich jeweils ein eigenes Buch schreiben und ein ganzes Jahrestraining damit füllen. Und dennoch können wir jetzt und hier damit beginnen, beide Qualitäten zu kultivieren. Jede Reise beginnt mit einem ersten Schritt. Und wenn wir einen nach dem anderen setzen, kommen wir auch irgendwann ans Ziel. Daher freue ich mich, hier zwei ganz zauberhafte Übungen mit dir teilen zu dürfen, die sich wissenschaftlich und praktisch wirklich sehr bewähren.

Dein glorreicher Tag

Wir sind darauf geeicht, dass es besondere Taten, besondere Erfolge, Erkenntnisse, Meilensteine oder Errungenschaften braucht, damit wir behaupten können, dass dieser Tag »gut« war. Oder dass es bestimmte Beweise dafür braucht, dass wir »erfolgreich« sind. Das wohlerzogene, zuvorkommende Kind, das im Restaurant mit Messer und Gabel isst. Die aufgeräumte Wohnung zu Wochenbeginn. Das zuckerfrei ernährte Kleinkind. Den schicken Designer-Kinderwagen, der auch nach fünf Jahren noch aussieht wie neu. Den Job, das Haus, das Auto. Und so weiter.

Cut!

Wer sagt das???

Wer sagt, dass es nicht genau so ein erfolgreicher Tag ist, wenn du die Riesen-Eskalation zwischen den Geschwistern vermeiden konntest *und* für ein frisches Abendessen gesorgt hast, *trotz* Abgabefrist eines beruflichen Projektes?

Ich möchte dich mit dieser Übung dazu einladen, dir vor Augen zu führen, was du allein *heute* alles geleistet hast. Sehr wahrscheinlich bist du morgens aufgestanden. Du hast dich angezogen, gegessen. Du hast dich auf den Weg zu einer Arbeit gemacht und/oder hast dich um deine Kinder gekümmert – Brote geschmiert, Schulranzen gepackt, Tränen getrocknet, Nasen und Popos geputzt. Du hast sehr wahrscheinlich mindestens zwei Mahlzeiten zubereitet. Und, und, und, und, und … So vieles, was du heute begonnen hast, war von Erfolg gekrönt. Kannst du diese vielen kleinen Einzelheiten sehen? Kannst du sie anerkennen? Lass dich für einen Moment anerkennen, wie viel du tagein, tagaus tust. Lass uns die kleinen Erfolge des Alltags würdigen. Denn viel zu häufig übersehen wir sie einfach oder nehmen sie als selbstverständlich hin.

Kleine Anekdote am Rande: Ich kann mich noch so gut daran erinnern, wie mein Mann das erste Mal einen ganzen Tag lang Mala hütete, während ich auf einer Fortbildung war. Ich kam nach Hause und bin fast rückwärts wieder aus der Wohnungstür gefallen – was für ein Chaos! Während *er* mir total selbstzufrieden entgegenkam und betonte, wie cool und easy er das heute alles mit der Kleinen geschaukelt hat. Und ich nur so: »… ooookay … *Danke*, dass du für unsere Kleine da warst … Ich putz dann mal drei Tage lang …!« Viele Männer sind tatsächlich besser darin, ihren Fokus auf das zu richten, was gelungen ist, anstatt das zu sehen, was noch zu tun wäre. Wir dürfen uns genau davon eine Scheibe abschneiden! Daher möchte ich dich zu der folgenden Übung einladen:

Was ist dir heute gut gelungen?

Nimm dir jeden Abend fünf Minuten Zeit, um mindestens drei Dinge zu notieren, die dir heute gut gelungen sind. Es dürfen kleine Selbstverständlichkeiten sein. Dieser Fokus auf dich selbst und auf deinen Tag wirkt sich positiv auf dein Selbstwertgefühl aus. Damit schaffst du die ideale Grundlage, um Schritt für Schritt in ein Vertrauen in dich selbst zu finden.

Ratschlag aus der Zukunft

Wenn du das nächste Mal keine Idee mehr hast, welche Richtung die richtige ist, auf welche Stimme du nun hören sollst und was du denn eigentlich überhaupt möchtest, dann ist diese Übung ideal:

- Schreib als Erstes in ein bis maximal drei Sätzen auf, worum es in deiner Herausforderung geht.
- Erlaube dir als Nächstes, wirklich *alle* Impulse, die dir dazu in den Sinn kommen, aufzuschreiben. Es dürfen auch die sein, die du niemals tatsächlich in Betracht ziehen würdest, die aber dennoch in deinem Kopf rumspuken – schreib sie auf. Du bist unbeobachtet und niemand verurteilt dich.
- Halte danach kurz inne und spüre nach: Wie geht es dir jetzt?
- Nimm drei ganz bewusste Atemzüge.
- Schließ deine Augen und stell dir dich selbst vor – in den letzten Jahren deines Lebens, glücklich und

zufrieden. Da ist eine Person, die ihr Leben wirklich gelebt hat. Die Frieden gefunden hat. Und vielleicht sogar ein wenig weise ist. Vielleicht siehst du dich an einem bestimmten Ort. Wenn du möchtest, nimm dir ein paar Augenblicke Zeit, alle Details der Szene wahrzunehmen. Und dann komm deinem Zukunfts-Ich näher, um es zu fragen, was es dir für deine aktuelle Herausforderung rät. Such nicht nach einer Antwort, sondern lass sie entstehen.

- Was rät dir deine eigene Zukunft?
- Sei offen für das, was sich dir offenbart. Vielleicht sind es Worte. Vielleicht Bilder. Vielleicht auch nur ein Geruch. Sei in dem Wissen, dass in dem, was du empfängst, deine Lösung liegt. Sei in dem Vertrauen, dass du erkennst, was du eigentlich schon weißt.

Vertrauen in dein Kind

Jeder, der Kinder hat, kennt diese Momente, wenn der kleine Engel wutentbrannt alle Klamotten aus dem Kleiderschrank reißt, das Geschwisterchen schlägt und uns »DU BLÖDMANN!« hinterherruft. Momente, in denen wir beginnen zu zweifeln … entweder an uns selbst oder an unserem Kind. Oder an beidem. Wir zweifeln, ob Konsequenzen nicht doch eine gute Idee wären oder ob es vielleicht nicht sogar doch »die harte Hand« braucht.

Erinnerst du dich an das Gleichnis des Flusses? Wollen wir nicht einfach die herausfordernden Phasen unserer Kinder als einen wilden Abschnitt von ihrem Fluss des Lebens betrachten? Unruhig, durcheinander und laut! Aber verbunden mit der Gewissheit, dass es auch wieder stillere, ruhigere und stetigere Abschnitte geben wird.

Wäre es nicht eine immense Erleichterung, wenn wir aufhören könnten, uns gegen die Strömung zu stemmen? Denn es ist eine Illusion, dass beispielsweise die Wutanfälle durch die richtige Taktik weniger werden. Unser Kind wütet so oder so. Und es wird sein Tempo brauchen, um diese Phase zu durchlaufen. Die Wut ist keine Strafe des Lebens oder die Rechnung für vorangegangenes Versagen – es ist einfach das Leben. Leben, das durch dein Kind fließt. Leben, das in deinen Räumen ist. Siehst du die Kraft in deinem Kind, wenn es schreit? Leben pur! Und am Ende bist es nur du, die es als etwas Negatives bewertet.

Wie würde es unseren Alltag prägen, wenn wir beginnen würden, dem Fluss des Lebens unserer Kinder zu vertrauen? Nicht naiv oder geleitet von Bequemlichkeit und Konfliktvermeidungsstrategien, sondern basierend auf solidem Wissen. Hierfür braucht es nicht weniger als ein neues Menschenbild. Ein Paradigma, das sich darauf besinnt, dass wir im Kern alle gut sind. Dass wir richtig sind, so wie wir sind.

Paradigmenwechsel, bitte!

Auch heute, im 21. Jahrhundert, werden »brave« Kinder immer noch anerkennend getätschelt und wilde Kinder böse beäugt. Natürlich macht das etwas mit uns als Eltern, selbst wenn wir längst andere Ansichten haben. Wer kennt nicht den unausgesprochenen, aber dennoch deutlich spürbaren Druck an der Supermarktkasse, wenn der kleine Engel einen Wutanfall bekommt, weil er das Ü-Ei nicht kriegt? Otto Normalverbraucher befindet nun per Ferndiagnose, dass diesem Tyrannen dringend ein Machtwort entgegnet werden müsste, sonst lernt er es ja schließlich nie. Diese Annahmen halten sich wahrscheinlich auch deswegen in unserem gesellschaftlichen Gedankengut wie zäher Kaugummi, weil die Wurzeln der gängigen pädagogischen Konzepte genau das suggerieren. Diese Wurzel ist die Lerntheorie nach Burrhus Frederic Skinner, die für viele Kitas, Kindergärten, Schulen und Institutionen, die die heutigen Pädagogen ausbilden, immer noch *der* Grundlagen ist. Skinner zeigte in den frühen 1950er-Jahren, dass Ratten (später waren es auch Tauben und Hunde) ein bestimmtes Verhalten wiederholten, wenn es belohnt wurde. Beispielsweise drückten die Ratten immer wieder auf einen Knopf, wenn sie daraufhin Futter bekamen. Außerdem unterließen die Tiere ein Verhalten, wenn es bestraft wurde. So drückten sie beispielsweise *nicht* mehr auf einen Knopf, wenn sie daraufhin einen Stromschlag bekamen. Das Knopfdrücken wurde aufgrund der negativen Konsequenz (Stromschlag) aus dem Verhaltensrepertoire gelöscht.[13] Das klingt ziemlich vertraut, oder? Und gleicht in etwa dem Anspruch des Otto Normalverbrauchers an der Supermarktkasse: Wenn du es bestrafst, wird dein Kind das Tamtam zukünftig unterlassen. Ergo muss einfach mal ein ausreichend starkes Machtwort gesprochen werden und eine saftige Konsequenz verhängt werden – ist doch logisch!

Fakt ist, dass Erkenntnisse, die vor rund siebzig Jahren an *Ratten* (!) gewonnen wurden, heute immer noch auf unsere Kinder übertragen werden. Klassischerweise wird Mäxchen mit einem Sticker belohnt, wenn es sich an die Regeln hält, in der Hoffnung, dass es dies dann wiederholt. Wenn sich Mäxchen aber nicht an die Regeln hält, dann wird es bestraft, in der Hoffnung, dass es den Verstoß dann zukünftig unterlässt. Von »Strafen« sprechen moderne pädagogische oder therapeutische Ansätze natürlich nicht mehr. Vielmehr ist die Rede von »Auszeiten« oder »natürlichen Konsequenzen« (was ziemlich gleichzusetzen ist mit »Strafen«).

Dabei gilt die dadurch erhoffte »Löschung« des Verhaltens in der modernen Verhaltenstherapeutischen Forschung längst als überholt![14]

Verhalten wird nämlich nicht gelöscht – Verhalten verschiebt sich!

Wenn ich meinem Kind beispielsweise durch Strafen, oder – pardon! – durch Konsequenzen beibringe, andere nicht mehr zu schlagen, ist die Aggression dadurch ja nicht weg. Das Kind zeigt seine aggressiven Impulse dann zwar nicht mehr offen, vor allem nicht mehr vor der Autoritätsperson, aber es wird definitiv andere Kanäle dafür finden. Und im schlimmsten Fall richtet es diese irgendwann gegen sich selbst.

Mittlerweile gibt es viel aktuellere und sehr viel hochwertigere Studien, die mindestens eine interessante Alternative zu den – sorry, Skinner! – verstaubten Annahmen der 1950er-Jahre bieten.[15] Und dennoch lutschen im Umgang mit Kindern immer noch *so* viele diesen ausgelutschten Drops.

Ich möchte dabei vor allem die negative Grundhaltung infrage stellen, die wir durch dieses Konzept unseren Kindern entgegenbringen. Was genau gibt uns den Anlass, vom Schlechtesten in unseren Kindern auszugehen? Wer sagt denn, dass ein Kind wieder um sich schlagen wird, wenn es dafür *nicht* bestraft wird? Oder wenn es im Zuge dessen keine »natürliche Konsequenz« erfährt? Nur weil Ratten nicht mehr auf den Knopf drückten, wenn sie dadurch einen Stromschlag bekamen?

Könnte es nicht mindestens genauso hilfreich sein, rauszufinden, was eigentlich los war? Worum es dem Kind tatsächlich ging? Um dann zu besprechen, wie das adäquater und sozial kompatibel zum Ausdruck gebracht werden könnte? Könnte es nicht sein, dass ein Kind da sehr viel mehr lernt?

Für diese Wendung brauchen wir eine neue Sicht auf unsere Kinder. Wollen wir mit unserem Menschenbild nicht endlich ein bisschen mehr ins 21. Jahrhundert kommen und damit aufhören, unsere Kinder als defizitären Klumpen Lehm zu betrachten, der auf den

Ernst des Lebens vorbereitet werden muss? Könnten wir stattdessen nicht beginnen, in die Kompetenz und in den guten Kern unserer Kinder zu vertrauen? Was genau hält uns eigentlich davon ab?

Wenn dein Kind mitten im Chaos spielt, anstatt wie besprochen das Zimmer aufzuräumen, kannst du sehen, dass es faul ist. Dass es nicht kooperiert. Dass es dich an der Nase rumführt. Oder du siehst, wie wundervoll es sich vertiefen kann. Das bedeutet dann nicht, dass du dein Kind nicht mehr dazu ermutigen sollst, im Haushalt mitzuhelfen. Aber die Art und Weise, wie du diese Forderung stellst, wird, je nach Fokus, auf eine ganz andere Art und Weise ausfallen. Die Art und Weise, wie *du* dich fühlst, wird eine ganz andere sein. Und die Art und Weise, wie sich dein *Kind* fühlen wird, ebenfalls.

Was, wenn sie mir nur auf der Nase rumtanzt?

Es gibt keinen sinnvollen Grund, an der alten negativen Sicht festzuhalten. Sie ist auch wissenschaftlich nicht mehr tragbar.[16] Es ist vielmehr davon auszugehen, dass es sich hierbei um althergebrachten Kladderadatsch handelt – und ich persönlich habe echt richtig Lust, diese Altlast loszulassen und frisch und frei auf mein Kind zu blicken.

Wie ist es bei dir?

Ja, aber?

Selbst wenn ein Teil von uns ein Ja dazu verspürt, melden sich meist sehr schnell doch wieder Zweifel, vielleicht sogar Ängste. Schließlich können wir es ja nicht einfach so stehen lassen, dass unser Kind um sich schlägt und die Oma beschimpft – wir haben doch eine Verantwortung! Und in keinem Fall möchten wir unserem Kind irgendwelche Steine in den Weg legen. Sondern wir möchten ihm den Weg ebnen – durch unsere Erziehung.

Aber was bedeutet das eigentlich? »Erziehung«? Das Wort stammt von dem lateinischen Begriff *educare* ab – und bedeutet »herausziehen«. Der Wortbedeutung Folge leistend könnte also davon ausgegangen werden, dass es bei Erziehung *nicht* darum geht, etwas in einen Krug hineinzufüllen (Regeln, Floskeln und andere Normen der Leistungsgesellschaft), sondern vielmehr darum, *herauszuziehen*, was in ihm ist? Könnte das bedeuten, dass wir beispielsweise *alle* als soziale Wesen geboren werden, daher ganz natürlich nach Gemeinschaft streben und somit die natürliche Bereitschaft mitbringen, uns der Gruppe anzupassen? Beispielsweise indem wir uns an Regeln halten? Dann müssten wir gar nicht in ein Kind hineinrichten, dass man beispielsweise andere nicht schlagen darf. Wir dürften vielmehr den eh bereits vorhandenen Wunsch des Kindes, sich sozial einzugliedern, *herausziehen*? Das könnte dann bedeuten, dass wir darauf *vertrauen* können, dass alles, was unser Kind braucht, bereits in ihm ist. Und unsere Aufgabe als Eltern vielmehr darin besteht, für die richtige Umgebung zu sorgen, damit sich all das auf wundervolle Art und Weise einfach entfalten kann?

So wie der Gärtner, der die Aufgabe hat, einen fruchtbaren Boden für den Setzling auszuwählen, die Erde aufzulockern, regelmäßig zu gießen und ab und an vielleicht auch mal zu düngen. Doch dann unterliegt es nicht mehr seiner Kontrolle, wie schnell der Setzling wächst und wann er endlich Früchte trägt. Der Gärtner gießt. Der Gärtner düngt. Und die Pflanze wächst und gedeiht in ihrem Tempo.

So ist es auch bei Eltern und Kind. Natürlich haben wir vor allem in den ersten Lebensjahren *Einfluss* auf das Leben unserer Kinder – natürlich können wir fruchtbare Erde und einen passenden Standort wählen, gießen und düngen. Aber die Art und Weise, wie unsere Kinder wachsen – schnell, langsam, krumm oder wie im Bilderbuch –, liegt nicht in unserer Hand. Wir haben ab einem gewissen Grad keine Kontrolle über die Entwicklung unserer Kinder. Und wir haben vor allem keinen Einfluss auf ihre Persönlichkeit.

Am Ende unterliegt es nicht unserer Kontrolle, ob unser Kind ein kleiner Sonnenschein oder ein Haudegen wird – und das vollkommen unabhängig davon, wie viele PEKiP-Kurse wir mit ihm besucht haben. Am Ende unterliegt es nicht unserer Kontrolle, wie schnell und wie intensiv unser Kind unterschiedliche Phasen durchläuft. Es unterliegt nicht unserer Kontrolle, wie lange und wie intensiv unser Kind wütet. Wie stark das Streben nach Autonomie ausgeprägt ist. Unser Kind durchläuft diese Phasen so oder so. Und es wird seine Zeit dafür brauchen, jede Phase zu durchlaufen, vollkommen unabhängig davon, ob wir uns auf den Kopf stellen oder eben nicht. Wir können dazu beitragen, wie fest sein Schuhwerk sitzt. Aber wir haben keine Kontrolle darüber, welche Weggabelungen es wählt. Oder ob es die festen Wanderschuhe bei der nächstbesten Gelegenheit gegen High Heels austauschen wird. Mit Pfennigabsatz, versteht sich!

Und ja, das kann Stress erzeugen. Aber es kann auch dazu führen, dass du dich entspannen kannst. Weil du dich daran erinnerst, dass du nur gießen kannst, nachdem du den Samen in möglichst fruchtbaren Boden gesetzt hast. Gießen und düngen. Gießen und düngen. Wachsen wird die Pflanze von allein. Und nach jedem Winter kommt ein neuer Frühling. Unsere Kinder sind gut! Unsere Kinder sind von Natur aus bestrebt, mit uns zu kooperieren und eine Einheit mit uns zu bilden. Kinder *wollen* lernen. Kinder *wollen* wachsen. Und Kinder wollen es uns vor allem gleichtun – es ist ihr natürlicher Instinkt.

Das Bild des manipulativen Tyrannen ist überholt! Es ist nichts weiter als ein kulturelles Erbe und wissenschaftlich nicht mehr tragbar! Die Zeit ist reif für ein neues Menschenbild. Lasst uns damit beginnen, das Gute in unseren Kindern zu sehen. Lasst uns auf ihr natürliches Bestreben vertrauen, Teil unserer Gemeinschaft sein zu wollen. Lasst uns von uns selbst den Druck nehmen, sie formen zu müssen. Öffnen wir uns stattdessen für das Wunder, das sie jetzt bereits sind.

Kinder gehen ihren Weg. Auch wenn das Ziel vielleicht nicht das ist, was wir uns für sie vorgestellt haben. Lasst uns ihnen die Zeit und die Gelegenheit schenken, die Dinge auf ihre eigene Art und Weise zu erfahren.

Ein Aspekt, der mich darin unterstützte, in dieses Vertrauen für meine Kinder zu finden, war, mir fundiertes Wissen anzueignen. In der richtigen Dosis, zur richtigen Zeit, über für mich passende Kanäle.

Wissen schafft Vertrauen

Bei uns gab es Phasen, in denen ich wirklich lange abwog, ob ich mit Mala auf den Spielplatz gehe oder nicht. Denn sie war ein richtiger Hau-drauf-Haudegen. Während mein weißblonder Engel, ohne mit der Wimper zu zucken, selbst die großen Jungs verhaute, kam ich maximal unter Stress! Und, wenn ich ganz ehrlich bin, entstand dadurch auch eine gewisse Distanz zwischen der pazifistischen Teilzeit-Hippie-Mama und der Räubertochter.

Um die Verbindung halten zu können und wieder das Gute in ihr zu erkennen, war es ein ganz wesentlicher Schritt für mich, mich mit fundiertem Wissen zu versorgen. Denn Wissen schafft Vertrauen. So lernte ich beispielsweise, dass Kinder bis etwa zum dritten Lebensjahr über keine sogenannte inhibitorische Schleife verfügen[17]; eine Art neurophysiologisches STOPP, das uns ermöglicht, die ersten Impulse erst einmal auszubremsen, um schließlich mit mehr Besinnung handeln zu können. Wenn ich mich über meine Freundin ärgere, bin ich dazu in der Lage, meine ersten Impulse zu kontrollieren, indem meine Gedanken erst mal ein paar Schleifen drehen. Beispielsweise werde ich die Informationen aus dem Emotionszentrum des Gehirns (der Amygdala, die sagt:»AUA! Das tut weh!«) mit meinem rational und logisch denkendem Teil abwägen können (dem präfrontalen Cortex, der sagt:»Wahrscheinlich hat sie es gar nicht so gemeint. Lass uns noch mal nachfragen!«). Daher wird eine adäquate und dem Kontext gerechte Reaktion wahrscheinlich(er).

Kinder können das noch nicht. Bei Kindern erfolgt auf einen Reiz eine Reaktion: Bähm! Schaufel über den Kopf! Das Kind, das Schaufeln über Köpfe zieht, denkt noch nicht:»Okay, der Typ da nimmt mir was weg. Das find ich gerade echt nicht gut. Ich will das nicht, aber ich bin mir darüber bewusst, dass es sozial nicht verträglich ist, wenn ich ihm jetzt die Schaufel über den Kopf ziehe … Was könnte ich denn stattdessen machen? Mal überlegen … Meine Mama sagt doch immer, ich soll freundlich fragen. Probieren wir das mal …« Dazu ist ein kleines Kind noch nicht in der Lage. Und wenn wir ehrlich sind, wir selbst ja manchmal auch nicht, aber dazu später. Fakt ist, dass es Kindern erst rund um das dritte Lebensjahr neurophysiologisch möglich wird, Impulse zu kontrollieren.[18]

Ein weiterer Aspekt ist, dass sich die »Theory of mind«, also die Fähigkeit, sich in andere hineinzuversetzen, erst um das dritte bis vierte Lebensjahr herum entwickelt.[19] Meiner zweijährigen Tochter war es also vollkommen wurst, wie das für den Jungen ist, mit Sand beworfen zu werden. Denn in ihrem Universum war seine Sicht noch gar nicht existent.

Es gab also viel, was ich tun konnte: Die Gefühle aufzugreifen, gibt dem Kind das Gefühl, gesehen zu werden, was sich positiv auf unsere Beziehung und damit auf den Verlauf des Konflikts auswirkt (»Du bist wütend, weil du allein spielen willst.«). Das Spiegeln der Gefühle anderer hilft bei der Entwicklung der Theory of Mind (»Schau mal, der Junge weint. Sand in den Augen tut weh.«). Damit verbunden können dem Kind alternative Strategien angeboten werden, wodurch es tatsächlich die Gelegenheit bekommt zu lernen, wie es sein Anliegen zukünftig zum Ausdruck bringen könnte (»Wenn du allein spielen willst, lass uns doch dort rübergehen – dort hast du Platz!«).

Aber all das konnte mit sehr viel weniger innerem Druck geschehen. Denn ich wusste, dass es für eine Zweijährige okay ist, impulsiv zu handeln. Ich konnte besser sehen, dass dahinter keine böse Absicht steckt, sondern eher eine sehr klare: »Ich will spielen! Nimm mir das nicht weg!«

Natürlich ist es aber meine elterliche Pflicht, zu schützen – nicht nur mich und mein eigenes Kind, sondern auch die anderen. Wenn ich also schon sehe, dass sie ausholt, dann betrachte ich es als meine Aufgabe, ihre Hand *sanft* zu halten, kurz und bündig zu formulieren, warum ich das tue (»Stopp! Das tut weh!«), das Bedürfnis dahinter zu adressieren (»Du möchtest lieber allein spielen?«) und Alternativen anzubieten (»Schau, da hinten ist ganz viel Platz. Wollen wir dort zusammen hingehen?«).

Soweit ist dir das sehr wahrscheinlich auch schon bekannt, oder? Jetzt kommt der spannende Part:

Am Ende entscheidet aber auch hier das *Wie!*

Und unser Wie ist wesentlich geprägt von unserer inneren Haltung. Sehe ich einen mit Sand werfenden Kotzbrocken, unterbinde ich die kindliche Frustration wahrscheinlich eher gereizt und genervt. Bin ich dahingehend im Vertrauen, dann gehe ich gelassener in die Situation und – jetzt kommt der Clou – erhöhe damit maßgeblich die Wahrscheinlichkeit, dass sich der Konflikt für alle auf eine friedvolle Art und Weise ganz einfach lösen lässt.

Solides und fundiertes Wissen kann uns also dabei unterstützen, in ein Vertrauen zu finden. So wie in meinem Beispiel: Es löste sich sehr viel, als ich erkannte, dass das Schlagen meiner Tochter nicht bedeutet, dass sie sehr wahrscheinlich eine antisoziale Persönlichkeitsstörung entwickeln wird, sondern schlicht, dass sie Impulse in ihrem Alter einfach noch nicht kontrollieren *kann*. Das hilft! Ein Grundwissen über den aktuellen entwicklungspsychologischen Stand unseres Kindes ist in den herausfordernden Momenten Gold wert. Denn viele Dinge, die wir Eltern im Alltag als »problematisch« betrachten, sind schlichtweg normale entwicklungspsychologische Meilensteine. Wenn ein Kind beispielsweise gerade im Zuge der Autonomiephase das Zähneputzen verweigert, dann tun wir als Eltern gut daran, das Verhalten in einen größeren Kontext zu stellen. Dieser Kontext beinhaltet für mich, das Verhalten in den aktuellen Entwicklungsstand einzubetten (Nein-Allüren sind im Rahmen der Autonomie normal und gehen vorbei!), keine Rückschlüsse vom Verhalten meines Kindes auf sein Wesen zu ziehen (»Er ist so ein Dickkopf!«) und nicht auch on top an uns selbst zu zweifeln (»Was hab ich nur falsch gemacht?!?«).

Gewappnet mit guten entwicklungspsychologischen Fakten hast du also etwas Fundamentales an der Hand, um dich selbst zu beruhigen und dich wieder entsprechend auszurichten. Wissen schafft Vertrauen. Ein gutes und solides Nachschlagewerk ist Laura Berks *Entwicklungspsychologie*.[20]

Und wenn wir uns schon mal mit dem aktuellen Entwicklungsstand unserer Kinder befassen, lohnt sich folgende Frage: »Sind meine Ansprüche, die ich an mein Kind stelle wirklich altersgerecht?« Kinder sind keine Miniatur-Erwachsenen. Sie können und wissen viel, aber eben doch nicht alles und vor allem nicht auf demselben Level wie wir.

Überprüfe deine Erwartungen

Für die Beziehung zu deinem Kind kann es ein echter Booster sein, wenn du dich selbstkritisch der Frage stellst, ob deine Erwartungen tatsächlich altersgerecht sind. Wir würden ja beispielsweise nicht auf die Idee kommen, von einer Dreijährigen zu erwarten, dass sie die Skat-Regeln befolgen kann, oder? Zu komplex, zu strategisch! Zeitgleich fordern wir aber, dass sie sich im Falle einer Frustration doch erst mal an Mama wenden soll, bevor sie zuhaut. Ziemlich komplex, ziemlich strategisch!

Das bedeutet natürlich nicht, dass wir dieses Ziel nicht weiterhin mit unserem Kind anstreben dürfen. Doch es gibt auf unserer Seite keinen Grund, den Kopf in den Sand zu stecken, wenn es das kurz vor seinem vierten Geburtstag immer noch nicht gelernt hat – spätestens, wenn die Moralentwicklung eintritt (fünftes bis sechstes Lebensjahr) löst sich das mit der Hauerei meistens ganz von allein. Denn dann werden Gerechtigkeit, Fairness und Regeln maximal wichtig. Und, ganz wichtig: Das bedeutet nicht, dass du bis zum sechsten Lebensjahr nichts tun solltest, wenn dein Kind schlägt. Aber – du weißt, was nun kommt – das Wie entscheidet! Niemand gewinnt, wenn wir Ansprüche und Regeln formulieren, an die sich das Kind entwicklungsbedingt überhaupt nicht halten *kann*.

Zudem lohnt es sich, die Erwartungen, die du an dein Kind stellst, auf der Ebene der kindlichen Bedürfnisse zu reflektieren. Ein Kleinkind hat kein Interesse daran, lange still am Tisch zu sitzen und den Erwachsenen zuzuhören. Ein Kleinkind will sich bewegen – spielen, hüpfen, tanzen, lachen und singen. Und wir tun uns selbst keinen Gefallen, wenn wir uns darüber grämen, dass es sich nicht wenigstens einmal, bei dieser wichtigen Familienfeier, zusammenreißen kann.

Unsere Erwartungen an unsere Kinder bringen wir meist aus unserer eigenen Kinderstube mit. Wir übernehmen unbewusst, was bereits für unsere Eltern Gültigkeit besaß. Auch aktuelle gesellschaftliche und kulturelle Normen tragen dazu bei. Dinge wie, dass man beim Essen still sitzen muss oder dass man sich entschuldigen muss. Aber *muss* Kind das *wirklich*? Muss ein Kind wirklich still sitzen können?

Natürlich kannst du an altüberliefertem Wissen und traditionellen Ansprüchen festhalten. Und wenn dir das Orientierung schenkt, Halt gibt und dich glücklich macht, ist das wundervoll. Der springende Punkt ist hierbei, ob du dich unbewusst davon leiten (und stressen) lässt. Oder ob du dich bewusst dafür entscheidest.

Wenn du merkst, dass dich der ein oder andere Anspruch einfach nur anstrengt, ohne dass du auch nur irgendeinen Nutzen daraus ziehen könntest, darfst du dir erlauben, das Ganze mit einem Fragezeichen zu versehen.

Zähneputzen ist beispielsweise eine durch und durch lästige Aufgabe für uns Eltern. Aber hier sind der Nutzen und die Notwendigkeit ziemlich offensichtlich, weswegen wir diese nervenaufreibende Aktivität wirklich nur in den akutesten Stressmomenten ausfallen lassen sollten. Aber ob du dich tatsächlich dem Stress aussetzen musst, dem Kind im Restaurant nahelegen zu müssen, die Pommes *nicht* mit den Händen zu essen, könnte beispielsweise mit einem Fragezeichen versehen werden. Möchtest du an diesem »Müsste« festhalten? Wählst du es bewusst? Oder möchtest du dich von dem ein oder anderem »Sollte« vielleicht mit gutem Gewissen verabschieden?

Erlaube dir, einen prüfenden Blick darauf zu werfen, ob deine Ansprüche, die du an dein Kind stellst, zum einen altersgerecht sind und ob sie außerdem tatsächlich noch Gültigkeit für dich besitzen: Erschließt sich für dich der Sinn hinter dem Anspruch? Ist er plausibel? Und *möchtest* du ihn leben?

Meinem Mann und mir ist es beispielsweise wichtig, dass wir unseren Kindern den Wert des Essens nahelegen. Auch das Miteinander am Tisch bedeutet uns etwas. Das sind also durchaus Werte, die wir bewusst vermitteln möchten. Wir sind uns aber auch darüber bewusst, dass es nicht altersgerecht ist, von einem Kleinkind zu erwarten, dass es die ganze Zeit über still sitzen bleibt. So dürfen unsere Kinder Essenspausen einlegen, um ihren Bewegungsdrang auszuleben. Aber wenn wir essen, dann essen wir – so lautet unsere bewusst gewählte Regel und damit auch der Anspruch, den wir mit gutem Gewissen an unsere Kinder stellen.

Mein Anliegen mit diesem Kapitel ist es, dir darzulegen, dass es keinen wissenschaftlichen Beweis dafür gibt, dass hinter dem Fehlverhalten eines Kindes eine bewusste, böse Absicht steckt. Klar ist, dass Kinder für ihr Verhalten immer einen Beweggrund haben, der uns mitunter erst im Nachhinein ersichtlich wird: Mogli verweigerte beispielsweise für ein paar Tage komplett das Zähneputzen. Kurz darauf brachen zwei Backenzähne gleichzeitig durch – und ich hatte meine Antwort.

Das Bild des manipulativen Tyrannen ist tief eingebrannt in unser Denken. Und unser Blick auf die Situation und auf unser Kind wird sehr schnell gefärbt von wilden, angstvollen Gedanken:

»Was, wenn das nie aufhört?«

»Was, wenn ich ihm damit alles versaue – er muss doch lernen, dass Schlagen nicht geht.«

Ja. Es ist wichtig, dass dein Kind das lernt. Aber muss es *jetzt* sein? Ist dein Anspruch altersgerecht? Wir dürfen darauf vertrauen, dass es sein natürliches Bestreben ist, sich in eine Gruppe einzubinden. Und dass es daher bereit sein wird, deine Regeln zu lernen, sobald es entwicklungspsychologisch dazu in der Lage ist. Ein Kind hat außerdem ein natürliches Bestreben, es uns gleichzutun – sodass du eigentlich »nur« ein gutes Modell sein musst.

Unsere Kinder sind und werden keine Tyrannen. Mit Vertrauen durchbrechen wir diesen Mythos. Unsere Kinder sind gut!

Praxisraum: Was du konkret tun kannst

Du hast im Verlauf des Kapitels bereits einige Anregungen bekommen, was du konkret tun kannst, um dein Vertrauen in dein Kind zu kultivieren. Lass mich dir diese hier nochmals auflisten:

- Wirf einen frischen Blick auf dein Kind. Unterstelle immer das Beste und geh von unschuldigen Absichten deines Kindes aus.
- Berücksichtige die Entwicklungsmeilensteine sowie die kognitive und emotionale Reife deines Kindes.
- Überprüfe deine eigenen Erwartungen an dein Kind.

Wenn du beginnst, mit diesen Perspektiven zu arbeiten, wird es im vollen Familienalltag dennoch immer mal wieder passieren, dass du unter Druck kommst und dass sich dein Kind entgegen deiner Erwartungen und Wünsche verhält. Die folgenden Übungen unterstützen dich dabei, dich wieder auf das zu besinnen, was du wirklich-wirklich möchtest:

Der Rettungsring

Um in den Stürmen der Konflikte nicht unterzugehen, hilft ein Rettungsring. Er hält dich metaphorisch gesprochen über Wasser und bringt dich wieder sicher an Land. Praktisch verwendest du hierfür einen bewusst gewählten Gegenstand, der dich an dein Ziel (siehe Kapitel »Wo willst du hin?«) erinnern wird.

Wähle hierfür zuerst deinen ganz persönlichen Rettungsring aus. Das kann tatsächlich ein Ring sein, ein anderes Schmuckstück oder etwas, das du immer bei oder an dir haben kannst. Hauptsache ist, es passt gut zu dir.

Und dann downloade dein Ziel auf deinen Rettungsring: Mach daraus ein kleines Ritual und sei ruhig feierlich – du bist gerade dabei, Großes zu durchbrechen und Neues zu kultivieren. Zieh dir etwas Besonderes an, zünde eine Kerze an, mach schöne Musik an und hab dein Ziel am besten schriftlich bereit. Beispielsweise so: »Ich, … (dein vollständiger Name), werde ab sofort Konfliktsituationen mit … (Namen deines Kindes oder Partners) friedlich lösen. Und dieser Ring (oder was du gewählt hast) wird mich an diese Absicht erinnern und mich durch Klarheit und Fokus bei der Realisierung unterstützen.«

Besiegle das Ritual durch das erstmalige Anlegen deines Rettungsrings. Du steckst dir den Ring an den Finger oder nimmst den Gegenstand bewusst in die Hand. Wann immer in deinem Alltag dein Blick auf diesen Gegenstand fällt, übe dich darin, deine aktuelle Tätigkeit kurz zu unterbrechen, innezuhalten, einen bewussten

Atemzug zu nehmen, deine Füße auf dem Boden zu spüren. Und dich bewusst mit deiner Absicht zu verbinden.

So hast du diese Kompetenz auch in der nächsten Konflikt- oder Stresssituation zur Verfügung. Selbst wenn sie bereits eskaliert ist, sobald dein Blick das erste Mal bewusst auf deinen Rettungsring fällt – halte inne. Verbinde dich mit deiner wahren Absicht. Dadurch unterbrichst du deine übliche Reiz-Reaktions-Kette und ein Tor zu neuen Wegen tut sich vor dir auf. Atme. Erinnere dich. Und beginne neu. Bring dich und dein Kind sicher an Land!

Dein Rosinen-Kind

Eine der bekanntesten Übungen aus der Achtsamkeitslehre ist die sogenannte Rosinen-Übung. Hier wird eine Rosine zunächst so betrachtet, als hätte man noch nie zuvor eine gesehen. Sie wird über alle Sinne wahrgenommen: sehen, tasten, riechen. Und schließlich auch schmecken. Die meisten, die diese Übung zum ersten Mal machen, sind beispielsweise überrascht über die intensive Süße der Rosine, die sie beim alltäglichen Essen so noch nie geschmeckt hatten.

Ähnlich verhält es sich mit unserem Kind – da wir meist so beschäftigt sind mit all den Ansprüchen, all den Erwartungen, all den To-dos, verpassen wir unsere Kinder. Wir verpassen die Süße ihres Seins. Wir verpassen das Wunder, das sie bereits sind, während wir darauf warten, dass sie endlich dieses oder jenes erfüllen, machen oder tun. Daher möchte ich dich mit dieser Übung gern dazu einladen, dir in deinem vollen Alltag immer mal wieder ein paar Minuten zu gönnen, in denen du alles beiseitelegst, um dein Kind anzuschauen. Wirklich anzuschauen. Etwa so:

Blick auf dein Rosinen-Kind

Nimm dir pro Tag zwei bis drei Minuten, in denen du dein Kind so anschaust, als würdest du es das erste oder das letzte Mal in deinem Leben sehen. Stell alle inneren Kommentare, alle Erwartungen, alle Ängste auf Flugmodus. Und schenk deinem Kind für drei Minuten deine volle Aufmerksamkeit. Achte wie bei der Rosine auf die kleinen, feinen Nuancen seines Seins. Öffne bewusst alle deine Sinne für dein Kind: Was siehst du? Was hörst du? Wenn du diese Übung machst, wenn du deinem Kind zum Beispiel etwas vorliest, dann nimm das Gewicht des kleinen Körpers wahr, der sich an dich lehnt. Die Wärme, den Geruch seiner Haut, der Haare. Einfach wahrnehmen. Ohne zu bewerten. Und vielleicht wirst du zum ersten Mal an diesem Tag die Süße schmecken. Die Zuwendung. Die Dankbarkeit. Den Stolz, das Glück. Die Liebe.

Dein Kind muss von dieser Übung nichts wissen – mach sie gern einfach für dich. Und wenn du innerhalb dieser drei Minuten auf Bewertungen, Ängste oder Ähnliches stoßen solltest – »Uaaah! Kakao auf den Teppich! Neeeein!!!« –, dann nimm das einfach wahr. Handle gegebenenfalls bewusst, klar und direkt, aber verzichte auf Bewertungen wie »Nie hört sie auf das, was ich ihr sage. Hundert Mal hab ich das nun schon gesagt«. Registriere solche Gedanken lediglich. Und lass sie dann einfach ziehen. Wie Wolken am Himmel. Und wende dich wieder der Bewunderung deines Wunders zu. Nur für zwei bis drei Minuten.

Bodyscan in Konfliktsituationen

Konflikte verlieren enorm an Kraft und Einfluss, wenn wir klar und bewusst im Hier und Jetzt sind. Ich würde sogar so weit gehen zu behaupten, dass ein Konflikt nicht mehr wirklich möglich ist, wenn du voll im Hier und Jetzt bist. Ein wunderbarer Weg in dieses Hier und Jetzt geht über die Verbindung mit dem Körper. Denn dein Körper *ist* immer genau hier und jetzt da.

Eine wundervolle Achtsamkeitspraxis hierfür ist der Bodyscan. Wie der Name der Übung schon verrät, scannst du dabei deinen ganzen Körper von Kopf bis Fuß. Diese Übung kannst du im Sitzen oder im Liegen machen. Wenn du schon erfahren bist, ist es wundervoll, sie auch in den Alltag zu holen – beispielsweise beim Kochen oder auf dem Spielplatz mit deinem Kind beim Anschubsen der Schaukel.

Du beginnst die Übung, indem du mit deiner vollen Aufmerksamkeit an den höchsten Punkt deines Kopfes gehst und diese Körperregion bewusst wahrnimmst. Und alles fühlst, was es dort zu fühlen gibt – Kribbeln, Wärme, Spannung, Druck? Um es einfach nur zu beobachten. Ohne darauf zu reagieren. Wenn Gedanken oder Bewertungen aufkommen, nimmst du diese wahr, beobachtest sie vielleicht eine Weile, fühlst nach, was sie in dir auslösen, um sie dann ganz absichtsvoll wieder loszulassen und mit deiner Aufmerksamkeit wieder an den höchsten Punkt deines Kopfes zurückzukehren. Dann scannst du dein Gesicht, deinen Nacken, deinen Hals, deine Schultern und so weiter auf dieselbe Art und Weise, bis du unten am kleinen Zeh angekommen bist. Das alles kann innerhalb von zehn Minuten passieren. Du kannst dir dafür aber auch eine Stunde Zeit nehmen. (Kleiner Tipp am Rande: Wenn du oder dein Kind schlecht einschlafen könnt, ist das eine wundervolle Übung, um in den Schlaf zu finden.)

Dahinter steckt die Idee, deine Wahrnehmung für deine körperlichen Regungen zu sensibilisieren. Außerdem können wir uns mit dem Bodyscan darin üben, nicht zu werten und möglichst neutral zu beobachten, was sich in uns regt. Wir können uns darin üben, das Kitzeln der Nase neugierig zu beobachten und den Impuls, sofort zu kratzen, zu kontrollieren. Wir können uns darin üben, unsere Gedanken, die dazu entstehen, zu beobachten, ohne uns von ihnen einnehmen zu lassen. Wir können uns üben, die Gedanken loszulassen, um bewusst wieder zurückzukommen zu unserer eigentlichen Aufgabe, den Körper zu scannen.

Die daraus resultierende Kompetenz – wach zu sein für innere Regungen und zeitgleich in eine gesunde Distanz dazu zu gehen – ist in Konfliktsituationen Gold wert!

Wenn Mala beispielsweise zickig und schnippisch ist, springt in mir sofort ein Film an: »So kann sie nicht mit Menschen sprechen – das *muss* sie lernen!« Oder: »So einen Umgang *kann* ich nicht auf mir sitzen lassen.« Mein Bauch zieht sich zusammen, meine Stirn legt sich in Falten, meine Schultern wandern Richtung Ohren, mein Kiefer spannt an. Und genau diese Körperwahrnehmungen können mein Anker werden, um mich zurückzuholen. Ins Hier und Jetzt. Sie sind wie ein Warnsignal. In dem Moment, in dem ich die Spannung in meinem Kiefer bewusst wahrnehme, öffnet sich ein kleines Fenster der Klarheit. Ich atme zwei, drei Mal vertieft und lass die Spannung in meinem Körper bewusst los – und dadurch entspannt sich sofort auch etwas über diese Körperspannungen hinaus in mir. Ich kann meine Bewertung der Situation wahrnehmen und mich dafür entscheiden, nicht weiter darauf einzusteigen. Ich werfe einen zweiten Blick auf meine motzende Tochter und kann sehen, dass sie einen langen Tag hinter sich hat und eigentlich einfach nur sehr müde ist. Daraufhin habe ich die Weitsicht, auf eine Art und Weise zu handeln, die für diese Situation tatsächlich zuträglich ist.

Der Türöffner hierzu ist eine gute Wahrnehmung deiner Körperempfindungen. Und das ist reine Übungssache. Das kannst du trainieren. Beispielsweise so:

Bodyscan für Konfliktmomente

Beginne damit, dich gedanklich in eine Konfliktsituation hineinzuversetzen, und achte auf deine Regungen auf der körperlichen Ebene. Wo zeigt sich dieser Konflikt in deinem Körper? Angespannter Kiefer? Stirn in Falten? Druck im Magen? Hochgezogene Schultern? Wie genau fühlt es sich an? Erlaube dir, für einige Augenblicke ganz bewusst in diese Empfindungen reinzuspüren. Und sie einfach nur wahrzunehmen. Nur für diesen Augenblick. Es gibt nichts weiter zu tun.

Vielleicht merkst du mit der Zeit, dass sich immer ähnliche Regionen deines Körpers auf eine vergleichbare Art und Weise anfühlen, wenn du dich in Konflikten befindest. Deine individuelle Körperreaktion kann zu deinem persönlichen Anker werden, um aus dem Konflikt-Teufelskreislauf auszubrechen – das heißt: Wann immer du merkst, dass diese Köperregionen anspannen, ist das ein Warnsignal, das dich dazu einlädt, Spannung und Druck loszulassen. Und dich mit dem, was ist, zu ent-spannen. Hier beginnt die Weggabelung, an der wir uns entscheiden können, in ein bewusstes Agieren zu gehen, anstatt weiterhin blind zu reagieren.

Lass mich dir noch mal in Kürze zusammenfassen, wie du vorgehen kannst:

1. Übe dich zunächst in neutralen Situationen darin, dich mit deinem Körper zu verbinden und die einzelnen Körperregionen wahrzunehmen, ohne sie zu bewerten.

2. Versetze dich gedanklich in Konfliktsituationen und beobachte, auf welche Art und Weise dein Körper reagiert. Mach dir gern Notizen und finde den gemeinsamen Nenner.

3. Wenn du im Alltag genau diese Anspannung in deinem Körper wahrnimmst, betrachte sie als liebevolle Erinnerung deines Systems, dass du gerade in irgendeinem Gedankenfilm hängst. Entscheide dich, bewusst loszulassen. Und zu entspannen. Wenn dein Körper entspannt, entspannt auch etwas in dir. Und ein neuer Handlungsspielraum öffnet sich dir.

Auf den Punkt gebracht

Unser Bild von uns selbst und folglich auch von unseren Kindern ist in den allermeisten Fällen defizitär. Das heißt, dass wir immer erst mal davon ausgehen, dass *wir* schuld sind, dass wir noch nicht gut genug sind, dass wir uns einfach noch mehr anstrengen müssen.

Was, wenn du genau richtig bist? Mit all deinen Herausforderungen? Genau richtig für dich, für dein Kind, für deine Familie? Beispielsweise dafür, um euch endlich gemeinsam ausrichten zu können. Und einen Wert zu definieren, der für euer System wichtig ist. Ich möchte dich gern zu der Perspektive einladen, dass alles gut ist, wie es ist. Ja, auch du mit deinen Ecken und Kanten und auch dein Kind mit seinen Tobsuchtsanfällen.

Was, wenn deine Herausforderungen mit dir selbst oder mit deinem Kind nichts anderes sind als ein perfekter Match, um dich zu entwickeln und um alten Mustern zu entwachsen?

Was, wenn die nervenaufreibende Phase deines Kindes genau das ist, was es jetzt braucht, um in ein paar Tagen oder Wochen schon wieder ruhiger werden zu können?

Wir werden unschuldig und mit den besten Absichten geboren. Und wir geben zu jedem Zeitpunkt das, was uns möglich ist. Das bedeutet nicht, dass wir nicht mehr lernen und wachsen können. Durch Vertrauen öffnen wir die Tür für einen freudvollen und zeitgleich maximal konstruktiven und garantiert gewinnbringenden Prozess. Lasst uns wieder in Verbindung kommen. Mit uns selbst. Mit unseren Kindern. Wir sind gut. Auch wenn uns das so nicht beigebracht wurde.

Wie wir uns von unseren alten Prägungen freisprechen können, schauen wir uns mit der nächsten Säule, der »Präsenz«, an.

Präsenz

Kennst du dieses Dröhnen im Kopf, wenn du Stress oder Streit hast? Wenn tausend Gedanken innerhalb von Millisekunden durch deinen Kopf schießen, die sich wie durch ein Brennglas zu einem glühenden Fokus zusammenbündeln: »HÖR AUF!« oder »ICH WILL ABER, DASS …!«. Dazu kommt eine fette Ladung an Gefühlen, die dich komplett einzunehmen scheinen, und dann geht meistens alles viel zu schnell und du reagierst impulsartig auf eine Art und Weise, die dir im Nachhinein leidtut. Auch wenn du es besser weißt, überkommt *es* dich.

Mit der Säule Präsenz durchbrechen wir das! Lass uns gemeinsam dafür Sorge tragen, dass es wieder wirklich *du* bist, die in solchen Momenten durch dich spricht. Dass es wieder dein eigenes, von dir definiertes Ziel sein wird, dass dich in solchen Momenten leitet. Präsenz ist dein Türöffner.

Was meine ich damit?

Unter dem Stern der Achtsamkeit versteht man unter Präsenz ein waches Gewahrsein im gegenwärtigen Moment. Klassischerweise übt man sich darin, sich mithilfe des Atems immer wieder zu dem zurückzuholen, was man gerade eigentlich tut und was gerade tatsächlich ist.

Lass uns annehmen, du beobachtest, wie dein Kind die Wasserfarben auspackt, obwohl du erst vor ein paar Augenblicken gesagt hast, dass du das nicht möchtest. Als du das siehst, überkommt dich Wut, der Gedanke »Das kann jetzt ja wohl nicht wahr sein!« schießt dir in den Kopf und durchdringt dich und deine Reaktion: Du stampfst auf dein Kind zu und schnauzt es an, weil es dich und deine Ansagen mal wieder einfach übergangen hat.

Kennst du solche Situationen? Wann hast du sowas das letzte Mal erlebt?

Was könnten wir sehen, wenn wir diese Szene in Zeitlupe abspielen lassen würden? Das Verhalten deines Kindes ist objektiv betrachtet nichts weiter als ein Reiz, der auf dein System einwirkt. In deinem System werden dadurch bunte Assoziationen wachgerüttelt: verfluchende Gedanken, Gefühle, Werte, Normen, Erinnerungen, Hoffnungen, Sehnsüchte, Wünsche und Bedürfnisse. Das versetzt dein System in Stress, sodass auch dein Körper reagiert: Anspannung, Druck, Ziehen, Stechen.

All diese Strömungen treiben dich weg vom aktuellen Moment. Sie sind wie ein dichter Nebel, der sich über deinen Horizont legt. Du siehst nicht mehr klar. Du bist nicht wirklich präsent, sondern entweder sorgenvoll in der Zukunft (»Das muss er jetzt aber mal lernen, sonst wird er später nie …«) oder in der Vergangenheit (»Nie berücksichtigt mich jemand«).

Die Säule Präsenz wird dich dabei unterstützten, Gedanken loszulassen, Gefühle adäquat einzuordnen und den Körper wieder zu entspannen. So kannst du deine Aufmerksamkeit wieder auf das ausrichten, was tatsächlich *ist*. Um bei unserem Beispiel zu bleiben, siehst du dann vielleicht einfach nur ein selbstbewusstes Kind und eine müde Mutter. Wenn wir wieder klar sehen, was tatsächlich ist (selbstbewusstes Kind, müde Mutter), werden uns Lösungen zugänglich, die der Situation auch tatsächlich gerecht werden. Und die im Einklang mit dem stehen, was wir uns wirklich-wirklich wünschen.

Wenn du *da* bist, ist das wohl das kostbarste Geschenk, das du dir selbst und deiner Familie machen kannst. Denn mit zunehmender Präsenz kommt Klarheit in dein Leben. Wachheit. Schönheit. Von hier aus kannst du dein Kind, deinen Partner, ja, die ganze Welt, mit neuen Augen sehen: Du siehst das Funkeln in den Augen deines Kindes, die konzentrierten Stirnfalten und die schönen Lachfältchen deines Partners, den blauen Himmel und das freudige Strahlen. Die Welt ist voller Wunder!

Lass uns in den nachfolgenden Abschnitten gemeinsam darauf schauen, was zwischen uns und unserer Präsenz steht und wie wir sie nach und nach kultivieren können.

Was dich von deiner Präsenz trennt

Die wichtigste Grundlage der Kognitiven Verhaltenstherapie ist das Wissen um den Zusammenhang von Gedanken, Gefühlen und Verhalten. Dabei handelt es sich um eine Art Kreislauf, in dem sich die einzelnen Faktoren immer wieder gegenseitig beeinflussen: Wenn ich beispielsweise fröhlich (Gefühl) bin, dann singe ich morgens unter der Dusche ein Liedchen (Verhalten) und wenn ich anschließend aus dem Fenster schaue, denke ich mir, was das doch für ein wunderschöner Morgen sei (Gedanke) und dann fühle ich mich noch ein bisschen fröhlicher, mache ein grandioses Frühstück und finde alles ganz toll. Gefühle beeinflussen unser Verhalten und das Verhalten beeinflusst unsere Gedanken und andersherum und immer im Kreis.

Aber was ist Henne und was ist Ei?

Mittlerweile weiß man, dass der Ursprung dieses Wechselspiels immer der *Gedanke* ist. Und das ist ein recht interessanter Aspekt – denn er zeigt, was für ein immenser Einfluss unser Mindset auf unseren Tag hat. Unsere Gedanken formen unsere persönliche Wirklichkeit. Sie sind wie eine Brille, durch die wir die Welt – und unsere Kinder – tagtäglich sehen.

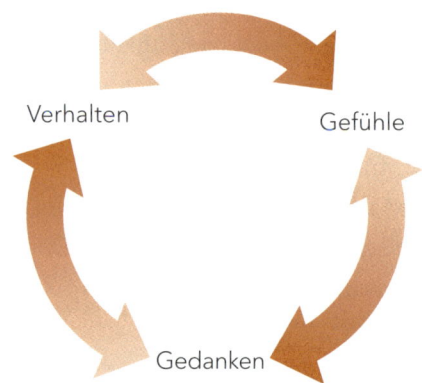

Verhalten

Gefühle

Gedanken

Deine Brille

Gegen deine Brille ist an und für sich nichts einzuwenden, denn sie erleichtert dir nicht nur in vielerlei Hinsicht deinen Alltag; man könnte fast sagen, dass sie dich überhaupt erst funktionsfähig macht. Denn du bist jeden Moment mit einer unvorstellbar großen Anzahl von Reizen konfrontiert, die dein Gehirn gar nicht alle verarbeiten könnte. Man schätzt, dass es etwa elf Millionen Informationen sind, die jede Sekunde auf uns einwirken. Stell dir mal vor, du würdest tatsächlich jede einzelne Information verarbeiten *müssen.* Stell dir vor, was das bedeuten würde, wenn du morgens dein Kind in den Kindergarten bringst und jeden, wirklich jeden Reiz, wahrnehmen *müsstest.* Angefangen im Straßenverkehr: Stell dir vor, du würdest *alle* Geräusche, *alle* Gerüche, *alle* Eindrücke bemerken. Von der schnatternden Tante über die Straßenbahn bis hin zum pinkelnden Hund. Ja, und dann natürlich im Kindergarten selbst – stell dir vor, während du deinem Kind die Hausschuhe anziehst, prasselt *jeder* einzelne Reiz um dich herum wirklich auf dich ein. Jedes Wort, jeder Klang, jeder kleine Kinderpups. Stell dir vor, du müsstest jeden Morgen wieder aufs Neue abwägen, welcher Reiz denn nun für dich von Relevanz ist. Du wärst danach *fertig!* Du wärst komplett überreizt und dein Tag wäre um 09:05 Uhr erst mal gelaufen. Aus neuropsychologischer Sicht ist es also maximal sinnvoll, dass wir unsere Wahrnehmung filtern. Die Psychologin Diana von Kopp berichtet, dass unser Gehirn von den elf Millionen potenziellen Informationen etwa vierzig Reize pro Sekunde verarbeiten kann.[21] Und das finde ich immer noch ganz schön viel.

In jedem Fall ist diese Filterung unserer Wahrnehmung für unser Bestehen in dieser immer komplexer werdenden Welt extrem wichtig. Das zeigt aber auch, dass wir eben *wegen* dieser Filterung *immer* nur einen sehr kleinen Ausschnitt der tatsächlichen Wirklichkeit sehen. Tatsächlich filtern wir unsere Wahrnehmung in jedem Augenblick. Hierfür haben wir drei Varianten:

- **Löschen.** Wir blenden für uns irrelevante Informationen aus. Wenn ich als Veganerin in den Supermarkt gehe, verschwendet mein Gehirn keine Energie an die Wurstttheke. Ich nehme diese gar nicht wahr, da sie für mich keine Relevanz hat – ich lösche Informationen!
- **Verallgemeinern.** Wenn ich einmal von einem Hund gebissen wurde, werde ich sehr wahrscheinlich noch eine gan-

ze Weile bei jedem Hund, der meinen Weg kreuzt, innerlich zucken. Selbst bei einem treudoofen Schoßhund – meinem Gehirn ist das egal! Es hat gespeichert: Flauschige Vierbeiner gleich Gefahr! Und überträgt diese Information folglich auf jeden Vierbeiner. Ich verallgemeinere Informationen!

- **Verzerren.** Unser Gehirn ist bestrebt, Energie zu sparen, daher strebt es nach Kohärenz. Sprich, es hat die Tendenz, sich selbst zu bestätigen. Denn ein Widerspruch bedeutet zunächst einmal erneut notwendige mentale Arbeitsleistung. Wenn wir also erst einmal auf einer Fährte sind, dann suchen wir im Außen nach Beweisen, die uns bestätigen. Wenn ich also beispielsweise meinen Mann gerade einfach nur bescheuert finde, dann wartet mein Gehirn quasi nur auf Beweise, die mir das bestätigen, während »Gegenbeweise« ausgeblendet werden. Ich verzerre Informationen!

Wir können also festhalten, dass diese Filterung an und für sich eine sehr hilfreiche Sache ist. Sie zeigt aber auch, dass unsere Wahrnehmung etwas sehr Subjektives ist. Wir sehen immer nur einen kleinen Ausschnitt. Aber damit nicht genug. Denn was wir wahrnehmen, wird noch mal zusätzlich gefärbt, nämlich von den vier folgenden Aspekten:

- **Von unseren aktuellen Bedürfnissen:** Wenn ich gerade sehr hungrig bin, nehme ich meine Umwelt anders wahr, als wenn ich satt bin. Ich reagiere beispielsweise ganz anders auf Werbung, die Essen zeigt, oder auf Ausstellflächen im Supermarkt oder aber auch auf ein Bedürfnis meines Kindes, da ich selbst gerade im Mangel bin.
- **Von unserer Geschichte und von unseren Lernerfahrungen:** Wenn ich als Kind beigebracht bekommen habe,

dass Wut schlecht ist und nicht sein darf, dann ist meine heutige Sicht auf dieses Gefühl entsprechend geprägt.

- **Von den Menschen,** mit denen wir die meiste Zeit verbringen und die wichtig in unserem Leben sind (die sogenannte Peergroup): Wenn ich beispielsweise viele Freunde habe, für die ein weinendes Kind ein Tyrann ist, den es zu maßregeln gilt, dann werden meine Gedanken zu einem weinenden Kind entsprechend gefärbt sein.

- **Von den in der jeweiligen Kultur vorherrschenden Werten und Normen:** Während es in Bolivien vollkommen normal ist, dass Kinder bis zum vierten Lebensjahr getragen und gestillt werden, wird in Deutschland meist im Alter ab sechs Monaten zugefüttert und das Baby weint sich im Kinderwagen in den Schlaf. Diese Normen färben meine Gedanken, wenn mein Kleinkind nach der Kita von mir getragen werden möchte, obwohl es längst laufen kann.

Wir nehmen also in jedem Moment immer nur einen kleinen Ausschnitt der tatsächlichen Wirklichkeit wahr. Und dieser Ausschnitt wird dann auch noch gefärbt durch individuelle, soziale und kulturelle Faktoren. Zusammenfassend lässt sich sagen, dass die Wahrnehmung unserer Wirklichkeit einem individuellen Film gleicht. Manchmal sitzen wir mit Gleichgesinnten (Peergroup) im selben Saal (Werte und Normen unserer Kultur). Doch am Ende lacht und weint jeder an einer anderen Stelle. Denn jeder sieht den Film (die Wirklichkeit) durch seine Brille.

Wenn wir uns jetzt noch mal die Grundlage einer der am besten erforschten Therapieschulen der Welt zur Hand nehmen, haben wir einen ziemlich spannenden Punkt: Eine der zentralen Grundannahmen der Kognitiven Verhaltenstherapie ist, dass unsere Wirklichkeit durch ein komplexes Wechselspiel von Gedanken, Verhalten und Gefühlen bestimmt ist und dass der Beginn dieses Kreislaufs immer unsere Gedanken sind. Da unsere Gedanken gar nicht *die* Wirklichkeit abbilden *können* (wir filtern) und immer durch multiple Faktoren beeinflusst sind, gleichen sie einer individuell gefärbten Sonnenbrille, durch die jeder seine Wirklichkeit erlebt.

Und tatsächlich können wir *wählen,* welche Brille wir aufsetzen. Oder absetzen. Je nachdem. Wir können wählen, wie wir unsere Wirklichkeit erfahren. Und alles beginnt mit einem Gedanken. Alles beginnt mit einer bewussten Wahl.

Alles beginnt mit dir

Er ist so undankbar!

Er ist so erschöpft!

Deine Wahl

Unsere Kultur ist geprägt von der Philosophie »cogito, ergo sum« – der berühmte Satz von Descartes: »Ich denke, also bin ich.« Unsere gedankliche Welt ist ein fester Bestandteil unserer Identität. Doch andere Kulturen haben ganz andere Vorstellungen davon, was uns definiert, wer wir sind und was nicht. Beispielsweise ist es im Buddhismus fest in der Philosophie verankert, dass du *nicht* deine Gedanken bist. Die Nicht-Identifizierung mit der gedanklichen Welt nimmt hier einen zentralen Stellenwert ein.

Die Achtsamkeitspraxis greift dies losgelöst von Religion und Philosophie folgendermaßen auf: Ein Gedanke ist nur ein Gedanke, der kommt und geht. Mehr nicht. Es handelt sich dabei nicht um die Realität. Es ist nur ein Gedanke. Deine Gedanken sind ein Teil von dir, aber sie definieren dich nicht. Deine Gedanken prägen dein Erleben, doch sie sind kein zuverlässiger Indikator für das, was *tatsächlich ist*.

Diese Erkenntnis ist eine ganz wundervolle, denn sie schenkt uns einen Spielraum. Du erinnerst dich an den erwähnten Zusammenhang von Gedanken, Gefühle und Verhalten? Deine Gedanken sind der Ausgangspunkt für das, was du fühlst und wie du dich verhältst. Deine Gedanken müssen deine Wirklichkeit nicht mehr willkürlich färben. Du hast die Möglichkeit, sie loszulassen und einen frischen Blick auf das zu werfen, was fernab deiner Filterung noch da ist. Mit deinen Gedanken hast du also eine waschechte Stellschraube, die ganz maßgeblich über dein Glück entscheidet.

Daniel J. Siegel und Tina Payne-Bryson[22] versinnbildlichen das auf eine besonders schöne Art und Weise: In einem Experiment wurde den Teilnehmenden ein Videoclip gezeigt, dessen Kameraführung den Eindruck erweckte, dass der Zuschauer sich auf einem Pfad durch einen tropischen Wald fortbewegte, links und rechts dicht wachsende Fauna, bis man schließlich in der Ferne das Meer erblickte, dem man sich langsam immer weiter näherte. In einem ersten Durchgang spielten sie dabei im Hintergrund schöne, entspannte Musik und befragten die Teilnehmer im Anschluss, wie sie sich fühlten. »Vorfreudig«, »entspannt« waren oft genannte Gemütszustände. Dann zeigten sie den Teilnehmern noch mal genau denselben Videoclip und veränderten nur eine einzige Komponente: Anstatt schöner, entspannter Musik hörten die Teilnehmer nun den Soundtrack aus dem Film »Der weiße Hai«. Du kannst dir wahrscheinlich ausmalen, wie sich das auf ihren Gemütszustand auswirkte: Natürlich waren nun eher Gefühle der Anspannung und Angst präsent. Dieses Experiment zeigt auf eine wunderschöne Weise, wie sehr die Hintergrundmusik die Wahrnehmung einer Situation beeinflusst. Je nachdem, welcher Soundtrack läuft, entstehen in uns unterschiedliche Assoziationen. Entweder karibisches Flair und Cocktails oder Horror und Blutbad.

Deine Gedanken sind die Hintergrundmusik deines Lebens!

Stell dir mal folgende Situation vor: Du hattest eine wirklich anstrengende Nacht, da die Kinder erkältet sind und unruhig geschlafen haben. Außerdem wachte der Kleinste vollkommen außerplanmäßig bereits um fünf auf und du warst um acht bereits bei deinem zweiten Kaffee, um nicht rückwärts um- und in einen Tiefschlaf zu fallen. Als alle wach sind, gefrühstückt haben und angezogen sind, ist es Zeit, sich dafür zu richten, das Haus zu verlassen. Es ist Winter. Die Große drehte bereits einige Runden, bis endlich das richtige Outfit stand, was du geduldig begleitet hast. Aber nun drängt die Zeit – du willst los, denn sonst kommt ihr zu spät und alles wird ganz fürchterlich (in deinem Kopf!). Nun stellt die Große beim Anziehen ihrer Lieblingsschuhe fest, dass diese – über Nacht! – zu klein geworden sind. Sie pfeffert die neuen Winterschuhe, die du ihr verzweifelt als Alternative anzudrehen versuchst, wutentbrannt durch den Flur, rennt schreiend in ihr Zimmer und knallt die Tür zu.

Was denkst du? Welcher Soundtrack springt an?

Karibik??! »Echt cool, dass sie in so jungen Jahren schon so stilsicher ist. Dass sie so genau weiß, was sie will, ist eine echte Stärke.«

Oder Blutbad? »Sie macht immer gleich so ein Theater!«, »Aaarggg! Ich komme zu spät!!!!« oder »Wenn sich ihre Frustrationstoleranz nicht verbessert, dann wird sie *nie* erfolgreich werden« – herzlich willkommen in einem schlechten und veralteten Horrorfilm!

Dieses Hintergrundrauschen ist doch dann, wenn wir die Hand aufs Herz legen, der *eigentliche* Grund für unseren persönlichen Horror. Oder?

Unsere Kinder haben *ihren* Horror so oder so. Und den können wir ihnen selbst als Eltern leider nicht abnehmen. Aber ob sich der Horror unserer Kinder nun verstärkt oder relativiert, hängt im Wesentlichen davon ab, ob wir als Eltern die Hai-Musik an- oder ausschalten. Nun ist die Hai-Musik meist mit guten Absichten von uns Eltern verbunden. Denn schließlich wollen wir ja nur das Beste für unsere Kleinen. Und wenn sie diese *eine* Lektion nicht lernen, noch *während* sie im Kindergarten sind, dann werden sie einsam unter der Brücke landen und uns als Eltern verfluchen, weil wir damals so versagten.

Richtig?

Nichts als ein weiterer Soundtrack für einen schlechten, veralteten Horrorfilm!

Schlussendlich versteckt sich hinter unserer Hai-Musik auch eine Manifestation *unserer* Angst. Beispielsweise der Angst, unser Kind könnte »verzogen« werden. Oder dass es Probleme in der Schule bekommen könnte, wenn es keine Selbstdisziplin lernt. Oder dass es zum Außenseiter werden könnte, wenn es keine Sozialkompetenzen erwirbt. Damit sind wir aber mit unseren Gedanken sorgenvoll in der Zukunft und weit entfernt vom Hier und Jetzt *und* von unserm Kind. Wir sind nicht präsent.

Wie können wir es also schaffen, in solchen Situationen aus unserem Horrorfilm auszusteigen und ein bisschen klarer auf das zu blicken, was gerade ist? Und wie kann uns das dabei unterstützen, die Lücke zwischen Theorie und Praxis zu schließen?

Ein kostbarer erster Schritt, ist zunächst einmal das Gewahrsein darüber, *dass* du filterst. *Dass* du eine Brille aufhast. Und dass diese Brille dein Erleben färbt. Lass dieses Wissen um deine selektive Wahrnehmung und um den kleinen Ausschnitt, den du tatsächlich jeden Moment nur wahrnehmen *kannst*, zu dem Sonnenstrahl werden, der deinen Nebel lichtet. Denn dann hast du wieder klarere Sicht und kannst dein Kind, dich selbst und die Situation wieder ganzheitlicher wahrnehmen.

Wundervoll ist es, wenn es dir dann noch gelingt, deine Brille (also deine Gedanken) einmal neugierig anzuschauen: Was regt sich denn überhaupt gedanklich in dir, wenn dein Kind mal wieder xyz? Was löst es auf der Gefühls- und auf der Verhaltensebene aus?

Wenn ich, wie in dem vorherigen Beispiel mit den Winterschuhen, denke, dass mein Kind ein undankbares Biest ist, dann fühle ich Wut, Empörung! Und natürlich verhalte ich mich dann entsprechend. Was aber, wenn ich es schaffe, diesen Gedanken wahrzunehmen und ihn zu beobachten? Zu prüfen? Um eventuell zu entscheiden, ihn für diesen Moment loszulassen? Und mich für die anderen 10.999.960 Informationen zu öffnen, die mich fernab meiner individuellen Filterung durchschnittlich noch so umgeben? Dann kann ich vielleicht auf einmal auch erkennen, dass mein Kind die Frustration beim Frühstück darüber, dass der Orangensaft, den es morgens normalerweise immer trinkt, leer war, total cool genommen hat. Und dass das Zähneputzen absolut problemlos vonstattenging – dann aber eben der Ausraster wegen der zu kleinen Schuhe und in meinem Kopf: Der weiße Hai!

Wenn es dir gelingt, diese inneren Regungen zu beobachten, gehst du automatisch ein wenig in Distanz dazu. Du wirst zum Zeugen. Zum Zuschauer. Und plötzlich hast du die Fernbedienung in der Hand. Du kannst wählen, in welchem Film du sitzt! Hor-

rorfilm und Blutbad? Oder Familienleben, wie du es dir wirklich-
wirklich wünschst? Die Fernbedienung liegt in deiner Hand. Oder
besser gesagt, in deinen Gedanken. Mit denen alles beginnt.
Welchen Gedanken gibst du die Macht über den Film deines Lebens?

Wir haben hier waschecht eine Wahl. Wir können jeden Moment
wählen, was wir mit unseren Gedanken machen:
Lassen wir uns einnehmen? Oder lassen wir sie vorüberziehen?
Lassen wir uns von ihnen leiten? Oder richten wir uns bewusst aus?

Wir haben jeden Moment die Wahl, ob wir uns einen alten,
schlechten Horrorfilm reinziehen. Oder ob wir umschalten auf
»Love Actually« (Meines Erachtens einer der besten Liebesfilme
aller Zeiten). Oder zumindest auf die Tagesthemen (sachliche Be-
richterstattung). Hier liegt unser Freiheitsgrad.

Im Praxisraum findest du eine Übung, die dich dabei begleitet
umzuschalten. Doch lass uns zunächst noch einen Blick darauf
werfen, was passiert, wenn sich diese Gedanken chronifizieren.

Blockierende Grundannahmen

Woher kommt beispielsweise der Gedanke, dass du eine schlechte
Mutter bist? Würdest du mir zustimmen, dass Gedanken wie diese ziemlich schnell aufpoppen, fast schon automatisch und scheinbar ohne Kontrolle? Und dass Gedanken wie diese eine besondere
Wirkung auf dich und dein System haben? Dass sie fast schon einen
Sog auf dich ausüben, der dich zurückzieht in alte Verhaltensmus-
ter und Gefühlszustände? Und natürlich findest du im Außen ausreichend Beweise dafür, dass du *wirklich* eine schlechte Mutter bist,
denn dein Gehirn strebt ja nach Kohärenz und filtert deine Wahrnehmung entsprechend, sodass du auf jeden Fall ausreichend Belege für diesen Blödsinn findest (entschuldige die Bewertung, aber
sehr wahrscheinlich *ist* es Blödsinn). Auch hier beginnt alles mit ei-

nem Gedanken. Mit einem automatischen Gedanken. Mit einem Gedanken, der eine sehr, sehr starke Wirkung hat.

Vielleicht hast du schon mal was vom Eisberg-Modell gehört: Was wir an der Oberfläche sehen können, ist nur ein sehr kleiner Teil des Eisbergs. Der größere und mächtigere Teil liegt verborgen unter der Wasseroberfläche. Der automatische Gedanke, dass du eine schlechte Mutter bist, ist im übertragenen Sinne die Spitze des Eisbergs. Und in der Tiefe schlummert beispielsweise die Grundannahme: »Ich bin nicht gut genug.«

Du kannst dir diese Grundannahmen als chronifizierte Gedanken vorstellen. Gedanken, die du vor langer Zeit zum ersten Mal gedacht hast. Gedanken, die darum kreisen, wer du bist oder wer du nicht bist, was du kannst oder nicht. Gedanken, für die du immer und immer wieder Beweise gefunden hast. Daher hast du sie ab einem gewissen Zeitpunkt gar nicht mehr hinterfragt, da sie zur Wahrheit für dich beziehungsweise zur Wahrheit über dich wurden. Sie wurden Teil deiner Identität. Diese Grundannahmen beeinflussen dein Erleben ganz maßgeblich und sind einer der Hauptgründe für deine Herausforderungen im Erwachsenenalter.[23]

Lass mich dir an dieser Stelle eine Geschichte erzählen. Eine Geschichte vom wundervollen Jorge Bucay[24], hier frei nacherzählt: Es war einmal ein kleiner Junge, der den Zirkus liebte. Eines Tages stand er vor einem Elefanten, bestaunte ihn und wunderte sich, warum sich dieses mächtige Tier an einem einfachen Holzpflock festbinden ließ. Es wäre doch ein Einfaches für dieses kräftige Wesen gewesen, sich zu befreien. Warum tat es das nicht? Der Junge befragte Erwachsene dazu, denn er glaubte noch, dass es die Erwachsenen sind, die die Antwort auf die großen Fragen wissen. »Er wurde gezähmt«, antwortete ihm jemand. »Aber wenn er gezähmt ist ... warum ist er dann noch angebunden?« Diese Frage konnte ihm nicht mehr beantwortet werden.

Irgendwann geriet der Elefant am Pflock bei dem kleinen Jungen in Vergessenheit und die Jahre vergingen. Als Erwachsener stand er dann irgendwann wieder vor einem Plakat, das für einen Zirkus warb. Und auf dem Bild war ein Elefant zu sehen – angebunden an einen Pflock. Und er erinnerte sich wieder an seine Frage aus Kindheitstagen. Er ging schließlich zum Zirkus und fand sich wieder vor dem Elefanten. Neben ihm stand jemand, dem er seine Frage stellte, die ihn seit Kindheitstagen nicht ganz losgelassen hatte. Und zu seiner Überraschung und zu seinem Glück bekam er eine ziemlich plausible Erklärung: Dieses gewaltige und mächtige Tier wurde als Jungtier schon an diesen Pflock gebunden. Damals war es wirklich noch nicht stark genug, um sich zu befreien. Und natürlich versuchte der junge Elefant es dennoch. Und scheiterte. Am nächsten Tag versuchte er es erneut. Und scheiterte. Bis er schließlich eines traurigen Tages die tragische Schlussfolgerung zog, dass es aussichtslos sei. Und resignierte. Und von diesem Tag an versuchte er nie mehr wieder, sich von dem Holzpflock zu befreien. Obwohl er theoretisch längst die Stärke und die Größe hätte, es mit Leichtigkeit zu tun.

So wie dieser Elefant haben wir *alle* irgendwann in unserer Kindheit Erfahrungen gemacht, die uns den Anlass gaben, auf eine bestimmte Art und Weise über uns selbst zu denken. Dass wir nicht stark genug sind. Dass wir nicht gut genug sind. Sodass wir diese Annahme irgendwann zu unserer Wahrheit machten. Eine Annahme, die unsere Wirklichkeit von Grund auf prägt.

Lass uns einen kurzen Blick darauf werfen, wie diese Grundannahmen aus psychologischer Perspektive entstehen können: Eine Grundannahme ist eine stark verallgemeinerte Annahme über uns selbst und über die Welt um uns herum. Und sie entsteht – was für eine Überraschung! – in den allermeisten Fällen in der frühen Kindheit. Denn in dieser Zeit sind wir sehr aktiv damit beschäftigt, Annahmen über uns selbst und über unsere Umwelt zu sammeln. Kleine Kinder sind wie Schwämme und nehmen *alles* auf, immer verbunden mit der Intention, ihre Welt besser zu verstehen. Ihre Schlussfolgerungen definieren dann ihre Ich-Identität.[25] Das beginnt mit dem zwei Monate alten Säugling, der anfängt zu verstehen, dass sein Glucksen bewirkt, dass seine Mama lächelt. Auf Hochtouren läuft dies zwischen dem zwölften und achtzehnten Lebensmonat, wenn das Kind beginnt, sich als eigenständiges Wesen zu begreifen, das mit seinem Verhalten Einfluss auf seine Umwelt nehmen kann. Ob ein Kind eine Ich-Identität entwickelt hat, lässt sich übrigens am besten mit dem sogenannten Spiegeltest überprüfen: Wenn einem Kind ein roter Punkt auf die Stirn geklebt wird und es vor einem Spiegel stehend die Aufforderung erhält, den roten Punkt anzufassen. Sobald es sich selbst an die Stirn fasst, anstatt an den Spiegel, ist davon auszugehen, dass eine Ich-Identität vorhanden ist.

Diese Ich-Identität ist natürlich nicht statisch. Sie verändert sich im Laufe des Lebens immer wieder. Beispielsweise in der Pubertät, aber auch bei größeren Lebensereignissen wie Elternschaft oder den Eintritt in das Rentenalter.

Aber was ist denn das überhaupt, diese Ich-Identität?

Du kannst dir deine Ich-Identität als eine Ansammlung von Geschichten vorstellen, die du dir immer wieder über dich selbst erzählst. Einige davon sind per Definition sicherlich »richtig«. Dinge wie: Ich bin ein Mädchen (oder eine Frau). Ich bin eine große (oder eine kleine) Schwester. Und mein Name ist Nina. All das basiert auf der Ansammlung von Beweisen, die du gesammelt hast und die sich in deiner Wirklichkeit immer wieder als »wahr« bewiesen haben.

Und dann gibt es aber auch andere Arten von Wahrheiten, die auf alten Geschichten basieren. Lass es uns an einem konkreten Fall gemeinsam einmal durchgehen: Nehmen wir einmal an, dass sich Mäxchens Mutter über die dritte volle Windel des Vormittags ärgert. Und feinfühlig, wie diese kleinen Wesen eben noch sind, wird Mäxchen diesen Ärger auf dem Wickeltisch wahrnehmen – und vielleicht das allererste Mal den Eindruck gewinnen: »Ich bin nicht richtig.« Mäxchen wird von nun an Ausschau nach Beweisen für diese Annahme halten. Er wird sie in dem genervten Blick des Vaters bestätigt sehen, wenn er mit drei Jahren in die Hose macht. Im Schimpfen der Mutter, wenn er schon wieder nur die Nudeln gegessen hat. In der Fünf in Mathe. In der Zurückweisung der ersten Liebe … So formt sich nach und nach eine Grundannahme, mit der sich Mäxchen beginnt zu identifizieren: »Ich bin nicht richtig!« Diese Grundannahme nimmt Mäxchen nun also ungeprüft mit ins Erwachsenenalter. Während wir, objektiv betrachtet, problemlos mindestens genauso viele Beweise dafür finden könnten, dass Max durchaus »gut« ist. Wir könnten sehen, dass seine Eltern ihm das auch immer wieder so vermittelten, dass er in anderen Fächern auch Zweien geschrieben hat, andere Mädchen ihn anhimmelten und so weiter. An diesem Beispiel ist gut zu erkennen, dass für die Entstehung von blockierenden Grundannahmen in deiner Vergangenheit nicht zwangsläufig etwas Dramatisches passiert sein muss. Meistens sind die initiierenden Erfahrungen tatsächlich sehr alltäglich.

Was passiert denn nun, wenn aus Mäxchen ein Max wird, ein an und für sich gesunder, junger Mann, mit einem Job, einer Beziehung – der schließlich Papa wird. Und als er seinen Sohn in den Armen hält, der einfach nicht aufhört zu schreien – was glaubst du, welche Geschichte anspringen wird? Durch welche Brille wird Max diese Situation sehen? Sehr wahrscheinlich wird er Dinge denken, die am Ende allesamt Interpretationen von dem Mäxchen in Max sind: »Ich bin nicht richtig.«

Unsere Kern-Grundannahmen haben einen unfassbar starken Sog und poppen wahnsinnig schnell an die Oberfläche. Unsere Wirk-

lichkeit prägen sie außerdem mit einer sehr viel stärkeren emotionalen Wucht als einfache Gedanken. Denn dadurch sind wir nicht nur mit dem Stress der *aktuellen* Herausforderung konfrontiert, sondern mit dem *gesamten* Ballast, der an dieser Grundannahme hängt. In Max' Fall: die volle Windel, das Einnässen mit drei, die Fünf in Mathe, die nicht erwiderte Jugendliebe und so weiter.

Da unsere Grundannahmen ein selbstverständlicher Teil unserer Identität geworden sind, bemerken wir sie meistens nicht mal. Auch, weil diese Annahmen vor allem in Stressmomenten uns einfach nur so unfassbar wahr erscheinen: »Ich bin nicht richtig«.

Am Ende handelt es sich dabei aber eigentlich um nichts weiter als um eine alte Geschichte. Eine Geschichte, die du dir vielleicht schon viel zu lange über dich selbst erzählst. Eine Geschichte darüber, wer du bist, was du kannst und was du nicht kannst. Was du darfst und was du nicht darfst. Wie du dir Liebe sichern kannst. Wie du Aufmerksamkeit bekommst. Und so weiter. Geschichten, für die du in einer Verzerrung deiner Wahrnehmung immer wieder Beweise gefunden und Gegenbeweise ausgeblendet hast.

Am Ende sind deine Grundannahmen Regungen deines Unterbewusstseins, die in Form von Gedanken auf deinem Horizont erscheinen. Und du hast die Wahl, was du daraus machst. Willst du dir ein und dieselbe Geschichte immer wieder erzählen?

Oder möchtest du die Regie für die Geschichte in die Hand nehmen, die ab heute deine neue Wahrheit werden darf?

Max mit seinem weinenden Baby auf dem Arm könnte erkennen, dass das Weinen nicht daran liegt, dass er es als Vater einfach nicht richtig machen kann. Sondern, dass er mit seinem ruhigen Beistand gerade *so viel richtig* macht. Selbst wenn die Tränen seines Kindes nicht sofort versiegen. Er könnte fühlen, dass er gerade genau richtig ist. Und damit seine Geschichte neu schreiben.

Der erste Schritt ist auch hier wieder die Erkenntnis. Wenn wir ein Gewahrsein für unsere Grundannahmen entwickeln, können wir damit beginnen, uns selbst im Alltag zu beobachten, wann wir ihnen unterliegen. Und uns eine schlichte Frage stellen: Ist das wirklich wahr? Ist es wahr, dass ich nicht richtig bin? Auf welche Beweise stütze ich mich denn dabei? Und gibt es vielleicht nicht doch auch ein paar Belege dafür, dass ich eigentlich schon ganz gut unterwegs bin? Ja, an mancher Stelle tatsächlich auch schon ziemlich, ziemlich gut und »richtig«?

Das Problem mit den Grundannahmen liegt häufig darin, dass es mit gewissen Zweifeln und Ängsten verbunden ist, sie loszulassen. Eben weil sie zu einem Teil unserer Identität geworden sind. Wer bin ich denn ohne meine Geschichte? Es kann sich erst mal unangenehmer anfühlen, sie loszulassen, als weiter an ihnen festzuhalten.

Daher möchte ich noch mal wiederholen, was du eigentlich schon weißt: Diese Geschichten mögen ein Teil von dir sein. Aber sie definieren dich nicht. Es gibt einen Teil, der bleibt, wenn deine Geschichte geht. Und das bist du. Du in deiner vollen Präsenz.

In deiner ganzen Schönheit und Kraft. Du, einfach ganz authentisch du.

Praxisraum: Was du konkret tun kannst

Präsenz kultivieren

Der wohl effizienteste Weg, um Präsenz zu kultivieren, ist Meditation. Hierfür lassen sich grob zwei Wege unterscheiden: die informelle und die formelle Meditation. Formelle Meditation ist die klassische Sitzmeditation. Hier kannst du starten, indem du dir jeden Tag drei Minuten einräumst, in denen du dich »nur« auf deine Atmung konzentrierst und Gedanken bewusst loslässt. Unter www.koesel.de/haettemuesstesollte habe ich eine geführte Meditation für dich vorbereitet, mit der du deine Präsenz kultivieren kannst.

Die informelle Meditationspraxis ist eine willentliche Ausrichtung in deinem Alltag, beispielsweise durch achtsames Essen oder achtsames Gehen. Um auf dem informellen Weg deine Präsenz zu kultivieren, möchte ich dir folgende Übung vorschlagen.

Mehr Präsenz

Definiere einen fixen Zeitraum in deinen Alltag, der erfahrungsgemäß frei von Familienreibereien ist und bei dem du davon ausgehen kannst, dass du bei Kräften bist. Das könnten beispielsweise die ersten drei Minuten des Frühstücks sein. Übe dich dann in diesem definierten Zeitraum darin, wirklich bei dem zu sein, was du gerade tust, und alles andere loszulassen. Sei ganz wach für alles, was du hörst, fühlst, schmeckst und riechst. Fühl den Löffel in deiner Hand, das Müsli zwischen deinen Zähnen. Hör die piepsige Stimme deiner Kinder, rieche den Kaffee, spür deinen Körper, deine Atmung und erlaube dir, für diese wenigen Minuten alles beiseite zu stellen, was sich gedanklich in dir regt. Sei voll da. Schmecke den Moment.

Wenn du dich in neutralen Situationen darin übst, dich in dieser Präsenz auszurichten, wird dir diese Kompetenz auch nach und nach in Konflikt- und Stresssituationen zur Verfügung stehen. Es lohnt sich!

Umschalten

Jeder von uns denkt und fühlt mitunter schlecht über sein Kind. Diese Gedanken und Gefühle sind eh da. Und ob du es willst oder nicht: Sie prägen deine Wirklichkeit. Wenn wir solche Gedanken einfach nur wegdrücken, sind sie deswegen nicht weg. Ganz im Gegenteil – sie wirken unbewusst weiter auf uns ein. Und je mehr wir sie wegdrücken, desto mehr Gegendruck erzeugen sie. Daher möchte ich dich an dieser Stelle ermutigen, all diesen Gedanken einmal Raum zu schenken. Denn wenn wir sie zulassen konnten, können wir sie viel einfacher willentlich und absichtsvoll loslassen. Und uns der Richtung zuwenden, die uns wirklich entspricht.

Vergegenwärtige dir hierfür noch mal die Tatsache, dass Gedanken nur Gedanken sind. Sie entsprechen nicht der Wirklichkeit und sie machen dich nicht zu einer schlechten Mutter. Du bist unbeobachtet, niemand verurteilt dich – fühl dich einmal vollkommen frei, alle Gemeinheiten in deinem Kopf, die du zu deinen Liebsten hast, niederzuschreiben. Beginne mit einer Person und mit einer konkreten Herausforderung. (Mit der folgenden Übung stütze ich mich auf die kostbare Arbeit von Byron Katie.[26])

Auf Gedankenebene umschalten

Schritt 1: Dein Horrorsoundtrack

Lass uns eine kleine Bestandsaufnahme deiner aktuellen Gedanken machen. Vervollständige die folgenden Sätze:

Ich bin _____ (Gefühl) auf/wegen _____ (Name), weil _____

_____

_____

(Zum Beispiel:»Ich bin wütend auf Mala, weil sie immer noch ihren kleinen Bruder schlägt, obwohl wir es so oft besprochen haben, wie es anders gehen kann.«)

Nimm dir jetzt einen Augenblick, um all deine Bewertungen, Befürchtungen, Ängste und Sorgen niederzuschreiben. All jene Dinge, die eine neutrale Realität zu deinem persönlichen Horror werden lassen:

_____

_____

(Zum Beispiel:»Sie wird allein enden.«»Ich habe komplett versagt.«»So wird sie in der Schule nicht bestehen.«»Sie ist ein Monster.«)

Meine ganz aufrichtige Anerkennung für diesen Schritt! Lass uns nun auf deine Wünsche schauen. In dieser Situation: Was wünschst du dir, dass sie ändert? Was willst du, dass *sie* tut?

_____

_____

(Zum Beispiel:»Sie könnte einfach mal machen, was ich sage.«)

Was wünschst *du* dir in dieser Situation:

_____

_____

(Zum Beispiel: »Ich will, dass sie respektvoll mit uns um-
geht.«*)*

Pick dir für die nachfolgenden Schritte bitte *einen deiner Sätze* aus deinem Horrorsoundtrack raus, um mit
ihm weiterzuarbeiten.

Schritt 2: Soundcheck

Lass uns diesen einen Gedanken nun etwas genauer
anschauen. Schreib ihn hier noch mal auf:

_____

_____

Lass uns einen Realitätscheck machen: Bist du sicher,
dass das wahr ist?
Ja? Nein?

_____

_____

Wenn du ein Ja hast: Kannst du wirklich hundertprozen-
tig sicher sein, dass dieser Gedanke wahr ist?
Kannst du *wirklich* wissen, was sie am besten tun sollte?
Kannst du *wirklich* wissen, welches Verhalten für sie
richtig ist?
Wenn ja: Welche Beweise hast du für diesen Gedanken?

_____

_____

(Zum Beispiel: »Sie haut nicht nur ihren Bruder, sie knallt
auch Türen – sie hat überhaupt keine Impulskontrolle.«*)*

129

Gibt es auch Gegenbeweise für diesen Gedanken?

_____

_____

_____

(Zum Beispiel: »Manchmal kommt sie zu mir, um sich Hilfe zu holen, anstatt zuzuschlagen. In Konflikten mit ihren Freundinnen verhält sie sich sehr kompetent.«)

Was ändert sich in dir, wenn du auf die Gegenbeweise blickst? Kannst du immer noch zu 100 Prozent sicher sein, dass dein Gedanke wahr ist?

Dreh nun deinen aktuellen Soundtrack noch mal ganz bewusst auf – lass den Gedanken noch mal voll wirken. Und fühle nach, wie es dir damit geht. Was fühlst du, wenn du diesen Gedanken ernst nimmst? Wie handelst du, wenn du diesen Gedanken glaubst? Halte nichts zurück – hier geht es nicht darum, was du am Ende tatsächlich tust. Ich möchte dich in einen Raum begleiten, in dem all deine Fantasien sein dürfen. Alles, was in deinem Kopf vorstellbar ist, darf hier niedergeschrieben werden. Also, wie reagierst du, was passiert, wenn du diesen Gedanken ernst nimmst?

_____

_____

_____

_____

(Zum Beispiel: »Ich würde sie ausschimpfen, ich würde sie in ihr Zimmer schicken und eine unlogische Konsequenz verhängen, Fernsehverbot vielleicht. Ich würde sie an den Haaren ziehen, ich würde sie ignorieren.«)

Und dann lass uns einfach mal annehmen, wir drehen diesen Soundtrack runter. Stell dir vor, dass du diesen Gedanken nur für einen Moment loslassen kannst. Und stell dir vor, du stehst vor deinem Kind in der gleichen Situation, frei von diesem Gedanken. Was würde sich ändern? Wie wärst du, wenn du diesen Gedanken nicht glauben würdest?

_____

_____

(Vielleicht entspannter, gelöster, ruhiger …)

Schritt 3: Warum hältst du daran fest?

Sehr wahrscheinlich hast du eine eher stressige Reaktion, wenn du den Gedanken für wahr hältst. Und sehr wahrscheinlich bist du entspannter, wenn du ihn loslässt, oder? Warum solltest du diesen Gedanken also aufrechterhalten?

_____

_____

Es ist verlockend, auf diese Frage zu antworten »Ich weiß es nicht« oder »Es gibt keinen Grund« – meiner Erfahrung nach gibt es den aber meistens eben doch. Beispielsweise kann diese Form der Reaktion eine gewisse Sicherheit geben oder ein Gefühl von Kontrolle. Spüre mal nach, was intuitiv in dir zu dieser Frage auftaucht: Warum hältst du an diesem Gedanken fest? Werde nicht zu rational.

Wenn dir kein Grund einfällt, ist das okay – keinen Grund zu haben ist auch ein guter Grund, um über eine Veränderung nachzudenken.

Im letzten Schritt kehrst du deinen Gedanken um. Dadurch erlaubst du deinem Geist ganz neue Perspektiven. Du gibst dir die Möglichkeit, einmal das genaue Gegenteil von dem an dich heranzulassen, was du bisher für wahr gehalten hast. Das kann dich innerlich weiten und in deinem Kopf wirklich eine »neue Platte auflegen«.
Aus »Sie sollte tun, was ich sage« kann werden:
»Sie sollte *nicht* tun, was ich sage.«
»*Ich* sollte tun, was *sie* sagt.«
»*Ich* sollte tun, was *ich* sage.«
Prüfe jeweils: Ist das eventuell eine Wahrheit, die ebenso eine Daseinsberechtigung hat? Inwiefern könnten die Umkehrungen wahr sein?

Der Moment, in dem wir die Identifikation mit dem Gedanken loslassen und uns dafür öffnen, dass es dahinter noch viel, viel mehr zu entdecken gibt, ist der Moment, der es dir ermöglicht, aus deinem Horrorfilm auszusteigen. Der Moment, in dem du erfährst, wie sehr deine Gedanken deine Sicht vernebeln und wie leicht es eigentlich ist, diesen Schleier zu heben, das ist ein Love-Actually-Moment. Ein Moment, in dem alles möglich ist. Ein Moment, in dem du potenziell das Wunder erkennen kannst, das sich da vor dir präsentiert. In dem du den Zauber der Willensstärke deines Kindes sehen kannst. Oder die Kraft in dem Wutanfall. Oder die Selbstzuwendung in der Zurückweisung.

Wenn du deine Gedanken *on hold* stellst und all die damit verbundenen Befürchtungen, Ängste und Sorgen – dann gibt es da nichts mehr, was du befürchten müsstest. Dann bist du frei. Dann bist du wirklich da. Dann bist du präsent.

Und was ist mit meiner Verantwortung?

Wenn ich mit Eltern diese Arbeit mache, kommt häufig das Argument, dass wir aber doch eine Verantwortung für unsere Kinder tragen – und dass es eben nicht genauso wahr ist, dass »sie *nicht* tun soll«, was ich sage. Vor allem wenn es um so dringend notwendige Dinge geht wie Zähneputzen, das Beilegen von Aggressionen gegenüber anderen Kindern oder das Stehenbleiben an der Straße. Da sollten Kinder doch durchaus tun, was wir sagen, oder? Schließlich können wir die Situation ja viel besser einschätzen als sie.

Wenn wir diese Übung in Bezug auf unsere Kinder durchführen, bedarf es zunächst einer Übersetzung ihres Verhaltens: Es bedarf eines zweiten Blicks darauf, was das Kind mit seinem Verhalten eigentlich sagen möchte.

Was sagt dein Kind, wenn es das Geschwisterchen schlägt? Was drückt dein Kind tatsächlich damit aus? Dass es frustriert ist, dass es müde ist, dass es sich nicht gesehen fühlt, dass es das Gefühl hat, es kommt zu kurz? Hat es vielleicht das Gefühl, dass du das Geschwisterchen bevorzugst? Hinter dem Schlagen ist keine böse Absicht und dein Kind ist auch kein Psychopath in spe – das Schlagen ist seine impulsive Sprache. Sodass hinter »Sie sollte nicht schlagen« eigentlich steckt: »Sie sollte nicht zum Ausdruck bringen, was sie fühlt.« Sollte sie das wirklich nicht? Ist es das, was du ihr beibringen möchtest? Sehr wahrscheinlich nicht, oder?

Aber! Natürlich ist und bleibt es wichtig, dass wir unseren Kindern dennoch vermitteln, dass Schlagen kein adäquater Ausdruck ist! Doch die Art und Weise, wie wir unserem Kind begegnen, wird sich ganz maßgeblich unterscheiden, ob in deinem Kopf der Weiße Hai ist oder der Soundtrack einer Liebeskomödie. Die Art und Weise, wie du über dein Kind und die Situation *denkst*, wird deine Wirklichkeit prägen. Und diese Arbeit, deine Gedanken selbstkritisch zu überprüfen, hilft dir dabei, in eine gesunde Distanz zu den Ereignissen zu kommen und die Kontextfaktoren angemessen zu berücksichtigen, um mit einem klaren Blick deine Antwort zu *wählen*, anstatt impulsiv auf die Horrorgedanken in deinem Kopf zu reagieren. Aus dem Gedanken: »Du kleines aggressives Biest!« wird eine andere Konfliktklärung resultieren als aus dem Gedanken: »Okay, du bist müde, wahrscheinlich fühlst du dich gerade einfach nicht gesehen, und eigentlich bist du mit deinem Bruder ganz häufig echt zuckersüß ...!«.

Noch mal: Es geht *nicht* darum, das Schlagen einfach im luftleeren Raum stehen zu lassen. Es geht darum, dass wir in unserer liebevollen Präsenz in den Kontakt mit unserem Kind gehen. Und von hier aus schließt sich die Lücke zwischen Theorie und Praxis.

Lauschen

Alltägliche Kommunikation sieht meist so aus, dass Person A recht ungefiltert plaudert. Person B ist mit den Gedanken währenddessen schon bei ihrer eigenen Geschichte; wie das bei *ihr* war/ist, was *sie* dazu meint. Was *sie* in dieser Hinsicht erlebt hat. Darauf reagiert Person A dann wieder genauso. Beide Gesprächspartner versuchen also, ihre Geschichte an den Mann zu bringen. Dazu kommt ein subtiler Druck, denn beide Seiten spüren irgendwie, dass ihnen die Aufmerksamkeit vom Gegenüber nicht sicher ist. Und so spielen sie eine Art Pingpong – deine Story, meine Story. Meine Story, deine Story. So entsteht zwar der *Anschein* eines Austauschs. Aber eigentlich werden nur Geschichten ausgetauscht.

Ich möchte dich einladen, dieses Spiel zu durchbrechen. Und mehr Präsenz in deiner Kommunikation mit deinen Liebsten zu kultivieren.

Wie können wir damit beginnen?

Ein schöner erster Schritt ist, den Ball nicht weiter hin- und herzuspielen. Sondern dir stattdessen ab und an die Zeit zu nehmen, dich voll der Geschichte des anderen hinzugeben. Und zuzuhören! Einfach »nur« zuhören. Stell dich und deine Gedanken dazu für ein paar Augenblicke bewusst zurück und verschenke dich an den anderen. Sei einfach da. Und lausche.

Dabei ist es sehr menschlich, wenn sich beim Zuhören doch wieder Gedanken in uns regen. Wir gedanklich abschweifen oder schon wieder damit beschäftigt sind, darüber nachzudenken, wie wir dem Gegenüber denn nur klarmachen könnten, dass ... Das ist nicht schlimm! Und wenn du dich dabei erwischst – feiere dich dafür! Denn der Moment, in dem du bemerkst, dass du unachtsam bist, ist bereits ein Moment der Achtsamkeit – wie Jon Kabat-Zinn sagt. Es geht nicht primär darum, deine Gedanken komplett auszuschalten, wenn du zuhörst. Doch übe dich darin, wahrzunehmen, *dass* Gedanken entstehen, und sie loszulassen, um dich immer und immer wieder neu auszurichten und mit deiner vollen Aufmerksamkeit bei deinem Gegenüber zu sein.

Mir persönlich hilft es, mir vorzustellen, vor mir säße ein Lebewesen von einem anderen Stern und ich hörte zum allerersten Mal eine Geschichte aus einer anderen Galaxie. Wie würdest du diesem Wesen lauschen? Schenk deinem Gegenüber die gleiche Aufmerksamkeit!

Hab nicht den Anspruch, dass das dein neuer Standardmodus werden muss. Aber vielleicht möchtest du damit beginnen, in *einem* Gespräch des Tages die erste Minute auf diese Art und Weise zu lauschen. Verschenke dich und deine Präsenz! Es ist das schönste Geschenk – vor allem für die, die uns am nächsten stehen!

Auf den Punkt gebracht

Unsere Wirklichkeit wird durch unsere Gedanken bestimmt. Diese sind wiederum durch eine hohe Anzahl unterschiedlichster Faktoren beeinflusst: beispielsweise durch unsere eigene Geschichte und unsere Erfahrungen, aber auch durch die Werte und Normen unserer Kultur oder durch die Menschen, die uns umgeben. Diese Gedanken färben unsere Wirklichkeit und bringen mitunter eine Menge alten Kladderadatsch mit an die Oberfläche. Wir haben die Wahl, welchen Teil der Wirklichkeit wir betonen. Wir können entscheiden, wie wir uns gedanklich ausrichten. Unsere Gedanken sind der Soundtrack unseres Lebens. Und es liegt in unserer Hand, ob wir in einem Horrorfilm sitzen oder ob wir umschalten. Auf Love Actually – oder zumindest auf die Tagesthemen. Und auch wenn wir in einer Kultur leben, die sich über ihre Gedanken definiert, möchte ich dich gern einladen, die Identifikation mit deinen Gedanken loszulassen und sie als das zu betrachten, was sie tatsächlich sind: flüchtige Erscheinungen an deinem Horizont. Indem wir uns darin üben, nach und nach das Gedankenwirrwarr zu durchdringen, kommen wir wirklich hierher. Und wenn wir präsent im Hier und Jetzt sind, können wir die Wunder erkennen, die uns bereits umgeben.

Verantwortung

Wie lässt es sich erklären, dass unterschiedliche Menschen auf dieselben Begebenheiten unterschiedlich reagieren? Während es dich in Rage versetzt, dass dein Kind nicht wie besprochen das Kinderzimmer aufräumt, lässt es deinen Partner vielleicht ziemlich kalt.

Dafür bleibst du an anderen Stellen gelassen, an denen dein Partner durchdreht. Woran liegt das? Ganz einfach: Äußere Umstände vermögen uns nur in ein inneres Ungleichgewicht zu versetzen, wenn dadurch ein wunder Punkt *in uns* getroffen wird. Das Außen ist immer nur der Auslöser. Der Grund für deine Reaktion ist in dir. Der Grund für deine Reaktion, wie auch immer sie aussieht, ist deine Geschichte, deine Prägungen, dein wunder Punkt. Dein Kind küsst das alles nur wach. Das Verhalten deines Kindes ist der Auslöser für deine Reaktion. Der Grund bist du.

Lass mich ein Beispiel aus einer meiner Beratungen mit dir teilen: Eine Mutter, lass sie uns Anna nennen, litt sehr darunter, dass ihre fünfjährige Tochter sie beschimpfte. Von außen betrachtet waren die Worte und das Verhalten der Tochter, lass sie uns Maxi nennen, nicht wirklich auffällig. Maxi sagte Dinge wie:»Mama, du Kackkuh!«oder»Du Arschloch!«Auch wenn diese Worte drastisch klingen, gehört es zur kindlichen Entwicklung, sie zu testen und in frustrierenden Momenten zu nutzen (wie ich selbst von meiner Sechsjährigen weiß). Aber Anna litt sehr unter diesen Beleidigungen. Sie wurde extrem traurig und hilflos – denn sie wusste beim besten Willen nicht, was sie noch tun konnte, um ihre Grenze gewaltfrei zu kommunizieren. Außerdem hatte Anna Angst, dass Maxi sie nicht lieben könnte.

In unserem Gespräch wurde schnell deutlich, dass hinter diesen Gefühlen eine alte Verletzung steckte. Als Mädchen war Anna von ihrer Schwester häufig verbal sehr stark attackiert worden und obwohl ihre Eltern das ihrer Meinung nach mitbekamen, schützten sie sie nicht davor. Anna fühlte sich hilflos und nicht geliebt. Sie hatte also genau dieselben Gefühle wie heute in der Herausforderung mit Maxi. Maxis Beleidigungen *erinnerten* Anna an ihre alte Wunde. Maxis Beleidigungen waren der *Auslöser* für Annas Gefühle. Aber nicht der Grund.

Ich hätte mit Anna natürlich direkt an einem konkreten Umgang mit den Beleidigungen arbeiten können. Doch damit wären wir bei den äußeren Umständen gewesen. Ich möchte vielmehr dazu einladen, dort anzusetzen, wo wir tatsächlich Einfluss nehmen können: bei uns selbst.

Das bedeutet nicht, dass Maxis Beleidigungen im luftleeren Raum stehen gelassen werden sollten. Aber indem Anna erkannte, dass es eigentlich nicht *wirklich* Maxi war, die für ihre starke Reaktion verantwortlich war, löste sich etwas zwischen den beiden. Durch die Erkenntnis, dass da eine offene Flanke ist, die versorgt werden darf, gewann Anna Ansatzpunkte für eine Lösung, die tatsächlich in ihrer Hand lag. Sie wurde zuversichtlicher und gewann neue Kraft. In den Konfliktsituationen gelang es ihr zunehmend, mit ihrer Aufmerksamkeit wirklich in diesen Moment zu kommen und sich nicht von alten Gefühlen wegspülen zu lassen. Im gegenwärtigen Moment war sie eine gesunde, erwachsene Frau, die diese Herausforderung mit ihrer Tochter mit Leichtigkeit lösen konnte. Konkrete Handlungsim-

pulse waren nun viel zielführender, da sie sie mit neuem Durchblick und vor allem mit viel weniger Druck angehen konnte.

Wenn wir Verantwortung für uns übernehmen, ist die Lösung für die Herausforderung im Außen wie die Nachgeburt der Plazenta; es kostet nicht mehr wirklich Kraft. Wir können sie schmerzfrei zur Welt bringen. Und neue Türen öffnen sich: für neue Wege mit deiner Familie.

Ich mag das Wort »Verantwortung«. Denn es beinhaltet das Wort »Antwort«. Wie möchtest du antworten? Auf die Begebenheiten deines Lebens, auf äußere und innere Umstände? Auf die Charakterzüge deines Kindes, deines Partners? Lass uns von blinden, impulsiven Reaktionen in ein erwachsenes Antworten finden. Der Schlüssel bist du. Alles beginnt mit dir.

Psychotherapie frei Haus

Mit den eigenen Kindern haben Konflikte meist eine besondere Intensität. Jeder, der Kinder hat, kennt diese fundamentale Verzweiflung, diese essenzielle Wut und die tiefgreifende Hilflosigkeit, die einen überkommen kann, wenn die Brut mal wieder nicht wie abgesprochen die Zähne putzt, uns beschimpft oder sich weigert, die warmen Schuhe anzuziehen, obwohl draußen Schnee liegt. Warum ist das so?

Durch unsere Kinder durchleben wir die eigene Kindheit noch einmal. Mal mehr, mal weniger bewusst. Wenn dein Kind gerade sechs Jahre alt ist, wirst du automatisch an dich und dein Leben erinnert, als du im selben Alter warst. Wenn meine sechsjährige Tochter wutentbrannt die Türe knallt, dann ist die Art und Weise, wie ich darauf reagiere, im Wesentlichen davon geprägt, was *ich* für Erfahrungen im Umgang mit Wut gemacht habe, als *ich* sechs Jahre alt war.

Wir bekommen als Eltern also jeden Tag die Möglichkeit geschenkt, unsere eigene Kindheit und damit verbundene Erfahrungen zu reflektieren und aufzuarbeiten. Und das ist ein Geschenk! Das ist Psychotherapie frei Haus! Was manche in vielen zähen Sitzungen auf der Couch hart erarbeiten müssen, bekommst du von deinen Kindern auf dem Silbertablett serviert: alte Kindheitswunden, alte Muster, alte Grundüberzeugungen, alte Prägungen, alte Rollenvorstellungen, unbewusst übernommene Regeln, Werte und Normen, die du seit Jahrzehnten unreflektiert mit dir rumschleppst, ohne dass sie noch irgendeinen Nutzen für dich hätten.

Unsere Kinder machen uns jeden Tag wieder aufs Neue auf unsere größeren und kleineren Baustellen aufmerksam. Sie legen uns gnadenlos den Finger in die Wunde, bis wir uns endlich eingestehen, dass diese Wunde endlich ein gottverdammtes Pflaster braucht.

Dieser Finger in der Wunde tut weh. Und daher wollen wir ihn da nicht. Also reagieren wir unbewusst, aber effizient mit Flucht (Rückzug, Schmollen) oder Angriff (Verurteilungen, Erwartungen). Denn diese Strategien schützen uns vor dem Schmerz der alten Wunde. Sie bewahren uns davor, aufrichtig hinzuschauen. Und ermöglichen uns, mit dem Finger auf den anderen zu zeigen. Dann sind wir echauffiert oder stinkwütend – in jedem Fall emotional stark beteiligt.

Folgendes kannst du dir als Faustformel merken: Wann immer du emotional so stark beteiligt bist, dass es objektiv betrachtet nicht mehr in Relation zum Auslöser passt (zum Beispiel eine vor Wut schnaubende Mutter, da das Kind das Kinderzimmer nicht aufgeräumt hat), bist du sehr wahrscheinlich im Kontakt mit einer alten Wunde.[27]

Daher möchte ich dich zu einer verrückten Perspektive einladen: Wie wäre es, wenn du deine starken emotionalen Reaktionen als ein Geschenk betrachten würdest? Denn unter der Verpackung verbirgt sich *deine* Chance, alten Wunden endlich zu entwachsen. Und zu der zu erwachsen, die du fernab deiner alten Wunden wirklich bist.

Hierfür gilt es die Tatsache anzuerkennen, dass das Außen immer nur der Auslöser ist. Der Grund für deine Reaktion bist du. Du mit deiner Geschichte, mit deinen Prägungen, deinen Werten und Normen, deinen alten Wunden. Dafür Verantwortung zu übernehmen ist eine der tragenden Säulen, um deine Lücke zwischen Theorie und Praxis zu schließen.

Was es hierfür natürlich braucht, ist deine Bereitschaft, das Gepäck auf deinem Rücken genauer anzuschauen. Und hierzu möchte ich dich in diesem Kapitel einladen.

Trigger identifizieren

Ein brüllender Vater, weil das Kind den Müll nicht runtergebracht hat.

Eine verzweifelte Mutter, weil sich das Kind nicht anzieht.

Äußere Umstände, die uns in diese starke emotionale Reaktion versetzen, werden in der Psychotherapie als »Trigger« bezeichnet. Getriggerte Reaktionen haben gemeinsam, dass sie ziemlich wuchtig sind und einen besonderen Sog ausüben – wir wissen beispielsweise, dass wir unsere Kinder nicht anschreien sollten. Und dennoch passiert es. Wie fremdgesteuert überkommt es uns und ergreift Besitz von uns wie ein wildes Tier, genau in den Momenten, in denen wir eh schon am Boden sind.

Genau dieses Phänomen beschreibt Jeffrey Young[28] in der Schematherapie. Diese geht davon aus, dass wir sogenannte Schemata entwickeln, wenn im Laufe des Lebens ein Grundbedürfnis nicht befriedigt wird (beispielsweise nach Nähe oder Autonomie). Ein Schema ist eine Art dysfunktionaler Glaubenssatz (»Ich bin nicht liebenswert«). Dieser Glaubenssatz prägt das Verhalten. Ein Kind mit dem Glaubenssatz »Ich bin nicht liebenswert« könnte beispielsweise das Verhalten entwickeln, sehr viel und sehr gute Leistung zu erbringen, um sich dadurch Zuwendung und Aufmerksamkeit zu sichern. Diese individuelle Taktik wird in der Schematherapie als Bewältigungsstrategie bezeichnet. Solche Bewältigungsstrategien können in vielerlei Hinsicht durchaus funktional und gewinnbringend sein. Doch in unserem Beispiel hätte dieses groß gewordene Kind spätestens dann ein Problem, wenn es etwa durch eine Krankheit nicht mehr so viel leisten kann und die äußere Bestätigung plötzlich ausbleibt.

Diese frühkindlichen Schemata und daraus resultierenden Bewältigungsstrategien können nun auch noch im Erwachsenenalter getriggert werden. Durch äußere Umstände, Personen oder auch Umgebungen oder gar Gegenstände, Gerüche oder Lieder.

Fernab vom psychotherapeutischen Jargon könnte man sagen: Äußere Umstände können alte Wunden wieder aufreißen. Dadurch verfallen wir zurück in alte Muster, alte Strategien. Strategien, die das Ziel verfolgen, nicht wieder verletzt zu werden und unsere wunden Stellen zu schützen. Oder endlich, endlich zu bekommen, was uns damals schon so fehlte. Und plötzlich verteidigen wir uns oder wir werden selbst wieder zum bockigen, wütenden oder hilflosen Kleinkind.

In den allermeisten Fällen sind diese Reaktionen nicht mehr wirklich zeitgemäß. Denn was uns einst wirklich einmal verletzte, ist heute keine wahre Bedrohung mehr. Und während das kleine Kind damals tatsächlich keine alternativen Strategien zur Verfügung hatte, hast du heute viel weitere Handlungsspielräume. Und genau das gilt es in dein Bewusstsein zu holen: »Heute bin ich erwachsen. Heute habe ich andere Möglichkeiten als damals. Heute wähle ich. Heute antworte ich.«

Da die Schemata so vielfältig und individuell sind wie wir, gruppierte Jeffrey Young sie und teilte sie in vier Gruppen: Kind-Modus, Bewältigungsmodus, Eltern-Modus und Gesunder-Erwachsener-Modus. Du kannst dir diese Modi als unterschiedliche innere Zustände vorstellen:

- Im Kind-Modus befinden wir uns in alten Gefühlslagen, so als wären wir beispielsweise tatsächlich gerade wieder fünf Jahre jung. Wir sind entweder wütend, bockig oder auch verspielt und ausgelassen. Vor allem aber fühlen wir uns abhängig von der Außenwelt – denn das waren wir damals tatsächlich.
- Der Bewältigungsmodus versucht, uns auf etwas unbeholfene oder gar unglückliche Art und Weise ein damaliges Bedürfnis endlich zu erfüllen. Stell dir jemanden vor, der immer wieder versucht, durch Jammern und Klagen Aufmerksamkeit zu erhaschen – diese Strategie nervt seine Mitmenschen aber eher und führt daher selten zum eigentlichen Ziel, sondern häufig genau zum Gegenteil: Menschen wenden sich ab.
- Im Eltern-Modus zeigen sich meist die aus unserem Elternhaus verinnerlichten Werte und Normen. Also deine Moral, deine Ethik, deine Rollenbilder, deine Modelle, deine Ideale. Aber auch dein innerer erhobener Zeigefinger. Dieser Modusgruppe ist beispielsweise auch der mittlerweile sehr geläufige innere Kritiker zuzuordnen.
- Der Gesunder-Erwachsener-Modus ist der durch die Schematherapie angestrebte innere Zustand. In diesem Modus haben wir Kenntnis und Verständnis von den anderen Modi und können als eine Art objektiver Moderator zwischen diesen vermitteln. Hier sind wir uns unserer Stärken

und Schwächen gewahr und können klar und eigenverantwortlich handeln. Das Ziel von Youngs Schematherapie ist,
diesen Anteil herauszuarbeiten, zu stärken und zu betonen.

Diese Modi können auch als innere Anteile beschrieben werden –
eine Art inneres Team, das unser Verhalten und unser Erleben steuert. Lass es uns an einem Beispiel verdeutlichen:
Wenn meine Mala wutentbrannt um sich schlägt, triggert das
meine eigene Geschichte. Ich verfalle dann zunächst in eine Art
Starre (Kind-Modus mit dem Schema: Starke Gefühle sind gefährlich). Nach einer Weile explodiert es in mir und ich reagiere mit
Entwertung (Bewältigungsmodus mit dem Schema: Ich muss mich
schützen). Mein Eltern-Modus sorgt dann im Nachhinein dafür,
dass ich ein schlechtes Gewissen habe und mich entwerte (Schema: Du musst perfekte Leistung bringen). Das alles passiert automatisch und vor allem: sehr, sehr schnell. Ich bin dann sonstwo, nur
nicht im Hier und Jetzt. Im Hier und Jetzt bin ich eine kluge, sen-
sible, einfühlsame und liebevolle Frau und Mutter, die mit Leichtigkeit dazu in der Lage ist, so eine Situation konstruktiv zu gestalten und zu lösen (Gesunder-Erwachsener-Modus).

Deine Trigger sind wie Hinweise auf einer Schatzkarte, die dich
zu dem Wunder führen können, das du hinter all den verstaubten
Strukturen tatsächlich bist. Lass uns also damit beginnen, Hinweise zu sammeln und ein gutes Gefühl für deine unterschiedlichen
Modusgruppen zu entwickeln.

So kannst du vorgehen:
Ich möchte dich gern einladen, dir die unterschiedlichen Modi
als Mitarbeiter deines inneren Teams vorzustellen. Sie sind dir zu-
geteilt, mit ihnen musst du arbeiten. Und du, als gesunde Erwachsene, bist Chefin. Stell dir vor, du bist neu in dem Laden und als
gute Führungskraft machst du dir natürlich erst einmal ein Bild

von deinem Team. Lass uns gemeinsam ein Profil von deinen unterschiedlichen inneren Anteilen erstellen: Wann genau zeigen sie sich? Was sind ihre Stärken und Schwächen? Und wie kannst und möchtest du sie einsetzen, sodass sie für dich und dein Anliegen gewinnbringend sind? Tatsächlich sind diese Anteile nämlich nicht nur schlecht! Aber dazu gleich noch mehr.

Zunächst verschaffen wir uns einen allgemeinen Überblick. Ich möchte dich gern einladen, in den kommenden Tagen deine Trigger-Momente zu notieren. Sprich Situationen, in denen du emotional so stark beteiligt warst, dass deine Reaktion rückblickend nicht mehr wirklich gerechtfertigt scheint und/oder du dich schuldig fühlst, vielleicht auch ein schlechtes Gewissen hast. Was sind das für Momente bei dir? Wann wirst du getriggert? Führe hier gern für ein oder zwei Wochen Protokoll und verschaff dir einen richtig guten Überblick.

Wenn du diese Momente hast, kannst du prüfen, ob es Ereignisse gibt, die einen gemeinsamen Nenner haben. Die dich immer wieder auf die Palme bringen. Oder in den Keller. Je nachdem. Fass zusammen, was Parallelen hat.

Hier ein paar Beispiele aus meinem Beratungsalltag, wie du die Ereignisse zusammenfassen kannst:

Momente, die mich triggern:

- Wir kommen nicht aus dem Haus, ich komme zu spät.
- Aufbruch vom Spielplatz wird zum Drama.
- Mein Mann unterbricht mich, als ich etwas von mir erzähle.
  → Situationen, in denen ich mit meinem Anliegen nicht berücksichtigt werde.

- Wutanfall im Supermarkt.
- Zähneputzen wird verweigert.

- Das Geschwisterchen wird geschlagen.
- → Ich fühle mich machtlos.

Wenn du *das* hast, kannst du an diesem Punkt theoretisch aufhören. Nach dieser Bestandsaufnahme weißt du, in welchen Situationen du »gefährdet« bist, in alte Muster abzurutschen und somit die Tendenz hast, auf eine Art und Weise zu reagieren, die dir im Nachhinein leidtut. Du könntest dir an dieser Stelle eine neue, alternative Strategie zurechtlegen und sie, wie im nächsten Teil des Buches beschrieben, Schritt für Schritt in deinem Alltag kultivieren. Manchen reicht das. Andere wollen tiefer gehen. Und bei einigen ist der Sog der alten Muster einfach zu stark, um an dieser Stelle aufzuhören.

Wenn du weitermachen möchtest, kannst du dich im nächsten Schritt fragen, welche Modusgruppe in deinen Hotspot-Momenten aktiviert werden. Wirklich sehr stark vereinfacht könnte man sagen, dass der Kind-Modus sich durch ein nicht befriedigtes Bedürfnis präsentiert (Schutz, Liebe, Anerkennung, Selbstbestimmung …), das der Bewältigungsmodus zu befriedigen versucht (Leistung, Anpassung, Unterwürfigkeit, Aggression), während der Eltern-Modus auf das Einhalten von Ansprüchen, Werten, Normen und Erwartungshaltungen erpicht ist (Perfektionismus, hohe Ansprüche, Vorwürfe, Appelle).

Um ein gutes Gefühl von deinem inneren Team zu bekommen (Wer zeigt sich wann? Wer hat welche Anliegen? Wer hat welche Stärken und Schwächen?), empfehle ich dir, Profile für die verschiedenen Modi zu erstellen. Eine Vorlage hierfür findest du unter www.koesel. de/haettemuesstesollte. Denn es ist der zentrale nächste Schritt, um ein gutes Verständnis für dein inneres Team zu bekommen.

Dabei liegt es mir vor allem am Herzen, die jeweiligen Anteile und deren Strategien wirklich anzuerkennen! Denn für das Kind von damals war die Bewältigungsstrategie maximal sinnvoll und eben genau das, was zum damaligen Zeitpunkt möglich und sehr wahrscheinlich auch tatsächlich nötig war. Aus der praktischen Erfahrung weiß ich, dass eigentlich bei jedem Anteil – und sei er anfangs auch noch so schrullig oder bedrohlich – am Ende immer eine gute Absicht hinter der Strategie zum Vorschein kommt. Daher lohnt es sich wirklich, ein Verständnis dafür zu entwickeln, was deine Teammitglieder mit ihrer Strategie denn eigentlich bezwecken wollten. Wonach sehnen sie sich? Was brauchen sie? Was ist das Bedürfnis?

Das Gute ist: Durch das bedürfnisorientierte Geleit deiner Kinder wirst du vermutlich schon eine gewisse Übung darin haben, das Bedürfnis hinter einem Verhalten herauszufinden. Jetzt bist *du* an der Reihe! Was möchte dein Kind-Modus mit dem Gebrüll denn eigentlich wirklich ausdrücken? Und was ist die eigentliche Absicht des strengen Eltern-Modus, dich immer und immer wieder zu kritisieren? Wovor will dich dieser Anteil schützen? Was ist seine Funktion? Ein Modus, in dem du schnell dicht machst und die Krallen ausfährst, schützt dich beispielsweise sehr effizient vor Verletzungen (Bedürfnis nach Schutz). Ein sehr kritischer Modus bewahrt dich davor, Fehler zu machen, und sichert dir durch die angestrebte Perfektion Aufmerksamkeit, Sicherheit, Zuspruch (Bedürfnis nach Anerkennung). Ein verschüchterter, rückzügiger Modus hat in deinem Leben sicherlich schon das ein oder andere Mal dazu beigetragen, dass du Konflikte erfolgreich vermeiden konntest, und sich damit als durchaus sinnvolle Strategie für dich erwiesen (Bedürfnis nach Sicherheit).

Wie ist es bei dir?

Wonach sehnt sich dein Anteil? Und auf welche Art und Weise dient dir dein aktivierter Modus?

Kannst du den Wert darin erkennen?

Die eigentliche Absicht und das tatsächliche Bedürfnis unserer Modi würdigend anzuerkennen, ist ein zentraler Schritt, um den gesunden Erwachsenen in uns zu ermächtigen. Denn auch wenn unsere Strategien wirklich lange einen Sinn ergeben haben und einem ernst zu nehmenden Bedürfnis folgen, braucht es doch auch die Einsicht, dass die Strategie einer Dreijährigen für eine Dreißigjährige nicht mehr unbedingt passend ist. Schließlich dürfen wir uns die Frage stellen, ob wir diese Strategie weiterhin leben *möchten*. Oder ob wir zu der erwachsen wollen, die wir heute wirklichwirklich sind: eine wundervolle gesunde Erwachsene!

Die gesunde Erwachsene blickt sanftmütig auf ihre defizitären Anteile. Sie kann sich des Schmerzes annehmen, ohne sich darin zu verlieren. Und sie besitzt die Fähigkeit, sich angemessen um die verletzten Anteile zu kümmern. Indem sie Verantwortung übernimmt und einen heilsamen Verband auf alte Wunden legt.

Einen Wundverband anlegen

Wenn du auf eine Art und Weise reagierst, von der du in einem Moment der Klarheit ganz genau weißt, dass es eigentlich total Banane ist, steckst du in einer alten Dynamik. Entweder versuchst du verzweifelt, doch noch etwas zu bekommen (Kind-Modus), du möchtest unbedingt etwas erreichen (Bewältigungsmodus) oder du versuchst dich vor einem alten Schmerz zu schützen (Eltern-Modus). Wenn du ein gutes Gefühl für diese Triggerpunkte bekommen hast, hast du die perfekte Grundlage, um alternative Strategien zu entwickeln, mit denen du das tatsächliche Bedürfnis deiner inneren Anteile stillen kannst.

Ziel ist, dass du die Erfahrung machst, dass du heute, als gesunde Erwachsene, dazu befähigt bist, dich selbst um deine alten Bedürfnisse zu kümmern. Und dass dich der Mangel von damals heute eigentlich nicht mehr bedroht.

Ein Beispiel?

Eine Mutter von zwei kleinen Kindern (im Alter von einem und drei Jahren), lass sie uns Clara nennen, kam zu mir in die Beratung, da sie komplett erschöpft war. Natürlich spielten die üblichen Umstände Schlaf- und Zeitmangel eine Rolle, doch Claras Erschöpfung ging tiefer. Denn sie war begleitet von dem Gefühl, dass es nie genug ist. Ihre Kinder jammerten, ihre Beziehung litt und auch dem frisch wieder aufgenommenen Job wurde sie scheinbar nicht gerecht. Sie konnte nicht mehr! Ihre Stimmung kippte vor allen in den Stoßzeiten sehr schnell und sie meckerte dann an ihren Kindern und an ihrem Partner herum, was sie eigentlich total furchtbar fand. Sodass sie sich am Ende auch noch Vorwürfe machte, dass sie eben wirklich nichts und niemandem mehr gerecht wird. Ein Teufelskreis.

Bei einem unserer Treffen schilderte sie mir eine klassische Situation: Sie kommt von der Arbeit heim und holt noch beide Kinder aus der Kita – alle sind entsprechend müde. Im Flur fällt die Einkaufstüte um, die Windel der Kleinen ist voll, die Große kriegt einen Wutanfall, weil Clara ihr nicht sofort mit dem klemmenden Reißverschluss helfen kann. Clara stellt die Kleine gröber auf dem Boden ab, als sie das eigentlich wollte, woraufhin diese auch anfängt zu weinen. Die Große stampft wutentbrannt mit den matschigen Schuhen über den Teppich, Clara motzt die Kleine an und schreit der Großen hinterher, sie solle die Schuhe ausziehen. Und natürlich hat sie im Hinterkopf auch noch die nicht ganz eindeutige Aussage ihrer Chefin bezüglich ihrer heutigen Präsentation.

An Stellen wie diesen frage ich gern, was denn der Schmerzpunkt in diesem Moment war. Clara antwortete:»Dass ich wirklich *alles* gebe und von allen Seiten immer nur die Rückmeldung kommt, dass es nicht reicht.«

Dann frage ich:»Ich kann mir gut vorstellen, dass es nicht die erste Situation in deinem Leben war, in der du so gefühlt hast. Welche anderen Situationen kommen dir in den Sinn, in denen du schon mal so gefühlt hast?«

Gemeinsam sortieren wir dann Erfahrungen, um schließlich die älteste Geschichte herauszufiltern, die Clara mit der aktuellen Herausforderung assoziiert. Clara kamen einige Geschichten aus den ersten Berufsjahren in den Sinn, aber auch aus der Studien- und Schulzeit. Als sie gedanklich in ihrer Schulzeit angekommen war, hielt sie inne, wurde still. Tränen kullerten ihr über die Wangen.»Ich weiß nicht, woher das jetzt auf einmal kommt«, fuhr sie schließlich fort,»aber mir schießt gerade die Erinnerung in den Kopf, als ich total stolz aus dem Garten zu meiner Mutter rannte, die gerade am Kochen war – und ich erzählte ihr davon, dass ich ganz viel Löwenzahn gesammelt und schon die Hasen gefüttert habe. Und sie hat das, wenn überhaupt, nur beiläufig zur Kenntnis genommen …«

»Und daraufhin hattest du auch schon das Gefühl, dass es nicht reicht, was du machst?«

»Ja … Irgendwie schon, ja …«

»Was hättest du denn in dieser Situation gebraucht?«

Clara:»Dass meine Mutter mir zuhört, dass sie anerkennt, was ich geleistet habe. Natürlich ist das aus heutiger Sicht banal, aber für mich war es echt bedeutsam … Überhaupt hätte es mir gutgetan, wenn sie überhaupt mal Interesse an mir und an den Dingen, die ich tue, gezeigt hätte.«

»Du hättest ihre Aufmerksamkeit und Zuwendung gebraucht?«

»Ja.«

Die Wunde war also ein Mangel an mütterlicher Aufmerksamkeit und Zuwendung. Darauf basierend hatte sich die Grundüberzeugung »Ich reiche nicht aus« herauskristallisiert. Und dieses kindliche Defizit wurde in Stressmomenten reaktiviert.

Mit dieser Information konnten wir gemeinsam herausarbeiten, wie Clara ihre Wunde versorgen konnte. Klar war, dass es mütterliche Qualitäten brauchte, sodass wir mit dem Bild arbeiteten, dass Clara in oder nach solchen Momenten selbst zu der liebenden Mutter wird, die sie damals so sehr vermisst hat. Sie bemutterte sich quasi nachträglich selbst. Und trug so mit jeder Stresssituation, in der sie sich selbst liebevoll begegnen konnte, Balsam auf die alte Wunde auf. (Eine Anleitung, wie auch du dir selbst zur liebenden Mutter werden kannst, findest du im gleich noch folgenden Praxisraum).

Natürlich gab es noch weitere Aspekte in Claras Prozess, doch das Bild der liebenden Mutter trug sie durch all diese Phasen der Beratung. Da wir den Ursprung ihres Schmerzpunktes erforschten, erkannte Clara, dass es nicht die Umstände waren, die schmerzten. Sondern dass der Grund für ihre Verzweiflung in der Vergangenheit lag. Indem sie erkannte, wonach sie sich eigentlich schon seit sehr langer Zeit sehnte, konnte sie als gesunde Erwachsene damit beginnen, selbst aktiv dafür Sorge zu tragen, dass genau das in ihr Leben kommen konnte. Dieser Prozess ermöglichte ihr eine gesunde Distanz zu ihren Herausforderungen, die sie nach und nach auch in den Stressmomenten ihres Alltags einnehmen konnte. Der Heilungsprozess hatte begonnen.

Als gesunde Erwachsene blickst du klar auf deine Geschichte. Du anerkennst sie. Du würdigst sie. Du kannst das bockige Kind in dir liebevoll umarmen und nachsichtig auf deine dysfunktionalen Strategien blicken. Du bist in dem Wissen und in dem Vertrauen, dass du heute, im Hier und Jetzt, *alles* zur Verfügung hast, um deine Schwierigkeiten konstruktiv zu lösen. Als gesunde Erwachsene bist du bereit, über die kindlichen Strukturen und deren Beschränkungen hinauszuwachsen und voll in deine erwachsene Kraft zu finden. Hier und jetzt hast du die Wahl, die Dinge auf eine von dir selbst gewählte Art und Weise zu gestalten. Es ist deine Wahl. Es ist dein Leben. Und du bist die Regisseurin.

Wenn auch du Lust hast, den Kern deiner Herausforderungen zu erforschen, kannst du dir folgende Fragen stellen:

- Welche Herausforderung möchtest du dir anschauen?
- Was ist der Schmerzpunkt in dieser Situation?
- Kommen dir andere Situationen in den Sinn, in denen du das schon mal so gefühlt/gedacht/erlebt hast?
- Was hättest du damals in dieser Situation gebraucht? Was war dein Bedürfnis?
- Wie kannst du dir dieses Bedürfnis heute eigenverantwortlich erfüllen?

Unter www.koesel.de/haettemuesstesollte findest du auch angeleitete Meditationen, die dich durch diesen Prozess begleiten. Der Vorteil einer geführten Meditation ist in diesem Fall, dass du noch mehr loslassen und dich vielleicht besser auf dein Innenleben einlassen kannst. Probiere es doch mal aus.

Ein Tipp: Wenn du für dich herausfinden konntest, was du damals gebraucht hättest, dann schenk es dir, so oft es geht, in deinem Alltag selbst. Warte nicht länger darauf, dass es andere tun.

Aufbruch zu neuen Ufern

Wie aus den bisherigen Beispielen ersichtlich wird, sind es bei den meisten von uns keine großen Schnitte in der Biografie, die zu jenen destruktiven Glaubenssätzen führten, die uns mitunter bis heute unsere Herausforderungen vermiesen können.[29]

Das heißt nicht, dass die Wunde nicht schmerzt. Doch durch die Geschichte, die wir uns rund um unsere Wunde immer und immer wieder selbst erzählen, kann aus einer Herausforderung ein Drama werden. Erinnerst du dich noch an den Schnitt am Zeigefinger, den du dir vor drei Jahren aus Versehen mit dem Küchenmesser zugezogen hast? Sehr wahrscheinlich nicht. Du hast ihn zwar sicherlich zur Kenntnis genommen, ein Pflaster draufgeklebt und den Finger vielleicht auch eine Weile geschont. Doch nach ein paar Tagen war der Schnitt vergessen. Vielleicht ist noch eine Narbe zu sehen. Doch dein Handeln ist nicht weiterhin durch diese Wunde beeinflusst.

Was aber wäre, wenn du dir selbst und allen in Hörweite seit drei Jahren immer wieder erzählen würdest, wie fürchterlich dieser Schnitt doch war, wie scharf das Messer, wie brennend der Schmerz und wie unversehens dieser Schnitt doch kam? Wie sehr es blutete und dass du ganz allein warst? Mutterseelenallein! Ohne Hilfe!! Ausgeliefert. Was wäre, würdest du fortan jeden Tag auf diesen Finger schauen und aktiv prüfen, wie weit fortgeschritten die Wundheilung ist (und die Wunde dadurch schlussendlich immer wieder aufreißen)? Dann, ja dann hätte dieser Schnitt auch noch Jahre später Einfluss auf dein Leben.

Was ich damit sagen möchte: Die Tragik liegt nicht in der Wunde selbst. Sondern in der Geschichte, die wir darum erzählen.

Willst du jahrelang das Kochen verfluchen, weil du dir vor drei Jahren in den Finger geschnitten hast? Oder willst du die Erfahrung würdevoll integrieren und nach einer angemessenen Zeit der Fürsorge das Messer wieder in die Hand nehmen und freudvoll die Löffel schwingen?

Ja – du hast geblutet!

Ja – du hast eine Narbe davongetragen!

Deine Geschichte ist deine Geschichte. Deine Wunden sind deine Wunden. Doch was du daraus im Hier und Jetzt machst, liegt in deiner Verantwortung.

Und versteh mich bitte nicht falsch – das Letzte, was ich hier implizieren möchte, ist »Komm schon, stell dich nicht so an!« und »Alles easy going«. Nein, die Wunde ist da. Und sie schmerzt. Und es ist wichtig für den Heilungsprozess, diesen Schmerz zuzulassen. Fühl den Schmerz! Tauche einmal voll ein, vielleicht auch zwei oder drei oder vier Mal, wenn nötig. Und ja, das wird für einige Augenblicke wehtun. Vielleicht auch länger. Vielleicht wird es dich ordentlich durchwirbeln. Doch selbst die heftigsten Wellen brechen. Der Schmerz *wird* vorbeigehen!

Und ja, dadurch wirst du erst einmal verletzbar. Ja, das ist ein Risiko. Und nein, das ist nicht der einfache Weg. Doch wenn du es wagst, *das* zuzulassen, zu durchleben, dann wird eine Kruste über deine Wunde wachsen und sie wird wirklich verheilen. In dem Moment, in dem du erfährst, dass Schmerz vorbeigeht und dich nicht mehr wirklich bedrohen kann, bist du frei. Was dann bleibt, ist eine Erinnerung.

Du bist heute nicht mehr bedroht. Und dein Leben liegt dir zu Füßen. Du musst nur noch den ersten Schritt machen – und in deine Verantwortung kommen, für das Leben, das du dir wirklich-wirklich wünschst.

Werde zur Regisseurin deines Lebens

Im ersten Teil dieses Kapitels hast du dich mit den Profilen deiner inneren Anteile beschäftigt. Ich möchte diesen Grundgedanken des »inneren Teams« an dieser Stelle noch mal aufgreifen, um mit dir gemeinsam darauf zu schauen, wie du wieder zur Regisseurin deines Lebens werden kannst. Um damit genüsslich und mit einem Lächeln auf den Lippen auf dem Chefsessel Platz nehmen zu können. Und in *Führung* zu gehen.

Wir haben bereits besprochen, dass deine inneren Anteile nicht *nur* negativ sind, selbst wenn sie dich gerade vielleicht noch zur Weißglut treiben. Ein innerer Antreiber (Eltern-Modus), der nie zufrieden ist, der es immer noch besser machen möchte, der dich ständig auf deine Fehler hinweist, seien sie auch noch so klein, mag zwar in deinen Selbstfürsorge-Momenten deplatziert sein. Aber wenn es darum geht, eine Aufgabe gewissenhaft abzuschließen, kann so ein Anteil doch eigentlich ganz praktisch sein, oder? Denk doch nur mal einen Augenblick daran, in wie vielen Bereichen deines Lebens dieser Anteil tatsächlich auch schon gewinnbringend für dich war. Wie im Kapitel »Selbstbeziehung« schon erwähnt, habe ich meinem Eltern-Modus definitiv mit zu verdanken, dass ich ein Studium abgeschlossen habe, dass ich mich auf den Hosenboden gesetzt habe und gepaukt habe … und dass ich abends, selbst wenn ich müde bin, zumindest noch grob die Küche mache … Was ich damit sagen möchte, ist: Wenn wir unsere Anteile richtig positionieren, dann können sie eine waschechte Bereicherung für unser Leben werden. Und genau hier beginnt der Job der gesunden Erwachsenen! Es geht nicht darum, deinen inneren Antreiber loszuwerden. Schaffen wir eh nicht! Auch wenn das manch unseriöser Coach suggeriert – am besten natürlich in drei Schritten und komplett ohne Arbeit. Aber dieser Anteil ist ein Teil von dir! Er gehört zu dir! Er gehört zu deinem inneren Team. Also lass uns doch besser darauf schauen, wie du mit deinen etwas unbequemeren Anteilen arbeiten kannst!

Wenn du die Schritte aus dem vorangegangenen Kapitel für dich durchgegangen bist, dann hast an dieser Stelle ein gutes Gefühl für dein inneres Team. Eine gute Führungskraft weiß um die Stärken und Schwächen ihrer Mitarbeiter. Und sie kennt deren Aufgabengebiete. Und weiß natürlich, wie sie die Einzelnen fördern kann (Welche Bedürfnisse haben diese Anteile? Und wie kannst du sie heute stillen?), damit sie zur Höchstform auflaufen können. Nun stell dir vor, als Team habt ihr eine Herausforderung. Und ihr sitzt gemeinsam am Konferenztisch. Wie gehst du als Chefin vor?

Du präsentierst kurz die Problematik – du führst dir vor Augen, was die Schwierigkeit ist oder worum es in dem Konflikt wirklich-wirklich ging. Um dann deine Mitarbeiter ihre Positionen und Sichtweisen darlegen zu lassen. Lass sie zu Wort kommen! Schließ sie nicht aus. Hör zu. Um dann für dich zu *wählen*, welche Stimmen du berücksichtigen möchtest, was dich wirklich unterstützt, was wirklich zielführend ist und was du getrost verwerfen kannst.

Psychologisch gesagt:

Nimm dir bei einer Herausforderung kurz Zeit und frage dich: Welche Anteile sind aktiviert? Welche Stimmen sprechen gerade? Wer braucht was? Kann und will ich das berücksichtigen und wenn ja, auf welchem Weg?

Wenn sich beispielsweise ein Marketing-Spezialist aus deinem Team lauthals einmischt, wenn es um IT geht, würdest du als gute Führungspersönlichkeit doch auch freundlich, aber bestimmt eine Grenze setzen, oder? Und wenn dir dein innerer Kritiker einen Selbstfürsorgemoment versaut, ist es angemessen, ihn freundlich, aber bestimmt in seine Schranken zu verweisen.

Wenn eine Mitarbeiterin die ganze Zeit nur heulend am Konferenztisch sitzt und damit alles boykottiert, ist es okay, als Chefin zu betonen, dass du die Herausforderung siehst und dass du sie gern zu einem Einzelgespräch einlädst. Wenn dein verletztes inneres Kind in der Konfliktsituation mit deiner Familie aufschreit, ist es angemessen, ihm kurz zu signalisieren, dass du es wahrgenommen hast und dich später in einem passenderen Rahmen darum kümmern möchtest.

Du bist Chefin deines inneren Teams! Ja, diese Stimmen gehören zu dir. Und sehr wahrscheinlich werden sie dich ein Leben lang begleiten. Aber du kannst wählen, was du mit ihnen machst. Du darfst die gewinnbringenden Aspekte dieser Anteile für dich nutzen und sie an ansprechender Stelle auch mal in ihre Grenze verweisen. Du bist die Chefin deines inneren Teams. Und richtig positioniert könnt ihr gemeinsam richtig gute Arbeit leisten.

Was es hierfür braucht, ist deine Bereitschaft, in Führung zu gehen. Vielleicht kennst du das auch, dass wir uns mit unserer Aktion in die Abhängigkeit von äußeren Faktoren stellen? »Wenn *er* nur geduldiger (nachsichtiger, freundlicher, langsamer, schneller ...) wäre, *dann* ... (könnte ich mich auch verletzlich zeigen, könnte ich in meine wahre Kraft kommen, könnte ich mich entspannen, könnte ich ...)!«

Ganz häufig knüpfen wir unsere Verantwortung an Bedingungen: »Ich würde ja, aber ... / wenn ...« Damit tun wir uns keinen Gefallen! Diese Position ist zwar bequem – denn schließlich ist der andere am Zug und wir können uns zurücklehnen. Aber sie versetzt uns auch in eine Abhängigkeit. Denn schließlich liegt es nicht in unserer Hand, ob unser Partner nun doch noch aktiver wird oder unser Kind endlich ein wenig ruhiger.

Nun können wir natürlich im Publikum vor der Bühne sitzen und darauf warten, dass einer der Akteure endlich den entscheidenden Zug macht. Und uns darüber grämen, dass es nicht schnell genug geht. Oder dass wir mit unseren Anliegen im Zuschauerraum überhaupt nicht gesehen werden. Oder dass nicht nach unseren Vorstellungen gespielt wird. Oder, oder, oder.

Oder ... wir erheben uns von der Zuschauerbank und betreten die Bühne. Um wirklich mitzumischen. Ja, das ist ein verantwortungsvollerer Part als der des Zuschauers. Aber dafür erhalten wir die Gelegenheit, zur Regisseurin unseres Lebens zu werden. Wie steht es um dein Stück des Lebens? Wie führst *du* die Regie?

Wer bekommt die Hauptrolle (der gesunde Erwachsene schnippt ambitioniert mit den Fingern!!!)? Und welche Rollen weist du deinen inneren Anteilen zu? Türsteher? Souffleur, Statist oder Nebenrolle? Gibt es vielleicht auch Anteile, die du lieber in die hinterste Zuschauerreihe verfrachten möchtest? Alles ist gut. Was sich für dich stimmig anfühlt, ist richtig. Und du kannst dabei nichts falsch machen, solange du eine bewusste, klare Wahl triffst. Es liegt in deiner Hand, wie das Stück deines Lebens interpretiert wird; klassisch, komödiantisch oder dramatisch. Es ist dein Leben. Und du bist die Regisseurin.

Du darfst dich aus dem Zuschauerraum erheben und die Regie über die Bühne deines Lebens übernehmen. Du darfst die Führung über dein Leben übernehmen.

Eines ist wichtig: Das alles kann mitunter ein recht intensiver Prozess sein und wenn du schlimme Dinge in deinem Leben erfahren hast, ist es angemessen, dir hierfür Unterstützung zu holen.

Lass uns noch mal zusammenfassen, wie du vorgehen kannst, um in deine Verantwortung zu kommen:

1. Erkenne an, dass deine Herausforderung etwas mit dir zu tun hat.
2. Identifiziere deine Trigger. Gibt es einen roten Faden? Einen gemeinsamen Nenner? Themen, die immer wieder hochkommen?
3. Schau dir die zugrunde liegenden Wunden an. Woher kennst du das Gefühl? Wann hast du das schon mal erlebt? Was ist die erste Erinnerung, die dir dazu in den Sinn kommt?

4. Würdige deine bisherige Strategie, erkenne den Schmerz an. Was hast du damals gebraucht? Was war deine Strategie, um es zu bekommen?

5. Versorge deine Wunde. Finde gesunde, erwachsene Strategien, um dich mit dem zu versorgen, was du damals gebraucht hättest.

6. Lass deine Story um diese Wunde los. Akzeptiere deine Geschichte und triff eine Wahl, wie du dich ausrichten möchtest.

7. Werde zur Regisseurin deines Lebens. Übernimm Führung und triff kluge Entscheidungen, wann du dich von welchen Stimmen leiten lassen möchtest.

Praxisraum: Was du konkret tun kannst

Erste Hilfe für deine Wunden

Kennst du diese Momente, in denen du dein Herz schlagen hörst und du eigentlich genau weißt, dass das, was du gerade tust, nicht das ist, was du wirklich willst? Sehr wahrscheinlich bist du in diesen Momenten in einer alten Geschichte gefangen. Und natürlich haben wir in der akuten Situation nicht gleich die Möglichkeit, das alles gut zu durchleuchten, das tiefer liegende Bedürfnis zu befriedigen, uns selbst fürsorglich zuzuwenden und so weiter und so weiter. Deswegen ist es gut, eine Notfall-Übung zur Hand zu haben, die dich wieder in die Gegenwart holt. Hier ist meine Lieblingsübung dafür.

3, 2, 1

Eine einfache, aber sehr effektive Technik: Wann immer du an diese Punkte kommst, an denen du merkst, dass du gerade von etwas überrollt wirst, das du eigentlich nicht mehr möchtest, erinnere dich an diese 3-2-1-Übung: Richte deine Aufmerksamkeit auf drei Dinge, die du sehen kannst, ganz egal, was es ist. Schaue *drei* Dinge (oder Personen) in deiner unmittelbaren Umgebung bewusst an. Dann richte deine Aufmerksamkeit auf *zwei* Dinge, die du hören kannst – selbst wenn es mucksmäuschenstill ist, hörst du deinen Atem? Vielleicht ein Auto in der Ferne? Und dann wende deinen Fokus auf *eine* Sache, die du fühlen kannst; den Boden unter deinen Füßen, die Kleidung auf deiner Haut, dein Herz, das schlägt, ein Stechen im Bauch. Was kannst du fühlen? 3, 2, 1 – ein bewusster Atemzug und du bist wieder im Hier und Jetzt. Wo du dich ausrichten kannst. Wo du wählen kannst.

Dir selbst zur liebevollen Mutter werden

Diese Übung ist sehr kraftvoll und definitiv einer meiner Lieblinge. Sie erfordert aber ein wenig Vorarbeit: Was du brauchst, ist ein Gefühl dafür, was dein inneres Kind beispielsweise in deiner letzten Konfliktsituation gebraucht hätte. Was ist sein Bedürfnis?
Erinnerst du dich an Clara aus dem Beispiel zuvor? Clara hätte es gebraucht, dass sich ihre Mutter ihr zuwendet, dass sie ihr interessiert zuhört, dass sie ihr signa-

lisiert: »Ich bin da!« Und: »Du machst das gut! Du *bist* gut!« Mit der Hilfe dieser Sätze kann sich Clara in den herausfordernden Momenten ihres Alltags selbst zu der liebevollen Mutter werden, die der aktivierte Kind-Modus in ihr so sehr gebraucht hätte.

Also: Leg dir ein, zwei kurze, knackige und positiv formulierte Sätze zurecht, die in dir ein wohliges Gefühl erzeugen, die dich aufatmen lassen, die dich entspannen, beruhigen, nähren – was auch immer du brauchst. Finde dein persönliches Mama-Mantra.

Wenn du das nächste Mal in eine herausfordernde Situation kommst, wende dich dir selbst liebevoll zu, beispielsweise indem du dir die Hand aufs Herz legst oder eine Hand auf den Oberarm – was auch immer für dich passend ist. Und dann sag dir diese Sätze. Laut oder leise, ganz so, wie es für dich stimmt. Atme bewusst. Und richte dich aus.

Auf den Punkt gebracht

Das, worüber du dich grämst, ist der Auslöser für deine Reaktion. Der Grund dafür ist in dir. Deine Geschichte, deine Glaubenssätze, deine Prägungen, deine alten Wunden bestimmen deine Reaktion auf die Außenwelt. Und wann immer du eine sehr starke emotionale Reaktion durchlebst, die objektiv betrachtet nicht mehr im Verhältnis zum Auslöser steht (beispielsweise eine enorme Wut, weil sich dein Kind nicht anziehen möchte), bist du sehr wahrscheinlich durch eine alte Wunde getriggert. Hierfür darfst du in die Verantwortung kommen. Es liegt in deiner Hand. Wage einen Blick auf deine Wunde, um so den richtigen Wundverband wählen zu können: Was kannst du heute, als gesunde Erwachsene, dazu beitragen, dass diese Wunde heilt? So kannst du veralteten Mustern und Reaktionen endlich entwachsen – und zu der werden, die du wirklich-wirklich bist: eine gesunde, gütige, liebevolle Erwachsene. Und von diesem Punkt aus wird die Lösung deines Problems im Außen ein Kinderspiel.

Alles zusammenbringen

Wenn wir aus der Haut fahren, obwohl wir es theoretisch besser wissen, dann hat das in den allermeisten Fällen einen der folgenden zwei Gründe: Entweder, wir sind einfach nur am Limit. Müde, erschöpft. Oder das Außen triggert eine alte Geschichte, eine alte Wunde an, deren Sog so stark ist, dass wir beinahe dabei zuschauen können, wie wir ihr wieder und wieder verfallen, obwohl wir es doch so gern *endlich* lassen würden.

Um die Lücke zwischen Theorie und Praxis zu schließen, können wir beginnen, dafür Sorge zu tragen, dass wir wirklich in unserer Kraft stehen. Das gelingt natürlich durch kontinuierliche Selbstfürsorge, aber wirklich nachhaltig wird es, wenn die Zuwendung zu uns selbst zu einer inneren Haltung wird, mit der wir uns in unserem Alltag selbst begegnen; nachsichtig, wohlwollend und liebevoll. Hierfür dürfen wir eine neue Form der Selbstbeziehung aufnehmen.

Wir können außerdem eine ordentliche Portion Spannung aus dem System rausnehmen, wenn wir den ganzen Gedankenhorror, der mitunter in unserem Kopf abgeht, zumindest ab und an auf Flugmodus stellen. Hier kriegen wir wieder Luft, können bewusst atmen und uns darauf besinnen, dass wir und unser

Kind gut sind, so wie wir sind – selbst wenn gerade die Fetzen fliegen.

Wir können uns immer wieder ausrichten und unseren Fokus weiten, um eben *nicht* nur auf die Herausforderungen zu blicken, sondern um auch zu sehen, was denn eigentlich alles gut läuft. Dadurch entspannt sich etwas in uns, unser System kommt zur Ruhe. Allein dadurch werden wir zunehmend darin ermächtigt, bewusst zu antworten, anstatt impulsiv zu reagieren.

Als Eltern dürfen wir uns außerdem von dem Druck freisprechen, immer gleich die perfekte pädagogische Maßnahme griffbereit haben zu müssen. Es ist okay, mal keine Ahnung zu haben, es ist okay, keine Lust zu haben, und es ist auch okay, das ganze Ding mal zu verfluchen. Das macht uns nicht zu schlechten Eltern – sondern zu authentischen Modellen und damit zum perfekten Gegenüber für unser Kind. Du darfst dich als Mutter oder Vater entspannen und dir erlauben, dich wieder mehr mit dir selbst zu verbinden. Denn von hier aus hast du Zugang zu deiner passgenauen Antwort auf deine Herausforderungen des Familienlebens. Eine Antwort, die du in keinem Erziehungsratgeber finden kannst.

Last, but not least möchte ich dich einladen, den defizitären Blick von deinem Kind abzuwenden und das Wunder anzuerkennen, das es jetzt bereits ist. Lass uns aufhören, den Fehler in unserem Kind zu suchen, und stattdessen damit beginnen, die Verantwortung für das zu übernehmen, was durch unser Kind in uns entsteht.

Unsere Kinder sind unschuldig. Unsere Kinder haben keine bösen Absichten. Sie werden mit dem natürlichen Bestreben geboren, mit uns zu kooperieren. Und wenn du wütend, verzweifelt oder traurig wirst, weil sich dein Kind nicht die Schuhe anziehen lassen will, dann ist das nur möglich, weil durch sein Verhalten eine Geschichte in dir wachgeküsst wird. Eine alte, alte Geschichte, die du dir wahrscheinlich schon viel zu lange erzählst. Eine Geschichte, die deinem Leben sicherlich viel Nutzen gebracht hat – doch eben auch so viel Leid. Eine Geschichte, die dich von dem Wunder trennt, das vor deinen Augen sitzt. Daher ist jeder Konflikt ein Geschenk. Und eine Möglichkeit, dieser alten Geschichte zu entwachsen. Und zu der zu werden, die du hinter all dem Nebel tatsächlich bist: eine gesunde Erwachsene. Eine gütige, liebende, geduldige, kluge und wunderschöne Erwachsene. Eine Erwachsene, die ihr (Familien-)Leben genau so leben kann, wie sie es sich wirklich-wirklich wünscht.

Alte Muster Schritt für Schritt durchbrechen

Alte Muster zu durchbrechen ist gerade in den Stressmomenten des Familienalltags die wohl größte Herausforderung.

Warum ist das so?

An dieser Stelle wissen wir ja bereits, dass wir diese Muster in den meisten Fällen schon eine ganze Weile mit uns mitschleppen. Dabei ist nicht zu unterschätzen, dass viele der Alte-Muster-Strategien ja durchaus funktionieren: Wenn wir zügig das Haus verlassen wollen, dann ist unser Problem ja gelöst, wenn wir unser Kind einfach packen und raustragen. Die Strategie hat also kurzfristig ganz offensichtlich gewirkt.

Diese alten Muster sind funktional und haben sich über einen langen Zeitraum und für viele Generationen bewährt. Lass uns an dieser Stelle noch mal das Bild zur Hand nehmen, das wir uns schon im Kapitel »Selbstbeziehung« vor Augen geführt haben: Wir können uns diese alten Muster als neuronale Autobahnen vorstellen; sie sind der routinierte Weg, sie wurden ziemlich oft befahren, man ist zügig drauf, zügig unterwegs und kommt zügig ans Ziel.

»Warum also etwas verändern?«, fragt sich unser Gehirn. Denn das ist zwar äußerst leistungsstark – doch es spart auch, wann immer es geht, Energie! Warum sollte es also Energie investieren, um eine erfolgreiche Strategie zu durchbrechen? Ob wir damit bedürfnisorientiert sind oder nicht, ist unserem Gehirn – der Schaltzentrale unseres Wirkens – erst einmal ziemlich egal. Hauptsache, es funktioniert!

Die Entscheidung, ein altes Muster zu durchbrechen, gleicht der Herausforderung, mitten auf der Autobahn stehen zu bleiben – und eine neue Abfahrt zu finden, Richtung Wunschfamilie. Doch das Abfahren gleicht ersten Schritten durch einen dicht bewachsenen Dschungel. Da ist noch nicht mal ein Trampelpfad! Die Schritte sind mühselig, es gibt Widerstände auf dem Weg und wir müssen ihn vor allem erst einige Male gegangen sein, bis daraus eine echte Alternative geworden ist.

Gerade weil die alte Strategie für unser System ja eigentlich gut funktioniert (durch das Raustragen des weinenden Kindes erreichst du dein Ziel, das Haus zügig zu verlassen), ist es existenziell wichtig, dass wir unserem Gehirn einen Anreiz geben, für den es einen Mehraufwand betreiben würde. Daher ist deine Vision davon, wie du Familie leben möchtest, so wichtig, um alte Muster zu durchbrechen. Was es braucht, ist eine klare Vorstellung von deinem Ziel. Dann braucht es eine gute Portion Mut, um loszugehen. Aber was es vor allem braucht, sind Zeit, Wiederholung, Geduld, Nachsicht und den Fokus auf das, was du dir für dich und deine Familie wirklich-wirklich wünschst. Rom wurde nicht an einem Tag erbaut, das Gras wächst nicht schneller, wenn man daran zieht, und gut Ding will Weile haben. Ist leider so. Nervt mich auch häufig. Doch hier ist der Weg das Ziel!

Lass uns in diesem Kapitel gemeinsam darauf schauen, wie wir Schritt für Schritt alte Muster durchbrechen können, um neue zu kultivieren. Wenn wir Schritt für Schritt weitergehen, werden wir vorankommen – das ist gewiss! Und lass uns darauf schauen, wie wir den Weg freudvoll und in Verbundenheit miteinander gehen können. Denn das ist es doch, was am Ende zählt, oder?

Um alte Muster zu durchbrechen, gibt es mittlerweile tausend unterschiedliche Methoden von unterschiedlichsten Experten, aus unterschiedlichen Perspektiven. Doch es gibt eine Sache, die alle eint:

Es braucht den Fuß in der Tür!

Es braucht einen Moment der Klarheit. Einen Moment des Innehaltens und des bewussten Ausrichtens. Wenn wir nicht mehr reagieren, sondern bewusst antworten, sind wir auf unserem neuen Weg.

Von der Reaktion zur Antwort

Lass uns einen Blick auf den Unterschied zwischen Reagieren und Antworten werfen: Eine Reaktion ist eine emotionale oder gedankliche Regung, die unser Verhalten unwillentlich und unabsichtlich prägt. Ähnlich wie bei dem Kleinkind im Sandkasten, das einem anderen Kind die Schippe über den Kopf zieht, wenn es sein Türmchen kaputt macht. Reiz → Reaktion. Schnell. Automatisch. Unbewusst. Ohne (böse) Absicht. Eine Reaktion ist entweder instinktiv (blinzeln, wenn Staub ins Auge kommt) oder basierend auf deiner Geschichte und deiner Prägung (motzen, obwohl du eigentlich verletzt bist). Wenn wir reagieren, blicken wir wie durch einen Filter auf den Moment. Kurz: Wir sind in unserem eigenen Film.

Antworten hingegen bedeutet, deine inneren Regungen (Gedanken, Gefühle, Körperempfindungen) zunächst wahrzunehmen. Du hast ein Gewahrsein dafür, dass diese Regungen nicht *die* Realität widerspiegeln, sondern lediglich *deine gegenwärtige* Realität. Und deine Realität kannst du überprüfen und gegebenenfalls mit einem Fragezeichen versehen. Dadurch gewinnst du Weitsicht. Und kannst klarer auf dein Gegenüber und auf die Situation blicken. Wodurch sich eine Menge neuer Möglichkeiten für dich eröffnet: Du siehst mehr Faktoren, die die Situation prägen, und kannst diese berücksichtigen. Ist dein Kind beispielsweise gerade einfach nur müde? Dann ergibt es Sinn, dafür zu sorgen, es schnellstmöglich ins Bett zu bringen und alle inhaltlichen Diskussionen zu vertagen. Du kannst abwägen, ob und auf welche Art und Weise du dein Gegenüber erreichen kannst. Und was du eigentlich sagen möchtest. Was dir eigentlich entspricht. Das ist *Antworten*.

Aber wie soll das gehen, wenn es brodelt – in dir und um dich herum? Wie kriegst du den gottverdammten Fuß in die Tür?

Wenn du es schaffst, in einer Situation innezuhalten, hast du bereits die halbe Miete. Denn wenn die Reiz-Reaktions-Kette einmal durchbrochen ist, dann öffnet sich ein kleiner Zwischenraum. In diesem Raum zwischen Reiz und Reaktion liegt deine Möglichkeit, aktiv Einfluss zu nehmen.[30] Zwischen Reiz und Reaktion liegt dein Freiheitsgrad. Diesen Zwischenraum gilt es zu betreten und möglichst weit zu dehnen. Sodass du aus einem blinden Reagieren in ein bewusstes Antworten kommst. Dieser Zwischenraum ist die Pforte zu einer komplett neuen Wirklichkeit.

Der Schlüssel zum Zwischenraum

Der Schlüssel zu diesem Raum zwischen Reiz und Reaktion ist dein Endzeitgeist. Vielleicht kennst du den sogenannten Anfängergeist als zentrale Grundhaltung aus der Achtsamkeit? Eine innere Haltung, die dich zu der Erfahrung einlädt, dir vorzustellen, dass du das, was du gerade tust, zum allerersten Mal tust. Die klassische Übung, um den Anfängergeist zu veranschaulichen, hatte ich schon beschrieben: das achtsame Essen einer Rosine (siehe Praxisraum des Kapitels »Vertrauen«). Die meisten sind überrascht von der intensiven Süße, die sie so noch nie zuvor in einer einfachen Rosine geschmeckt haben. Wir staunen über die vielen Farben, die so ein trockenes Knöllchen haben kann, und bewundern den weiten Weg, den sie zurückgelegt hat, bis sie in unseren Händen gelandet ist.

Diese Haltung unterstützt uns dabei, den Fokus zu weiten und umfassender auf das zu blicken, was fernab unserer Filterung ist. Außerdem schenkt uns der Anfängergeist Entschleunigung – eine perfekte Ausgangslage für den Fuß in der Tür.

Aber warum denn jetzt Endzeitgeist, Nina? – Weil ich die Erfahrung gemacht habe, dass es vor allem bei Eltern sehr viel mehr zündet, sich vorzustellen, dass die akute Stresssituation, die sie gerade durchleben, ihre *letzte* Möglichkeit ist, ihr Kind zu sehen. Dass es ihre *letzte* Chance sein könnte, das Wort an ihr Kind zu richten. Für viele Eltern, die ich bisher begleiten durfte, war *das* ein zentraler Wendepunkt.

Was würdest du zu deinem Kind sagen, wenn es gerade mal wieder die Schuhe durch den Flur pfeffert und du wüsstest, dass es deine letzte Gelegenheit ist, ihm zu begegnen? Wie würdest du handeln, wenn du wüsstest, dass das euer letzter Kontakt ist?

Meine innere Haltung macht eine radikale Kehrtwende, wenn ich mir diese Endlichkeit vor Augen führe. Mit dem Endzeitgeist blicke ich sanftmütiger, nachsichtiger und liebevoller auf das, was ist. Etwas in mir richtet sich neu aus. Ich bekomme wieder einen Blick dafür, was wirklich wichtig ist. Was wirklich zählt. Und worum es eigentlich geht. Und ist das nicht genau das, was wir mit dem Durchbrechen unserer Muster erreichen wollen? Der Endzeitgeist hilft uns dabei!

Wenn wir uns die Erfahrung erlauben, die Dinge und die Menschen um uns herum so wahrzunehmen, als wäre es das letzte

Mal, finden wir in eine neue innere Ausrichtung. Und das ist dein Schlüssel zu dem Raum zwischen Reiz und Reaktion. Wenn du diesen Raum betreten hast, kannst du ihn mit deiner Präsenz dehnen und weiten. Je mehr du in einer Verbindung zu dir selbst im Hier und Jetzt bist, desto weiter öffnet sich dir dieser Zwischenraum. Und von hier aus hast du eine Wahl. Von hier aus kannst du dein Muster durchbrechen.

Um deine Präsenz zu dehnen, gibt es viele unterschiedliche Achtsamkeitsübungen. Meine persönlichen Favoriten sind die Verbindung mit dem Atem und mit dem Körper. Das kannst du ganz wundervoll mit den zwei folgenden Techniken trainieren, die unter dem Stern des Anfänger- oder Endzeitgeistes auch für bereits geübte Praktizierende immer wieder spannend sind!

Die Verbindung zum Atem

Die Theorie ist einfach: Übe regelmäßig, dich für einige Augenblicke »nur« auf deine Atmung zu konzentrieren. Spüre, wie die Luft ein- und ausströmt. Wie sie durch deinen Körper tanzt. Achte auf feine Nuancen, wie den kleinen Temperaturunterschied der Luft bei der Ein- und bei der Ausatmung. Dabei ist es ganz natürlich, dass dein Geist abschweift und du mit deinen Gedanken entweder in der Zukunft oder in der Vergangenheit landest. Das ist nicht weiter schlimm. Beobachte deine Gedanken einfach, aber steige nicht darauf ein. Stell dir vor, dein Geist und alle damit verbundenen Gedanken sind wie ein Welpe, der immer wieder tapsig davonrennt. Er meint es nicht böse. Er ist einfach noch nicht gut trainiert. Pfeif ihn daher zurück. Ganz liebevoll und freundlich, aber dennoch bestimmt. Zurück zu dir. Zurück ins Hier. Zurück ins Jetzt. Zurück zur Atmung. Immer wieder neu. Moment für Moment.

Übertrage diese Übung nach und nach in deinen Alltag. Halte immer wieder kurz inne, achte auf deine Atmung und setz dann die Tätigkeit, bei der du gerade warst, bewusst fort.

Die Verbindung zum Körper

Ein sehr effizienter Weg, um dich ins Hier und Jetzt zu holen, geht über deinen Körper. Denn dein Körper ist in jedem Moment wirklich voll da. Und all die Regungen und Empfindungen in und auf ihm sind wahre Helfer, um deine Aufmerksamkeit in den gegenwärtigen Moment zu holen.

Wenn du in herausfordernden Situationen deine Aufmerksamkeit auf deinen Körper lenkst – beispielsweise indem du erforschst, wo in ihm du den Stress, die Traurigkeit oder die Wut spürst –, dann hast du den Fuß in der Tür! Und es öffnet sich der Raum zwischen Reiz und Reaktion. Indem du bewusst Spannungen loslässt, dehnt und öffnet sich der Zwischenraum und eine bewusste Ausrichtung wird möglich.

Das ganze Geheimnis

Die Theorie klingt einleuchtend und einfach und die Übungen kommen so unscheinbar daher, wirken fast schon banal. In der praktischen Anwendung, im vollen, stressigen Familienalltag jedoch sind sie meistens ziemlich herausfordernd. Ganz häufig denken wir in genau den Momenten, wo wir sie dringend brauchen könnten, einfach nicht daran und verfallen dann eben doch wieder in alte Muster. Also, wie kriegen wir unsere guten Absichten denn nun tatsächlich in den Alltag? Willst du das ganze Geheimnis? Auch wenn es wahrscheinlich sehr viel unspektakulärer und einfacher ist, als du dir denkst?

Stell dir vor, du bist am Atlantik, du kommst an den Strand und siehst die ganzen gut aussehenden Surfer. Du standst zwar noch nie auf einem Surfbrett und die Wellen sind gerade alle so durchschnittlich fünf Meter hoch, aber das macht nichts – du schnappst dir ein Brett und gehst ins Wasser …

No, no never, oder? Wenn du Surfanfänger bist, dann solltest du dich nicht direkt in die Fünf-Meter-Fluten werfen! Dann gehörst du an den Strand, wo du erste Trockenübungen machst. Du lernst, wie man paddelt, wie man auf dem Brett aufsteht, vielleicht machst du auch erst mal noch ein bisschen Krafttraining (denn surfen kostet viel Kraft!). Um dich dann allmählich ins seichte Wasser zu wagen, dich an ersten kleinen Wellen zu probieren, und dich angemessen zu feiern, wenn du die ersten Wellen gestanden bist. Oder? Du kämst nicht auf die Idee, dich dafür zu verhöhnen, dass du die Fünf-Meter-Brecher noch nicht reiten kannst. Schließlich bist du ja Anfänger. Oder? Nach und nach würdest du dann natürlich Sicherheit gewinnen, und wenn du jeden Tag übst, dann wirst du nach einer gewissen Zeit immer höhere Wellen reiten können. Irgendwann wird es dir sogar richtig leichtfallen und du wirst Freude daran haben. Und dann wirst auch du einer dieser braungebrannten Dudes sein, die strahlend aus dem Wasser kommen. Aber am Anfang – bist du durchgenudelt, angestrengt und vor allem fix und foxi! Und das ist *normal*! Warum sollte es beim Erlernen einer neuen Strategie mit deinen Kindern anders sein?

Forschung, Theorie und Praxis bestätigen ganz eindeutig: Wenn wir neues Verhalten kultivieren möchten, braucht es, ganz simpel: Übung! Als Surfanfänger beginnst du mit Trockenübungen! Lass es uns hier genauso handhaben: Lass uns nicht gleich sofort wieder einen überhöhten Anspruch an uns selbst stellen! Lass uns nicht gleich wieder unzufrieden werden, wenn wir in Konflikt- oder Stressmomenten nicht sofort unsere alten Muster durchbrechen können – das ist die Fünf-Meter-Welle! Lass uns erst mal mit Trockenübungen beginnen. Und freudvoll Paddeln lernen – sieht vielleicht noch nicht sonderlich sexy aus, aber immerhin kommen wir schon mal voran!

Deine erste Trockenübung ist eine neutrale Situation. Daher möchte ich dich ganz herzlich dazu einladen, dass du dir drei Tage nimmst, in denen du dich darin übst, immer mal wieder in einer neutralen Situation deine Tätigkeit zu unterbrechen und kurz innezuhalten, um dich mit dir zu verbinden, indem du beispielsweise auf deine Atmung und/oder auf deinen Körper achtest. Um dann bewusst und absichtsvoll deine Tätigkeit fortzusetzen. So übst du, dich im Alltag bewusst auszurichten, dich mit dir zu verbinden – das Gewohnte zu unterbrechen. Genau das brauchen wir in den herausfordernden Momenten des Alltags (in den Fünf-Meter-Wellen!).

Nach drei Tagen steigerst du den Schwierigkeitsgrad: Nimm dir für die kommenden drei Tage täglich eine Situation vor, die bereits mit leichter Anspannung für dich einhergeht (beispielsweise die Vorbereitung des Abendessens, wenn du schon müde vom Tag bist). Übe hier genau dasselbe: Atme, verbinde dich mit dir, komm ins Hier und Jetzt, richte dich aus, indem du dir deine Vision von dir und deiner Familie vor Augen führst, und setze dann deine Tätigkeit fort.

Jetzt bist du langsam bereit, um erste Wellen zu reiten: Das nächste Level ist eine Situation, die für dich mit mittlerer Anspannung einhergeht (zum Beispiel das morgendliche Anziehen der Kinder). Wieder für drei Tage: atmen, verbinden, ausrichten, weitermachen.

Wenn dann spontan eine herausfordernde Situation anklopft, wirst du dich sehr wahrscheinlich auf genau diese Kompetenz beziehen und dich bewusst ausrichten können. Um dann so zu handeln, wie du es wirklich-wirklich möchtest, anstatt einfach nur zu reagieren.

Ja – das ist Arbeit! Und auch ich habe mir ab und zu diese magische Pille gewünscht, die man einfach schlucken muss und alles ist so, wie man es sich vorstellt. Ich weiß nicht, ob ich es bedauern soll, dass es so eine Pille nicht gab und gibt. Denn ich habe durch den eben beschriebenen Weg definitiv mehr gelernt als durch ein Psychologiestudium, als durch die Fortbildung zur staatlich anerkannten Psychotherapeutin, damit verbundene Selbsterfahrungen oder sechs Monate Indien. Es ist ein Geschenk! Unsere Kinder schenken uns die Möglichkeit, unserer kleinen, begrenzten Vorstellung von dem, was und wer wir sind, zu entwachsen. Und zu den Menschen zu erwachsen, die wir tatsächlich sind.

Auch wenn es am Ende doch ganz bodenständiges Üben ist, gibt es dennoch eine kleine Zauberformel, die uns dabei unterstützen kann, endlich zu leben, was wir uns wirklich-wirklich wünschen. Und diese Zauberformel lautet:

Lass uns die zwei Variablen ein wenig genauer anschauen.

Absicht

Zu Beginn des Buches habe ich dich eingeladen, dein Ziel festzuhalten: Was wünschst du dir für dich und deine Familie? Das ist eben meistens *nicht*, dass die Kinder endlich tun sollen, was wir sagen. Sondern dahinter steckt eine tiefere Sehnsucht, ein Bedürfnis unsererseits. Vielleicht nach Frieden, nach Verbundenheit, nach Wertschätzung und Respekt.

Wenn du möchtest, dann blättere doch noch mal in deinem Notizbuch und schau nach, was du dir notiert hattest, als du begonnen hast, dieses Buch zu lesen. Stimmt noch, was da steht? Findest du dich darin wieder? Ist es das, was du dir wirklich-wirklich wünschst? Wonach du dich wirklich-wirklich sehnst?

Fühl noch mal rein, was dein wahrhaftiges Bedürfnis, deine tatsächliche Sehnsucht hinter deinem Ziel ist.

Möchtest du daraus eine bewusste Absicht formulieren? Eine Art Mantra, das dich durch deinen Alltag begleiten kann? Oder eine Affirmation, mit der du dich jeden Morgen verbindest?

Was wünschst du dir? Was möchtest du wählen?

Hier ein Beispiel, wie das aussehen kann:

1. Was ist das Ziel?
2. Mehr schöne Momente, mehr Freude, mehr Leichtigkeit
3. Was ist das Bedürfnis, die Sehnsucht?
4. Verbundenheit und Liebe
5. Welche Absicht möchtest du formulieren?
6. Ich wünsche mir Verbundenheit und Liebe.

Vielleicht hast du sogar Lust, daraus eine Collage zu machen oder es in Schönschrift aufzuschreiben und rahmen zu lassen. So kannst du dir deine Absicht gut einsehbar in deinen Räumen platzieren.

Wenn du das nächste Mal vor einem herausfordernden Kontakt mit deinem Kind oder mit deinem Partner stehst (das morgendliche Anziehen vielleicht oder das nochmalige Sprechen über einen Konflikt), dann nimm dir davor einen Atemzug lang Zeit, um dich mit dieser Absicht zu verbinden. Nimm deine Absicht mit in die Herausforderung. Lass sie zu deinem Licht werden, das dich durch die Situation führt. Wann immer du merkst, dass dein Körper anspannt, dass destruktive Gedanken oder starke Gefühle hochkommen – verbinde dich mit deiner Absicht. Mit dem, was du wirklich-wirklich möchtest. Deine bewusste Absicht hat die Kraft, dich durch die dunkelsten Stunden zu leiten.

Nachsicht (mit dir selbst) x 10

Sehr wahrscheinlich wird es Situationen geben, die du vorbildlich meistern wirst. Feier dich dafür! Und es wird auch jene Momente geben, in denen du zurückfällst in destruktives Verhalten und alte Gewohnheiten. Dann sei *bitte* nachsichtig mit dir! Wirf die Flinte nicht gleich ins Korn. Sei gerade in *diesen* Situationen besonders mitfühlend mit dir selbst. Für die Kultivierung einer neuen Verhaltensweise braucht es Zeit! Zeit und Übung. Und es ist unfassbar viel gewonnen, wenn sich die Dauer, die du im Nebel verbringst, nach und nach verkürzt!

Bei meinem Ex-Freund habe ich es noch problemlos hinbekommen, eine Woche am Stück sauer auf ihn zu sein. Mich zurückzuziehen und zu schmollen. Und ja, ich verfalle auch heute noch gegenüber meinem Mann in das alte Muster: Ich mache dicht, wenn ich verletzt bin! Doch die Zeit, die ich eingerollt hinter Igelstacheln verbringe, verkürzt und verkürzt sich. Und das ist ein Erfolg!

Lass uns auf das blicken, was wir schaffen. Ohne unsere Fehltritte unter den Teppich zu kehren. Lass uns nachsichtig mit uns sein – und hier schließt sich im Übrigen der Kreis. Hier sind wir wieder bei der Beziehungsgestaltung zu uns selbst. Wie möchtest du mit dir selbst umgehen, wenn du einen Fehler gemacht hast?

Lass uns nachsichtig mit uns selbst sein. Und lass uns darauf vertrauen, dass wir schaffen können, was wir uns wirklich-wirklich wünschen. Denn diese Willenskraft und die Fähigkeit, Neues zu lernen, steckt immer in uns. So wie damals, als wir als kleine Kinder immer und immer wieder aufgestanden sind – und schlussendlich laufen gelernt haben!

Wenn das alles nicht klappt

Es soll schon mal vorgekommen sein, zumindest munkelt man das (und ich hoffe, du liest das Augenzwinkern heraus), dass sich sehr ambitionierte Eltern sehr umfassend mit all dem bisher Beschriebenen befasst haben. Sie waren motiviert, sie waren reflektiert, sie waren selbstkritisch und verantwortungsbewusst. Sie *wollten* wirklich etwas ändern. Und doch traten sie immer wieder in dasselbe Fettnäpfchen. Sie machten immer wieder denselben »Fehler«, obwohl es jede Menge unnötige Energie kostete und Leid erzeugte. Beispielsweise immer wieder zu schimpfen, obwohl man eigentlich nur müde ist.

Das ist ein wenig wie bei einem Raucher: Der weiß sehr wahrscheinlich, dass das Rauchen ungesund ist, und dennoch hört er nicht auf. Warum? Weil der potenziell verfrühte Tod oder die Schäden an der Lunge in zu weiter Ferne liegen. Sie sind nicht greifbar. Und der kurzfristige positive Effekt der Zigarette ist einfach zu stark. In der Psychologie spricht man hier von der Verstärkerkontingenz. Diese entscheidet ganz maßgeblich darüber, was mit unserem Verhalten passiert. Ob es aufrechterhalten wird oder nicht. Ob wir etwas Neues lernen oder nicht. Mit der Verstärkerkontingenz ist im Wesentlichen die Zeit gemeint, die zwischen dem Verhalten (Rauchen) und der Konsequenz liegt. Die positive Konsequenz erfolgt beim Rauchen unmittelbar: Genuss, Entspannung, Suchtbefriedigung. Die negativen Konsequenzen sind in unabsehbarer Ferne. Neben der Abhängigkeit vom Nikotin ist das der Grund, weswegen das Aufhören häufig so schwerfällt.

Was könnte das für uns bedeuten?

Wenn es nicht gelingt, ein Verhalten wie beispielsweise das Schimpfen abzulegen, könnte das folgende Gründe haben:

- Das Verhalten hat eine unmittelbare und meist verdeckte positive Konsequenz für dich (zum Beispiel ein Gefühl von Macht oder Kontrolle).
- Das Verhalten bewahrt dich vor einer negativen Konsequenz (zum Beispiel vor dem Gefühl der Hilflosigkeit oder Minderwertigkeit).

Ein Beispiel?

Clara hat längst verstanden, dass sie immer dann mit ihren Kindern schimpft, wenn sie eigentlich müde ist. Sie bemüht sich daher um ausreichend Zeit für sich und sie hat auch verstanden, was das Ganze mit ihrer Geschichte zu tun hat. Sie hat eine Absicht – aber in den akuten Stressmomenten platzt es immer noch aus ihr heraus. So auch letztens beim morgendlichen Anziehen. Sie blieb so lange es eben ging bedürfnisorientiert, doch irgendwann kam sie unter Druck – die Zeit drängte und ehrlich gesagt hatte sie auch einfach keinen Nerv mehr. Dann klingelte auch noch das Handy und eine Kollegin informierte sie, dass ein wichtiges Meeting vorverlegt wurde. Jetzt kniff die Große noch die Kleine – und da bebte es wieder über ihre Lippen.

Sie kann beim besten Willen keinen positiven Effekt dieses Verhaltens erkennen und die negative Konsequenz ist in Form von Schuldgefühlen recht unmittelbar da! Wo ist also die Verstärkerkontingenz? Hier lohnt es sich, mit der Lupe auf die Situation zu blicken! Lass uns einen Moment in Zeitlupe anschauen: den Moment, in dem der Anruf kam. Zum einen stieg der Druck immens. Zum anderen hatte sie das Gefühl, am Ende ihrer Strategien zu sein. Sie *musste jetzt* los. Und hatte keine Ahnung, wie sie die Meute dazu bekommen sollte, sich endlich fertig zu machen. Da war ein Gefühl von Ohnmacht.

Der Moment des Brüllens gab ihr das Gefühl, noch einen Hebel zu haben. Das heißt, durch das Brüllen bekam sie wieder ein Gefühl von Kontrolle (unmittelbare positive Konsequenz) und konnte damit das Gefühl der Ohnmacht reduzieren (unmittelbare Reduktion einer negativen Konsequenz). Die Schuldgefühle kamen ja erst danach – sprich die negativen Konsequenzen waren nicht unmittelbar genug. Aus lernpsychologischer Sicht gab es für Clara also keinen Grund, das Brüllen zu unterlassen!

Wie könnte sie das durchbrechen?

Natürlich macht zuallererst die Kultivierung der vier Säulen Sinn: Selbstbeziehung, Vertrauen, Präsenz und Verantwortung. Wenn du in diesem Prozess bist und dennoch brüllst, lohnt sich die Frage nach der *Funktion*.

Was ist die Funktion des Brüllens?

Was bringt es dir?

Wovor bewahrt es dich?

Bei Clara war die Funktion des Brüllens Kontrolle. Es bewahrte sie vor Ohnmacht und gab ihr ein Gefühl von Machbarkeit.

Wenn wir das wissen, können wir prüfen, welche erwachsenen Alternativen wir kultivieren möchten, um dieses (berechtigte und verständliche) Anliegen zu berücksichtigen. Alternativen, die im Einklang mit unserer Vision stehen.

Hier sind ein paar Ideen für Claras Fall:

Clara könnte beispielsweise zunächst einmal alles vorbereiten, was mit dem Losgehen zu tun hat – Tasche packen, Rucksäcke der Kinder packen, Jacken raussuchen, Schuhe hinstellen – damit kommt sie dem Losgehen näher und bekommt somit ein Gefühl von Machbarkeit.

Sie könnte es sich außerdem erlauben, erst einmal das Stresslevel bewusst runterzufahren. Durch einen bewussten Atemzug. Durch ein Glas kaltes Wasser. Wenn sie sich dann noch bewusst und absichtsvoll vornimmt, dieses Glas Wasser in einem Zug ganz auszutrinken, um es dann auch tatsächlich ganz auszutrinken, bekommt sie auch dadurch ein Gefühl von Machbarkeit. Sie erfährt, dass sie ihre Vorhaben realisieren kann. Und das gibt ihr ein Gefühl von Kontrolle.

Das klingt jetzt vielleicht banal, aber tatsächlich macht es für unser Gehirn keinen Unterschied, ob du nun das Vorhaben »ein Glas Wasser trinken« realisierst oder das Vorhaben »Wir gehen jetzt los!«. Daher ist die vorherige bewusste Ausrichtung so wichtig – denn dadurch können wir uns ein Gefühl von Machbarkeit schenken, was unsere Selbstwirksamkeit erhöht und somit die Wahrscheinlichkeit auf einen positiven Ausgang.

Von diesem Punkt aus kommt Clara vielleicht auf die Idee, ihre Kollegin noch mal anzurufen und sie darüber zu informieren, dass sie voraussichtlich zehn Minuten zu spät kommen wird. Du erinnerst dich? Es droht uns keine Zerfleischung, wenn wir zu spät kommen. Voilà! Erneut wirksam aktiv gewesen. Jetzt ist Clara wahrscheinlich schon ein bisschen ruhiger, gelassener, vielleicht auch klarer und erhöht damit die Wahrscheinlichkeit, eine gute Lösung zu finden.

Last, but not least könnte Clara sich vor ihren Kindern ganz authentisch zeigen und ihre Botschaft kristallklar senden: »Hört mal, Mädels, ich hab einen wichtigen Termin! Wir müssen jetzt los! Das Spielzeug XYZ geht jetzt in seine eigene Kita – schaut! Da wartet es, bis wir wiederkommen! Sagt noch Tschüss und dann gehen wir los!« – Wenn wir auf diese Art und Weise führen, steigert das die Wahrscheinlichkeit, dass uns unsere Kinder »folgen«. Und Clara bekommt ein Gefühl von Machbarkeit. Von Kontrolle!

Wenn du ein Verhalten trotz allem bisher Beschriebenen nicht durchbrechen kannst, dann frage dich: Was ist die Funktion? Wenn es keine Funktion mehr hätte, könntest du es ablegen. Solange es eine Funktion hat, wird es bleiben. Daher lohnt es sich, einen Blick darauf zu werfen, was du mit dem alten Muster noch gewinnst. Oder wovor du dich schützt. Um dich dann nach erwachsenen Alternativen umzuschauen, die dir genau das einbringen können.

Das sind unbequeme Fragen. Doch sie lohnen sich. Und es lohnt sich auch, ein wenig zu bohren, dranzubleiben und es eventuell sogar mit dem Partner, der Freundin oder vielleicht sogar mit einem Profi zu besprechen.

Eine Notfall-Checkliste

Manchmal muss es einfach schnell gehen! Daher möchte ich dir zum Abschluss dieses Kapitels noch eine Notfall-Checkliste mit an die Hand geben. Mit drei einfachen Schritten, die dich dabei unterstützen, dich in den besagten Situationen wieder auszurichten: Atmen – Öffnen – Absicht!

1. Atmen!

Leichter gesagt als getan. Klar, du atmest so oder so. Doch der Moment, in dem du es schaffst, mitten in einem Konflikt deinen Fokus auf deine Atmung zu lenken, ist *der* Schritt für einen neuen Weg. Das ist dein Fuß in der Tür.
Dieser erste bewusste Atemzug, mitten im Chaos, ist Magie.
Und dann atme noch einmal. Nur dieses Mal ein bisschen tiefer. Sodass richtig ordentlich Sauerstoff in dein System kommt und die ganze neurobiologische Party in deinem wundervollen Hirn und im ganzen Körper etwas runterfährt.

2. Öffnen

Erweitere deinen Fokus. Vor allem in Konfliktsituationen haben wir die Tendenz, nur *die* Ausschnitte der Realität zu sehen, die uns in unseren Annahmen, Befürchtungen oder Erwartungen bestätigen. Erlaube dir daher, die Situation ganzheitlich zu betrachten. Gibt es vielleicht Faktoren, die du noch gar nicht berücksichtigt hast? Was kannst du alles sehen? Was für Zusammenhänge tun sich auf? Welche Ursachen zeigen sich dir?

3. Absicht

Führe dir deine Absicht vor Augen und richte dich entsprechend aus. Was willst du wirklich-wirklich erreichen? Und welche nächste Aktion könnte dich dem näherbringen?

Eine neue Konfliktkultur

Die Art und Weise, wie *wir* als *Eltern* mit Konflikten umgehen, ist ein ganz wichtiger Faktor: Kinder lernen am Modell. Doch leider fehlt es unserer Elterngeneration in Hinblick auf eine gute Konfliktkultur meist selbst noch an guten Modellen – denn wo wir auch hinblicken, sehen wir eine unbewusste und verhärtete Streitkultur. Debatten von Politikern, Zankereien zwischen den eigenen Eltern, Meinungsverschiedenheiten mit Vorgesetzten oder Behörden – ganz häufig geht es nur darum, wer recht hat, wer gewinnt oder verliert. Es geht um Macht. Es geht um Stolz. Es geht häufig ums Prinzip. Und es geht viel zu selten darum, was die einzelnen Parteien wirklich bewegt. Was sie tatsächlich fühlen. Was sie eigentlich brauchen. Und wie die Schwierigkeiten am effizientesten gelöst oder das Nötige beschafft werden kann. Das gilt es meines Erachtens zu durchbrechen. Hier beginnt wahrhaftiger Frieden – ein Frieden, der nicht mehr davon abhängig ist, ob man einer Meinung ist. Sondern der darauf basiert, dass beide Parteien wissen und fühlen, dass sie verbunden sind. Und hier beginnt eine Pionierarbeit.

Ich möchte in diesem Teil des Buches eine Form der Konfliktklärung vorstellen, die dazu beiträgt, dass ihr euch als Partner, als Eltern, als Familie *noch* ein Stückchen näherkommt. Dass ihr euch *noch* ein bisschen besser versteht. Dass ihr euch noch ein bisschen mehr zeigen könnt. Sodass ihr am Ende das Gefühl habt, dass der aktuelle Konflikt und dessen Klärung ein Geschenk für euer Miteinander war.

Lasst uns dafür Sorge tragen, dass die Erwachsenen von morgen *Lust* haben, Konflikte zu klären. Weil sie erfahren haben, dass dadurch am Ende jeder gewinnt. Lasst uns den Kindern das Gefühl geben, dass wir sie sehen, dass wir sie hören, dass wir sie ernst nehmen. Die Art und Weise, wie wir Konflikte mit unseren Kindern heute leben, wird die Welt von morgen färben. Lasst uns also eine neue Konfliktkultur erschaffen. Denn so gestalten wir nichts weniger als die Zukunft.

Erste Schritte in Richtung Frieden

Es klingt vielleicht paradox: Aber ein erster Schritt in Richtung Frieden ist ein Ja zum Konflikt. Es war ein persönlicher Durchbruch, als ich für mich erkannte, dass es wenig Sinn macht, gegen etwas zu kämpfen, das ich eh nicht verhindern kann. Und dass am Ende jeder gewinnt, wenn ich die genervte Anti-Haltung beilege und in eine Akzeptanz finde.

Akzeptanz ist, wie bereits beschrieben, eine der Grundhaltungen der Achtsamkeit und kann als ein gelassenes Annehmen von dem, was ist, verstanden werden. Das heißt, und das ist an dieser Stelle besonders wichtig, dass es *nicht* darum geht, Regeln oder Werte über Bord zu werfen. Und es soll auch nicht »egal« werden, wenn dein Kind beispielsweise soziale Regeln bricht und andere haut. Doch eine akzeptierende Haltung beinhaltet, dass du anerkennst, dass da gerade eine Schwierigkeit ist, dass es Unklarheiten und unterschiedliche Bedürfnisse gibt, dass du geschockt bist und dein Kind frustriert. Indem du annimmst, was ist, wirst du von der Welle nicht mehr mitgerissen. Sondern du beginnst sie zu surfen.

… ob du …	*… oder ob du …*
… Vorwürfe machst.	… darlegst, was sich zugetragen hat.
… Schuldzuweisungen triffst.	… in der Verantwortung für deine Prozesse bist.
… die Wichtigkeit von Regeln predigst.	… darlegst, dass ein Verhalten gegen eine Regel verstößt.
… die Einhaltung einer Regel einforderst.	… anregst, gemeinsam alternative Strategien zu erarbeiten.

Dieser Unterschied basiert auf dem Ja zu dem, was sich da gerade zuträgt – im Vertrauen zu dir und zu deinem Kind und in der vollen Verantwortung für alles, was in dir wachgeküsst wurde. Genau das macht am Ende den Unterschied für dich, für dein Kind und für eure Familie.

Indem wir Akzeptanz für die Herausforderung kultivieren, können wir mit offenem Herzen in den Konflikt gehen. Wir fürchten ihn nicht mehr, sondern erkennen ihn als Chance an. Wir sagen schlicht Ja zu dem, was gerade ist – auch wenn es uns herausfordert.

Und dann? Wirklich für Frieden sorgen

Als Eltern müssen wir uns mit beiden Beinen auf der Erde befinden. Daher braucht es bodenständige Strategien und klare Strukturen, wenn wir Konflikte konstruktiv lösen möchten. Nach der Akzeptanz ist vor der Strategie. Also lass uns dieses Kapitel entsprechend angehen und pragmatisch darauf blicken, wie wir in Konflikten vorgehen können:

Geh auf dein Kind zu

Als Erwachsener trägst du die Verantwortung. Punkt. Es ist nicht die Aufgabe deines Kindes, auf dich zuzugehen. Es ist nicht die Aufgabe deines Kindes, den ersten Schritt zu machen. *Du* trägst die Verantwortung. Immer.

Ja, dafür musst du dir selbst ab und an einen Ruck geben. Ja, dafür musst du ab und an über deinen Schatten springen. Ja, dafür braucht es die Größe, ab und an aus dem eigenen Drama auszusteigen. Das ist Arbeit. Und das ist nicht immer easy. Und das ist okay. In meinen Augen ist es »part of the deal«. Es ist »part of the deal«, sich als Mutter oder Vater selbst immer wieder zu hinterfragen, um immer wieder neu und mit offenem Herzen auf das eigene Kind zugehen zu können.

Anspruchshaltungen wie »Erst wenn du …, dann …« sind meines Erachtens Ausdruck dafür, dass du wahrscheinlich gerade selbst wieder ein bisschen patziges Kind bist. Im Jargon der Psychotherapie würde man sagen: Du regredierst. Das heißt so viel wie: Du verfällst zurück in alte, kindliche Muster. Du bist nicht mehr die gesunde Erwachsene, sondern gefangen in alten Mustern. Hierfür gilt es die Verantwortung zu übernehmen und in deine Klarheit zu finden, um aus ihr heraus erwachsen auf dein Kind zugehen zu können. Wenn du dafür eine Stunde Pause zwischen dem Streit und der Konfliktklärung brauchst, ist das vollkommen okay. Es ist okay, wenn dich ein Verhalten kränkt. Es ist okay, wenn du getriggert wirst – du bist und bleibst ein Mensch, oder? Nimm dir die Zeit, die du brauchst, um deine Wunden zu lecken, um dann wieder mit klarem und frischem Geist antreten zu können und den Konflikt mit deinem Kind als gesunde Erwachsene zu klären.

Öffne dich

Konflikte entstehen unter anderem dann, wenn sich ein Bild in unserem Kopf zeichnet, wie der andere angeblich ist: Dein Kind hält sich nicht an eine Absprache? – Es ist ja so unkooperativ! Dein Partner fragt nicht genauer nach? – Er hat überhaupt kein Interesse!

Unser Geist ist blitzschnell darin, Urteile zu fällen, auf frühere Erfahrungen zurückzugreifen und möglichst so zu agieren, dass wir uns selbst und unsere alten Wunden beschützen. Damit sind wir voll in unserem Film und fernab von dem, was im Hier und Jetzt ist (siehe Kapitel »Präsenz«). Ein essenzieller erster Schritt ist dann, deiner eigenen Dramaturgie neugierig zu begegnen und ihr nicht zu verfallen (siehe Kapitel »Verantwortung«). Wenn *du* klarer auf den Moment blicken kannst, ist der Folgeschritt, dich neugierig für die Welt des *anderen* zu öffnen.

Was mir dabei wie schon mal beschrieben hilft: Ich stelle mir vor, dass vor mir ein Wesen von einem anderen Stern sitzt. Und dass ich gerade die *einmalige* Gelegenheit habe, von den Geschichten aus einer fernen Galaxie zu erfahren. Wenn wir uns vor Augen führen, dass wir eigentlich ständig alle in unserer eigenen Realität leben, ist diese Vorstellung gar nicht mal so weit hergeholt. Denn wir leben tatsächlich alle in unserer eigenen Realität. Und ein Gespräch ist immer die Möglichkeit, etwas über die »Galaxie« des anderen zu erfahren.

Um Konflikte neu zu leben und entsprechend neu zu lösen, ist es zentral, sich selbst zunächst zu klären, um sich dann für ein paar Augenblicke zurückzustellen und sich *wirklich* und aus vollem Herzen für das Gegenüber zu öffnen. Um für einen Moment voll in seine Welt einzutauchen.

Hierbei können dir zwei W's helfen: Blicke darauf, *wie* dein Gegenüber sein Verhalten ausführt. Und *warum*. Was steckt hinter dem Verhalten?

Beispiel: Dein Kind hält sich nicht an eine Absprache, beispielsweise zieht es sich nicht wie besprochen an?

Wie tut es das?

Verträumt, entspannt, vertieft, müde, im Fluss, friedlich? Oder muffig, wütend, frustriert, angespannt?

Warum tut es das?

Fühlt es sich gerade rundum wohl? Ist es ganz im Hier und Jetzt? Braucht es noch Zeit zum Wachwerden? Oder fühlt es sich getrieben, möchte nicht an den anvisierten Ort gehen? Warum nicht?

Spürst du, wie diese nähere Betrachtung der Welt deines Gegenübers deine innere Haltung verändert?

Lass Raum für Gefühle

Wenn wir Herausforderungen haben, ist es ein natürliches und sehr menschliches Bestreben, möglichst rasch Lösungen zu finden. Wir sehnen uns nach schnellen, einfachen Kniffen, die es uns ermöglichen, von dem unangenehmen Ist-Zustand möglichst fix in einen leichteren Soll-Zustand zu finden. Nicht selten deswegen, weil wir es überhaupt nicht mögen, unangenehme Gefühle auch mal tatsächlich zu fühlen. Wahrzunehmen. Zuzulassen. Vor allem, wenn unser Kind etwas Unangenehmes ertragen muss. Wir sehen den Missstand, wir leiden mit, denn es ist ja schließlich unser Fleisch und Blut, das sich da so verzweifelt quält – da muss doch gehandelt werden! Schließlich kennen wir doch die Lösung … Das ist sehr menschlich und tatsächlich auch gut, denn ohne diese Eigenschaft säßen wir heute vielleicht immer noch in Höhlen. Nicht selten ist jedoch die Tendenz zur Lösung ein wenig zu vorschnell. Denn du siehst *eine* Lösung. Aber nicht unbedingt *die* deines Kindes. Auszuhalten, dass dein Gegenüber seine Lösung gerade noch nicht sieht, und es bei der Lösungsfindung zu begleiten, ist sehr viel anspruchsvoller, als einfach die eigene Sicht aufzutischen. Was es braucht, ist Hilfe zur Selbsthilfe. Was es vor allem bei Kindern braucht, ist der Zuspruch von Zeit, es selbst lernen zu dürfen.

Wesentlich ist hierbei der Unterschied zwischen Mitleiden und Mitfühlen. Leiden wir mit, sind wir dem Gegenüber nicht wirklich eine Hilfe. Denn wir sind in unserem eigenen Film und nach kurzer Zeit so ermüdet von all der Qual, dass wir nicht mehr wirklich zu einer klaren Lösungsfindung beitragen können. Stell dir eine Mutter vor, die selbst total in Panik gerät, wenn sich ihr Kind beim Sturz vom Klettergerüst verletzt. Diese Mutter ist dem Kind in diesem Schockmoment nicht wirklich eine Stütze – weil sie selbst im Schmerz ist.

Mitgefühl hingegen ist das *Eintauchen* in die Welt des anderen, während wir zeitgleich in unserem Zentrum ruhen. Von hier aus siehst du den Schmerz des anderen. Du schaust hin. Du lässt zu, was geschieht. Du lässt zu, was es mit *dir* macht. Und hältst dich selbst damit. Sodass du innerlich ruhig, geerdet und kraftvoll bei *dir* bist. Von hier aus können wir unser Kind *wirklich* begleiten.

Hierfür dürfen wir Ja zu unseren Gefühlen und zu den Gefühlen unseres Kindes sagen. Und das Spannende ist: Durch das Ja zum

Gefühl, selbst wenn es negativ ist, erhöhen wir die Wahrscheinlichkeit für eine tatsächlich konstruktive Lösung.

Kannst du deinem Kind für einige Momente deine Präsenz schenken und mit dem sein, was ist? Momente, in denen du nichts verändern möchtest? Nichts anstrebst? Nichts erwartest? Sondern alles *so* annimmst, wie es ist: dich, dein Kind ebenso wie die Situation? Um dein Kind mitfühlend zu begleiten, ist es gut, zunächst mit dir selbst zu üben. Übe dich, mit dir und mit deinen Emotionen zu sein, sie zuzulassen (schau dafür doch noch mal in die Übungen aus dem Kapitel »Selbstbeziehung« und »Verantwortung«).

Erlaube dir, vorschnelle Handlungsimpulse zu beobachten. Und gegebenenfalls etwas aufzuschieben. Um einfach noch für einen Moment mit deinem Kind und mit all den Gefühlen zu sein. Wenn die Gefühlsstürme abgeflaut sind, sind da auch wieder Kapazitäten, um über Inhalte zu sprechen. Und genau das steht als Nächstes an.

Deine Botschaft an das Kind bringen

Einige Dinge liegen uns als Eltern einfach am Herzen. Dass unsere Kinder Rücksicht nehmen zum Beispiel, dass sie wertschätzend und freundlich sind … Was ist es bei dir?

Wenn uns diese eine Sache wirklich so wichtig ist, wäre es doch eigentlich eine gute Idee, sich darüber Gedanken zu machen, auf welche Art und Weise wir die Botschaft servieren müssen, damit sie unser Kind schluckt – plakativ gesagt. Oder?

Fakt ist: Moralpredigen taugen nichts! Kinder schalten innerlich ab, der Psychologen-Fachjargon würde sagen: Sie dissoziieren. Sie ziehen sich nach innen zurück, bauen eine Schutzmauer um sich herum auf und kriegen in den allermeisten Fällen nichts davon mit, was gesagt wird. Sie zählen innerlich die Sekunden, bis die Schmach endlich vorbei ist, und werden im Anschluss sicherlich *nicht* darüber nachdenken, wie sie es beim nächsten Mal anders machen könnten.

Ein Gehirn ist aufnahmebereit, wenn alle Grundbedürfnisse gestillt sind. Und dazu gehören auch Nähe und Verbundenheit. Ist das System hingegen unter Stress – und Wut, Ärger, Aggression, Schimpfen und so weiter setzen ein Kind definitiv unter Stress –, schaltet sich das Großhirn aus. Eine Verarbeitung von Inhalten wird quasi unmöglich. Vor allem Kinder lernen also am besten, wenn sie sich *sicher* fühlen. Die folgenden Aspekte schaffen eine solide Grundlage für eine sichere Umgebung, in der dein Kind wirklich aufnahmebereit für deine Botschaft ist.

Timing

Damit dein Kind deine Botschaft aufnehmen kann, ist das richtige Timing essenziell. Dieses ist zum einen dadurch geprägt, dass die Grundbedürfnisse *aller* erfüllt sind. Ihr solltet ausgeruht und satt sein. Wichtig ist auch, dass die Umgebung ruhig, sicher und möglichst vertraut ist. Außerdem sollte es wenig Ablenkung geben.

Wenn dein Kind beispielsweise voll in etwas anderes vertieft oder gar mit anderen Kindern im Spiel ist, solltest du es nicht wegen einer Konfliktklärung unterbrechen. Das könnte sogar kontraproduktiv sein: Was glaubst du, was dein Kind abspeichern wird, wenn du es abführst und diktierst, was zu tun ist (»Du kommst jetzt mit und entschuldigst dich bei Paula!«)? Sehr wahrscheinlich wird es in dem Moment eher Scham oder Groll empfinden. Und es wird nicht mitkriegen, worum es eigentlich gehen sollte, nämlich um Mitgefühl, Respekt und Rücksichtnahme.

Manchmal tun wir gewisse Dinge auch, weil wir uns damit *selbst* wieder ins rechte Licht rücken wollen – wenn wir die bewertenden Blicke der anderen Eltern im Nacken spüren, wollen wir zeigen, dass wir unser Kind »im Griff« haben und durchaus wichtige Werte und Regeln vermitteln können. Damit geht es dann eigentlich mehr um uns selbst. Und nicht um das Kind. Was meines Erachtens der falsche Fokus ist.

Wenn wir den Fokus wirklich darauf richten, dass unser *Kind* etwas lernt, dann sollten wir das Setting berücksichtigen, um sicher zu sein, dass die Botschaft auch ankommt. Denn darum geht es doch, oder? Dein Kind soll etwas lernen, richtig? Also warte einen ruhigen Moment ab, in dem ihr euch beide öffnen könnt. Es ist nicht notwendig, dass der Konflikt sofort und unmittelbar geklärt wird. Es ist vollkommen legitim, damit zu warten. Es darf auch mal am darauffolgenden Tag passieren. Wenn du die Situation aufgreifst, wird sich dein Kind daran erinnern.

Wichtig ist auch, dein Kind mit der Konfliktklärung nicht zu nerven. Wenn es dir ausweicht, dann akzeptiere das. Bitte es um einen Vorschlag, wann das Thema aufgegriffen werden kann. Und wenn du möchtest, frage dich, warum dir dein Kind ausweicht und was *du* dazu beitragen kannst, dass sich das ändert.

Schaffe eine wohlwollende Atmosphäre
Eine wohlwollende Atmosphäre ist ganz wesentlich, damit der Konflikt mit deinem Kind konstruktiv gelöst werden kann. Denn wenn es innerlich angespannt oder gar ängstlich vor einem wütenden Erwachsenen steht, wird inhaltlich nichts ankommen. Zunächst ist also *deine* innere Ausrichtung essenziell. Kläre daher zuerst für dich, was du tun kannst, um wohlwollend in den Kontakt zu gehen. Nimm dir beispielsweise erst mal noch ein paar Augenblicke für dich, sorge dafür, dass dein Akku wieder etwas aufgeladen ist oder führe dir ganz bewusst nochmal die guten Eigenschaften deines Kindes vor Augen. Was brauchst du, um mit offenen

Herzen und mit all deiner liebevollen Präsenz in die Konfliktklärung zu gehen?

Und dann gibt es natürlich noch ein paar äußere Hilfsmittel, die für eine wohlwollende, sichere Atmosphäre sorgen. Die wichtigsten stelle ich dir hier vor.

- **Achte auf deine Körpersprache:** Sprich nicht von oben herab, sondern geh auf Augenhöhe. Achte darauf, dass ihr euch in die Augen schauen könnt, wenn dein Kind das möchte. Wende dich deinem Kind zu und signalisiere deine Offenheit auch auf Körperebene, indem du beispielsweise deinen Brustkorb bewusst öffnest (Schultern nach hinten, gerader Rücken – tut auch auf anderen Ebenen gut!) und/ oder indem du deine Hände so hältst, dass die Handflächen nach oben zeigen. Vielleicht möchtest du deinem Kind auch deine Arme entgegenstrecken. Besonders wichtig ist, dass du entspannt bist und locker sitzt oder stehst und nicht in unbequemen Haltungen verharrst.

- **Spiegeln:** Das Spiegeln ist eine Grundtechnik aus unterschiedlichen Psychotherapieschulen und wird auch in vielen Kommunikationstrainings eingesetzt. Hierbei geht es darum, dem Gegenüber wie durch einen Spiegel aufzuzeigen, was es eben gesagt oder getan hat. Dabei kannst du entweder genau dieselben Worte wie dein Kind verwenden oder deine eigenen. Probiere einfach aus, was für dich stimmiger ist. Außerdem kannst du das Verhalten beschreiben, das du beobachten kannst. Wesentlich ist dabei, die emotionale Ebene herauszuarbeiten und wertschätzend anzuerkennen. Für das Beispiel, in dem sich das Kind nicht wie abgesprochen zum Losgehen anzieht, könnte das folgendermaßen aussehen:

- »Du bist noch ganz im Spiel. Es ist ganz wohlig, hier im warmen Zimmer in Ruhe zu spielen.«
- Oder: »Da sitzt du. Mit verschränkten Armen in der Ecke. Du hast überhaupt keine Lust rauszugehen, oder?«
- Natürlich muss es danach weitergehen – im wahrsten Sinne des Wortes; du möchtest ja irgendwann das Haus verlassen. Aber das Spiegeln vermittelt deinem Kind, dass du es siehst. Und das öffnet. Das schafft Verbindung und Nähe – die perfekte Grundlage, um eine Botschaft an das Kind zu bringen.
- **Deine persönliche Note:** Eine schöne Art und Weise, dazu beizutragen, dass sich dein Kind dir öffnet, ist in einem *beschränkten* (!) Rahmen von dir zu erzählen. Nutze das, um dein Verständnis zum Ausdruck zu bringen und zeitgleich das Befinden deines Kindes zu spiegeln. Für unser Beispiel könnte das folgendermaßen aussehen: »Ich habe das als Kind auch so sehr geliebt, mich an der warmen Heizung anzulehnen und meiner Puppe die Haare zu kämmen.« Oder: »Ich hatte als Kind auch Angst vor dem Kinderarzt.«
- **Bedürfnisse erarbeiten:** Damit du dein Kind gut erreichen kannst, ist es wichtig, es dort abzuholen, wo es gerade steht. Signalisiere auch dabei, dass du es siehst. Das machst du, indem du die Bedürfnisse deines Kindes benennst. Dabei musst du nicht sofort richtig liegen. Du darfst ruhig einige Varianten durchprobieren. Du wirst an der Reaktion deines Kindes merken, ob es eine Punktlandung war oder eben nicht. Mit der Zeit bekommst du wahrscheinlich ein gutes Gefühl für die Themen deines Kindes und wirst schnell erkennen, worum es ihm gerade geht. Wenn sich dein Kind also nicht anziehen möchte – dann spiegle ihm, was du wahrnimmst. Worum geht es wirklich-wirklich? Was sagt dir dein Kind durch sein Verhalten? Melde *das* zurück.

In unserem Beispiel könnte der ganze Ablauf so aussehen: Du setzt dich zu deinem Kind und schaust einen Augenblick seinem Spiel zu (Körpersprache). »Du bist noch ganz im Spiel. Es ist ganz wohlig, hier im warmen Zimmer in Ruhe zu spielen« (Spiegeln). PAUSE. »Ich habe das als Kind auch so sehr geliebt, mich an der warmen Heizung anzulehnen und meiner Puppe die Haare zu kämmen« (persönliche Note für eine wohlwollende Atmosphäre). »Es ist gerade wichtig für dich, dass du die Dinge in deinem Tempo machen kannst, oder?« (Bedürfnis ausarbeiten). Nein? Dann forsche weiter: »Wahrscheinlich bist du auch noch ein bisschen müde und hast noch gar keine Lust loszugehen, oder?« Wenn du das Gefühl hast, du hast den Punkt getroffen, um den es deinem Kind geht, kannst du deine Botschaft vermitteln. Achte dabei unbedingt auf Prägnanz.

- **Prägnanz:** Halte keine Monologe, sondern bring die Essenz deiner Botschaft in zwei bis maximal drei Sätzen an das Kind. Weniger ist an dieser Stelle definitiv mehr! Unter diesen Rahmenbedingungen – kurzer, prägnanter Inhalt in wohlwollender, sicherer und intimer Atmosphäre – schaffst du die idealen Bedingungen dafür, dass dein Kind aufnehmen kann, was du sagst. Beispielsweise so: »Ich möchte, dass wir uns jetzt anziehen und losgehen.« »Hauen tut weh – ich möchte, dass wir freundlich miteinander sind.« »Ich möchte, dass wir unser Essen respektieren.« »Es tut mir weh, wenn du mich beleidigst. Ich wünsche mir Freundlichkeit.«

Inspiriert zu dieser Form der Kommunikation mit Kindern haben mich viele grandiose Autoren. Am fundamentalsten aber sicherlich Marshall B. Rosenberg mit seiner Gewaltfreien Kommunikation.[31]

Gemeinsam Alternativen erarbeiten

Aus der Lernpsychologie ist bekannt, dass eigenständig erarbeitete Lösungen besser erinnert werden und nachhaltiger umgesetzt werden, als wenn sie von außen kommen. »Max, wie sagt man?!?«, ist eine Wissensabfrage, verbunden mit einer (mal mehr, mal weniger subtilen) Erwartungshaltung darüber, was das Kind nun zu sagen hat. Die Antwort ist gesetzt und es gibt keinen Raum für eigene Wege. Damit wären wir lernpsychologisch auf dem Stand der Preußen.

Wir können stattdessen noch während der Konfliktklärung dazu beitragen, dass sich der Selbstwert und die Kreativität unseres Kindes stärken und dass sich das Ganze auch noch zuträglich auf unsere Beziehung auswirkt. Wie das geht? Indem wir unsere Kinder anregen, selbst nachzudenken! Wer mitdenkt und sich in andere hineinversetzt, kann zum Beispiel danach aus einem *echten* Mitgefühl heraus eine Entschuldigung formulieren. Und tut es nicht einfach nur, weil eine Autoritätsperson es verlangt.

Gemeinsam Alternativen zu einem Fehlverhalten zu erarbeiten, dauert definitiv länger als ein simples Verbot. Und ja, es kostet auch mehr Kraft und Nerven, als dem Kind einfach eine Variante überzustülpen. Und ja, wenn ich ganz ehrlich bin, komme ich auch immer mal wieder an den Punkt, an dem ich wehmütig auf diese autoritären Eltern blicke, die es auf den ersten Blick so viel einfacher haben – mit ihren wohlerzogenen Kindern, die einfach machen, was man ihnen sagt. Während meine Kinder über nahezu alles erst einmal zu debattieren scheinen. Was mir dann hilft, ist die Frage, was ich wirklich-wirklich für meine Kinder möchte. Ich stelle sie mir dann mit achtzehn Jahren im Kreis ihrer Freunde vor, wenn die neuste Szenedroge rumgereicht wird. Und ich führe mir vor Augen, welche Verhaltenskompetenz ich mir dann für sie wünsche – machen sie, was andere ihnen sagen? »Komm, zieh mal!« Oder hinterfragen sie kritisch? Suchen und finden sie ihren eigenen Standpunkt? Und können sie diesen selbstsicher vertreten? Dieses Bild hilft mir, wenn ich mal wieder vor einer diskutierenden Sechsjährigen stehe, die vehement dafür eintritt, dass sie noch auf dem Spielplatz bleiben will.

Aber was, wenn mich manche Dinge wirklich stören? Was, wenn ich mich nicht mehr anzicken lassen möchte? Wie kann ich dann vorgehen? Alternativen kannst du mit den folgenden zwei Aspekten gemeinsam mit deinem Kind erarbeiten: Stell offene Fragen und rege einen Perspektivwechsel an.

Offene Fragen

Durch offene Fragen schenkst du deinem Kind die Gelegenheit, sich in die Erarbeitung von Alternativen miteinbringen zu können. Die wichtigsten offenen Fragen sind die klassischen W-Fragen: Was? Wofür? Warum? Wie?

Es lohnt sich zum Beispiel wirklich, ein Kind danach zu fragen, *was* es da gerade tut – bevor man in die eigenen Urteile verfällt und die vorgefertigte Moralpredigt zückt. Ein Beispiel: Ich erwischte Mala dabei, wie sie entgegen unserer Absprache tassenweise Wasser in ihr Zimmer transportierte. Ich begann innerlich zu brodeln – schließlich hatte ich ihr *so oft* gesagt, dass nur draußen oder in der Wanne mit Wasser gespielt werden darf. Als ich sie fragte, *was* sie denn da täte, antwortete sie, dass sie ihr Zimmer sauber mache. Damit wir mehr Zeit zum Spielen haben und ich nach dem Arbeiten nicht auch noch putzen muss …

Oder frag nach dem *Warum*: Als Mala zehn Monate alt war, sind wir mit ihr gemeinsam in unserem alten, verrosteten VW-Bus durch Südeuropa gereist. Wir aßen meistens draußen und Mala hatte die komische (und nervige!) Angewohnheit entwickelt, beim Essen ihr Trinken neben sich auszuschütten. Ich habe sie *so oft* darauf hingewiesen, dass das Wasser doch zum Trinken da sei und sie das bitte lassen soll. Bis ich sie schließlich endlich fragte, *warum* sie das mache: Die Blumen hätten auch Durst und sie wolle mit ihnen teilen, war damals ihre Antwort. So wurde aus dem Kind, das nicht berücksichtigt, was ich sage, ein fürsorgliches Mädchen. Denn was tat sie tatsächlich? Sie sorgte sich um die Blumen!

Vielleicht bemerkst du, dass sich durch das Fragen nach dem Was oder Wofür und dem Warum häufig schon eine potenzielle Alternative herauskristallisiert. Mal ganz davon abgesehen, dass sich mein Herz ganz automatisch öffnet, wenn ich solchen zauberhaften Erläuterungen lausche, ergeben sich durch die gewonnenen Informationen auch Ansätze für eine mögliche Lösung. So konnte ich meiner Tochter beispielsweise vor dem Essen eine Gießkanne geben, mit der sie den Blumen zu trinken geben konnte. Und das Trinkwasser blieb im Becher. Dieses Wie kannst du gut mit deinem Kind gemeinsam erarbeiten, indem du auch hier offene Fragen stellst: Wie könntest du das noch lösen? Wie könntest du das noch ausdrücken? Wie könntest du das schaffen? Und: Wie kann ich dir dabei helfen?

Blicke offen und neugierig auf dein Kind. Und zieh die Möglichkeit in Betracht, dass es seine beste Lösung bereits kennt.

Rege einen Perspektivwechsel an

Rege dein Kind immer wieder durch Fragen dazu an, die Perspektive anderer einzunehmen. Oder sich vorzustellen, selbst in der betreffenden Situation zu sein. Bei Kindern unter drei Jahren kannst du deine eigene Gefühlslage darlegen (»Es tut mir weh, wenn du so mit mir redest«) oder die Gefühlslage anderer aufzeigen (»Schau mal, XY weint«). Bei Kindern ab drei Jahren kannst du damit beginnen, die andere Perspektive zu erfragen, beispielsweise so: »Was glaubst du, wie ist das für XY, wenn du ihr das Spielzeug wegnimmst?«

Oder: »Wie wäre es für *dich*, wenn XY dir *dein* Spielzeug wegnimmt?«

Die Antwort deines Kindes ist eine wundervolle Grundlage, um potenzielle Alternativen zu besprechen. Finde hier eine gute Balance zwischen ausreichend Raum für dein Kind und deinen eigenen Impulsen. Als Faustregel kann gelten, dass dein Kind immer mehr Redeanteil haben sollte als du. Achte auf deine Prägnanz, wenn du sprichst.

Aus eigener Erfahrung weiß ich: Die Praxis ist häufig eine andere Welt. Daher möchte ich gern ein persönliches Beispiel mit dir teilen und dir zeigen, wie ich mich durch einen solchen Prozess geschlungen habe. Die Situation war, dass Mala ihren kleinen Bruder Mogli schubste, als er auf ihr Playmobil-Spielszenario zuging. Er stürzte dabei und weinte.

Ich widme mich zunächst kurz Mogli (»Das tut weh. Du willst mitspielen und darfst nicht. Das ist blöd« → Spiegeln) und gehe dann auf Mala zu: »Du willst ungestört spielen und willst nicht, dass er dein Spiel kaputt macht?« (→ Spiegeln).

Mala: »Ja! Er nervt und macht immer alles kaputt!«

Ich: »Du weißt dir nicht anders zu helfen, als ihn zu schubsen, um dein Spiel zu retten?« (→Spiegeln)

Mala: »Er macht eben immer alles kaputt!«

Ich: »Das nervt.« (→ Spiegeln)

Mala: »Ja!!« (Sie wird wütend.)

Ich: »… und macht dich wütend!« (→ Spiegeln)

Mala: »JA! Er ist doof!«

Ich bleibe im Kontakt, bin aber eine Weile still, während sie weiter auf ihren Bruder und auf Gott und die Welt schimpft. Ich schütze ihn vor ihren Versuchen, ihn zu treten, indem ich die Hand ausstrecke und klar und deutlich »Stopp!« sage. Ich biete ihr Stampfen als Alternative an, um ihre Wut rauszulassen, was sie aber ausschlägt. Ich schlage ihr das schon einmal besprochene Kreischen als weiteren Weg vor. Sie beginnt, ihre Spielsachen rumzuwerfen und ihren Bruder immer intensiver zu verfluchen. »Mogli ist ein scheiß-kack Bruder! Ich will, dass er weggeht!«

Ich: »Du würdest gerne einfach in Ruhe spielen? Und er stört dich dabei?«

Mala: »Ja! Er soll weggehen!«

Sie stampft und schreit und bleibt nach einer Weile mit mürrischem Blick und verschränkten Armen sitzen.

Ich: »Ich kann dich gut verstehen, Mala. Weißt du, ich bin auch eine große Schwester. Ich kann mich gut daran erinnern, dass ich meinen Bruder auch manchmal echt doof fand.« (➔ Mich einbringen, Verständnis zeigen)

Mala: »Ich finde ihn scheiße!«

Ich: »Du willst in Ruhe spielen. Das kann ich verstehen. Hilft es dir, wenn ich mit ihm rausgehe?«

Mala: »Nein, *du* sollst hierbleiben. Nur Mogli soll weg!«

Ich: »Du möchtest in Ruhe spielen, mit mir alleine?«

Mala: »Ja!«

Ich: »Okay. Ja, das fände ich auch mal wieder schön. Wollen wir, sobald Papa nach Hause kommt, eine Runde zu zweit spielen? Nur du und ich?«

Mala: »Jaaa!« *(lächelt)*

Ich: »Gut. Dann machen wir das. Jetzt gehe ich mit Mogli mal eine Runde ins Wohnzimmer. Ist das in Ordnung? Dann kannst du hier ungestört spielen.«

Mala: »Okay …«

Ich: »Ich würde dir gerne noch etwas sagen – kannst du mir gerade noch zuhören?«

Mala: »Ja?«

Ich: »Ich wünsche mir, dass sich in der Familie *alle* wohlfühlen. Wenn geschubst und geschimpft wird, fühlst du dich auch nicht wohl, oder?«

Mala: »Nein …«

Ich: »Mogli hat sich gerade auch nicht wohlgefühlt …«

Mala: »Das ist mir egal.«

Ich: »Okay. Aber mir nicht. Schlagen und Beschimpfen lasse ich nicht zu. Auch dir gegenüber nicht. Was wünschst du dir von mir – wenn du etwas machst, das mir nicht gefällt? Wie soll ich reagieren?« (➜ Perspektivwechsel anregen)

Mala: »Du sollst mir erklären, warum ich das nicht darf …«

Ich: »Okay. Und könnte das auch für Mogli funktionieren?« (➜ Alternative erarbeiten)

Mala »... ja.«

Ich: »Willst du es beim nächsten Mal probieren?«

Mala: »Aber er hört ja dann nicht auf, wenn ich Stopp sage!«

Ich: »Verstehe. Du hast es schon mal probiert, aber es hat nicht funktioniert?«

Mala: »Ja.«

Ich: »Was könntest du in solchen Momenten tun?« (➜ Offene Fragen stellen)

Mala: »Weiß ich nicht.«

Ich: »Was würde dir helfen?«.

Mala: »Wenn er aufhört.«

Ich: »Okay, ja. Was würde dich dabei unterstützen?« (➜ Dranbleiben …)

Mala: »Du. Oder Papa.«

Ich:»Okay. Hauen und Beschimpfen tut weh. Wir wollen hier freundlich zueinander sein. Wenn er dein Spiel stört, sagst du: ›Nein, stopp!‹, und wenn er nicht aufhört, rufst du mich oder Papa dazu. Wir helfen dir. Einverstanden?« (➜ Zusammenfassen)
Mala:»Ja.«
Ich:»Alles klar.« An den kleinen Bruder gewendet:»Dann schauen wir mal nach der Wäsche.« Wieder zu Mala:»Dann kannst du hier jetzt in Ruhe spielen. Und nachher spielen wir zu zweit, ganz ungestört.« (➜ Zügig abschließen, Fokus auf etwas Positives wenden)

Ja, das kostet mehr Zeit und mehr Energie, als ein Kind für ein Fehlverhalten einfach zu bestrafen. Sehr viel mehr. Doch neulich habe ich ein Konfliktgespräch zwischen meiner Tochter und einer Freundin mitgehört. Und sie sagte dabei:»Wie wäre es denn für *dich*, wenn ich dir einfach deine Barbie wegnehmen würde? – Ja, siehst du, für mich ist es auch doof. Ich will, dass du mich das nächste Mal fragst!« *Was für ein Glücksmoment!* Die Mühen lohnen sich! Auch wenn du vielleicht nicht die Erste sein wirst, die das mitbekommt – du machst deinem Kind damit in jedem Fall ein sehr kostbares Geschenk!

Und jetzt: Etwas Schönes!

Wenn ihr alles geklärt habt – macht möglichst unmittelbar danach etwas Schönes! Geht ein Eis essen. Oder kuschelt und lest eure Lieblingsgeschichte – egal was, Hauptsache, es nährt alle Beteiligten. Hier können wir nun doch auch mal den guten alten Skinner zu Rate ziehen (der im Kapitel »Vertrauen« ja etwas schlecht wegkam): Aus lernpsychologischer Sicht ist es höchst hilfreich, die Erfahrung der gelungenen, konstruktiven Konfliktklärung mit etwas Positivem zu verbinden. Konditionierung funktioniert. Warum sollten wir sie uns also nicht zunutze machen?

Führung

Auch wenn – oder gerade weil – der Fokus in der Konfliktklärung stark bei deinem Kind liegt, bleibt die Führung in deinen Händen. Du bist diejenige, die den Überblick hat und die einfach mehr Aspekte berücksichtigen kann als das Kind – beispielsweise, dass für den Engel, der *unbedingt* noch auf dem Spielplatz bleiben möchte, auch gilt,

- dass er in spätestens dreißig Minuten Hunger haben wird.
- dass ihr keine Snacks mehr dabei habt.
- dass er bald müde werden wird.
- dass ihr noch den Heimweg vor euch habt.

Das sind die Momente, in denen es deine Führung braucht.

Mit Führung meine ich die volle Übernahme von Verantwortung, die die Situation ganzheitlich berücksichtigt und mit deiner klaren Absicht verbunden ist. Es gilt, das Verhalten des Kindes bewusst zu lenken, eine Situation aufzulösen oder ein Gespräch zu vertagen.

Führung unterscheidet sich von autoritären Anweisungen dahingehend, dass wir auf Augenhöhe gehen, dass wir in Beziehung sind, dass wir die Bedürfnisse des Kindes anerkennen und Verständnis signalisieren (»Ich versteh dich – es macht gerade so viel Spaß zu spielen!«).

Natürlich darfst du dann auch noch ein paar Klassiker bringen, wie die gut bekannten Ankündigungen:»Noch fünf Minuten, dann gehen wir heim.« Oder: »Was willst du denn noch machen, bevor wir gehen? Gut, noch einmal rutschen und einmal schaukeln.« Um dann mit jeder Pore deines Seins kristallklar und zeitgleich liebevoll zu senden, dass ihr jetzt aufbrecht (nonverbal, durch deine Körpersprache, auch durch Betonung und Mimik).

Wenn wir führen, sind wir bereit, den daraus sehr wahrscheinlich resultierenden Frust zu halten, ohne ihn zu entwerten (»Das macht dich wütend – und es ist okay, wütend zu sein. Ich kann dich wirklich gut verstehen«). Zeitgleich sind wir aber verbunden mit dem Wissen, dass wir ausreichende Gründe haben, um die Situation entsprechend zu lenken.

Kleiner Tipp am Rande: Wenn du restriktiv vorgehen *musstest* und dein Kind beispielsweise (nach vorheriger Ankündigung!) gegen seinen Willen hochgenommen hast, gleiche das möglichst zeitnah aus. Hierfür ist es wichtig zu verstehen, welches Bedürfnis du unterbunden hast (Autonomie? Oder Genuss, Freude, Spaß?), um es dann auf anderen Wegen zu stillen. Beispielsweise so:

Bedürfnis	Alternative
Autonomie	»Möchtest du laufen oder in den Kinderwagen?«
Gerechtigkeit	»Was möchtest du denn zu Hause machen? Du darfst entscheiden!«
Aufmerksamkeit/ Zuwendung	Das Kind nach Hause tragen, aufrichtig interessierte Fragen stellen.

Lust und Freude (die unterbrochen wurden)	Mach den Heimweg zu einem Fest! Hüpft, anstatt zu laufen, singt Lieder, spielt Ich-sehe-was-was-du-nicht-siehst, grüßt jeden, der euch entgegenkommt in einer Fantasiesprache …

Um deine Klarheit zu signalisieren, kannst du Folgendes tun:

- Führe dir selbst deine guten Argumente vor Augen. Sorge dafür, dass du dir selbst abkaufen würdest, wofür du gleich einstehen möchtest.
- Rede in deutlicher, klarer und fester Stimme. Steh aufrecht, aber in zugewandter Haltung.
- Achte auf Synchronizität: Lass deinen Körper zum Ausdruck bringen, was du in Worten vermittelst. Streck beispielsweise deine Hand aus und wende deinen Körper zeitgleich leicht zum Gehen. Wenn du auf dem Sofa sitzt und sagst: »Wir gehen jetzt Zähneputzen«, ist deine Körpersprache nicht synchron zu dem Inhalt, den du aussprichst.
- Bleib in Verbindung mit deiner Absicht.
- Bleib in Verbindung mit dir.
- Wenn dein Kind protestiert, dann sei mitfühlend und erkenne sein Leid an. *Und* geh in eine gesunde Distanz dazu. Du musst nicht mitleiden! Du musst dich auch nicht schlecht fühlen – du hast gute Gründe, oder?
- Erkenne an, dass du nur begleiten kannst und nicht alles lösen musst.

- Wenn du führst, sendest du dein Anliegen auf jeder Ebene. Verbal, physisch und emotional. Du bist quasi verkörperte Absicht.

Auch hier gilt: Training macht unsere »Führungsqualitäten« besser. Jede weitere Situation, in der wir üben, bringt uns näher ans Ziel. Wenn wir führen – dann folgen uns unsere Kinder. *Nicht* im Sinne von blindem Gehorsam oder aufgrund eines autoritären Machtgefälles. Sondern weil sie spüren, was wir senden: Klarheit und Orientierung.

Wenn es aufreibend zuging, ist es wichtig, dass du im Anschluss wieder für Verbindung sorgst. Versorge dein Kind nachträglich mit dem, was du ihm eben entzogen hast, Selbstbestimmung vielleicht, Aufmerksamkeit, Spiel … Sei da!

Wenn ihr dann wieder glücklich vereint auf dem Sofa sitzt, ist das ein guter Zeitpunkt, um darüber zu sprechen, wie grundlegende wichtige Dinge in eurer Familie geregelt und gelebt werden könnten. Es sind diese Vereinbarungen, die in eurem Familienleben wie Polarsterne wirken können. Wie du solche Polarsterne gemeinsam mit deinen Kindern am besten erarbeitest, kannst du im nachfolgenden Kapitel lesen.

Findet euren Polarstern

Was ist deine spontane Assoziation, wenn du an Regeln denkst? Es ist relativ wahrscheinlich keine positive und das ist nicht zufällig so. Regeln wurden unserer Generation bevormundend als absolute und nicht diskutable Wahrheit präsentiert. Hinterfragen war nicht erwünscht, sondern kommentarloses Befolgen erwartet.

Das macht niemandem Freude! Es schafft auch keine Verbindung. Und vor allem wartet das Kind sehr wahrscheinlich nur auf die erstbeste Gelegenheit, bei der es diese doofen Regeln hinter dem Rücken der Autorität eben doch brechen kann. Denn der tiefere Sinn dahinter wurde nicht erfasst. Es ist mit dieser Strategie also nichts gewonnen.

Aber eine Familie braucht doch gewisse Regeln! Ganz ohne geht es nicht! Und das entspricht ja auch nicht dem wahren Leben, wir können eben nicht immer tun und lassen, was und wie wir es möchten! Oder?

Ich möchte in diesem Kapitel darlegen, wie Regeln innerhalb deiner Familie auf eine Art und Weise gelebt werden können, dass sie euch tatsächlich Halt, Sicherheit und Orientierung schenken (denn dafür sollten Regeln eigentlich da sein). Außerdem möchte ich dir darlegen, dass und wie es möglich ist, dass ihr als System *Lust* darauf habt, euch damit zu befassen. Wie bitte? Lust auf Regeln? – Ja, ganz genau. Lust auf Regeln! Darum wird es in diesem Kapitel gehen.

Als Allererstes möchte ich dich gern dazu einladen, den Begriff »Regel« weniger mit einer autoritären Anordnung zu verbinden. Sondern darunter viel mehr die Möglichkeit zu verstehen, sich gemeinsam auszurichten. Eine gemeinsame Richtung festzulegen, Werte zu definieren. Eine Art Ethik, der eure Familie folgt. Einen Polarstern, an dem sich die gesamte Familie orientieren kann. Einen Stern, der euch in den dunkelsten Stunden die Richtung weisen wird.

Klingt schon ein bisschen besser, oder?

Es geht dabei auch darum, dass wir uns vor allem *die* Regeln anschauen, die wir mitunter seit mehreren Generationen ungeprüft mit uns mitschleppen. Regeln, die uns meist selbst als Kind beigebracht wurden und die wir nun an unsere Kinder weitergeben. Süßigkeiten gibt es erst nach dem Essen und Teilen muss sein, beispielsweise. Viele Eltern binden sich an diese Regeln, weil sie davon ausgehen, dass sich das eben so gehört, obwohl sie sich, Hand aufs Herz, noch nie wirklich inhaltlich damit befasst haben. Und wenn sie ganz ehrlich sind, führt die Umsetzung dieser Regel im Alltag hauptsächlich zu Stress und Streit.

Natürlich ist das Leben kein Ponyhof. Aber das Leben ist ein Spiel, dessen Regeln wir selbst kreiert haben. Also könnten wir unsere Regeln doch so ausrichten, dass uns dieses Spiel des Lebens auch tatsächlich Freude macht, oder?

Warte, warte, warte mal! Das Leben ist kein Wunschkonzert, oder? – Blitzschnell stoßen wir auf kulturelle Konditionierungen. Wir sind dahingehend geprägt worden, dass das Leben taff ist und dass wir hart arbeiten müssen, dass wir uns anstrengen müssen, dass wir die Zähne zusammenbeißen müssen, denn von Nichts kommt Nichts und so weiter.

Aber: Es ist heute! Und heute ist eine andere Zeit. Heute wissen wir, dass wir eine Wahl haben. Heute wissen wir, dass wir uns tatsächlich *immer* für Freude, für Verbundenheit und für Liebe entscheiden können, selbst wenn es mal zwischen uns knallt. Könnten wir also nicht auch damit beginnen, entsprechende Regeln für unsere Familie aufzustellen, die *dem* Rechnung tragen? Denn die Regeln bestimmen das Spiel. Regeln machen Mau-Mau zu Mau-Mau und Skat zu Skat. Ist es also daher nicht legitim, sich zu fragen, welche Regeln es für unser Leben tatsächlich braucht? Sodass dabei am Ende ein Regelgerüst entsteht, dass ein *Zugewinn* ist, und zwar für *alle* Mitspieler? Und – könnte es vielleicht sogar so weit kommen, dass alle Spieler *Lust* bekommen, sich mit diesen Regeln zu befassen, um sie dann tatsächlich auch umsetzen zu können?

Ich sage: Ja!

Und ich sage erneut: Alles beginnt mit dir.

Bewusste Regeln

Wenn du innerlich davon genervt bist, immer wieder dafür Sorge tragen zu müssen, dass diese verdammten Regeln endlich mal eingehalten werden – dann wirkt das!

Wenn du auf dein Kind zukommst und auf allen Ebenen Begeisterung sendest und mitteilst, dass du eine echt tolle Idee hast, wie ihr es als Familie so richtig schön miteinander haben könnt – dann wirkt auch das!

Es gilt also zuallererst, unsere eigenen Bewertungen und Urteile über Regeln zu durchbrechen. Ich möchte gern mit dir gemeinsam an den Punkt kommen, dass wir Regeln als wertvolle Polarsterne für uns wiederentdecken, die ein Familienleben tatsächlich erhellen können. Die Orientierung schenken, Leichtigkeit bringen und Zusammenhalt stärken.

Als Erstes dürft ihr als Eltern eine bewusste Wahl für die Ethik innerhalb der Familie treffen: Was ist uns wichtig? Was möchten wir leben? Wie möchten wir es leben? Worum geht es uns wirklich-wirklich?

Welche Regeln gelten momentan?

Lass uns zu Beginn, wie gewohnt, eine kurze Bestandsaufnahme machen. Schnapp dir hierfür dein Notizbuch und schreib einmal alle Familienregeln auf, die dir in den Sinn kommen. Nimm dir dafür ruhig Zeit – denn oft haben wir im Alltag sehr viel mehr Regeln, als uns wirklich bewusst ist. Wann immer du an eine Regel stößt – »Oh, da war noch eine: Schuhe im Haus verboten!« – pack sie auf deine Liste.

Wenn du diese Liste hast, dann blick einmal ganz ehrlich darauf, bei welchen Regeln du noch nie einen Faktencheck gemacht hast. Welche Regel hast du vielleicht einfach übernommen, weil sie schon dir so beigebracht wurde oder als allgemeiner Konsens gilt? Gibt es vielleicht an manchen Stellen so etwas wie ein Festhalten an Prinzipien? Oder hast du gute, nachvollziehbare Gründe für diese Regel? Markiere alle, für die das der Fall ist.

Dass zum Beispiel die Schuhe im Haus verboten sind, macht für mich wirklich Sinn, weil dadurch mein Arbeitsaufwand mit Putzen reduziert wird – diese Regel wird als stimmig markiert. Aber warum die Süßigkeiten eigentlich erst nach dem Essen? Was macht es denn für einen Unterschied, ob vorher oder nachher? Weil das Kind sonst kein Hunger haben könnte? Dagegen spricht der biologische Fakt, dass der Blutzuckerspiegel durch Süßigkeiten zwar zunächst stark steigt, dann aber auch wieder entsprechend schnell abfällt, sodass sich etwas Schokolade und Co. *vor* dem Essen tatsächlich positiv auf den Appetit auswirken können. Und Süßigkeiten als Köder für das Aufessen von Gemüse? Ne, dann finde ich doch lieber raus, welches Gemüse in welcher Form meinem Kind *so* gut schmeckt, dass es das freiwillig isst. Nicht markiert!

Welche Regeln passen noch zu mir, zu uns?

Ich möchte dich einladen, wach, ehrlich und konstruktiv auf euer aktuelles Regelgerüst zu blicken und dir dabei aufrichtig die Frage zu stellen, welche Regeln du wirklich aufrechterhalten möchtest. Was entspricht wirklich *deiner* Vorstellung davon, wie du Familie leben möchtest?

Leg dir hierfür gern deine Absicht daneben, die du im Kapitel »Das ganze Geheimnis« formuliert hast. Ist die Regel mit der Absicht vereinbar? Erlaube dir, einzelne Regeln mit einem Fragezeichen zu versehen, gegebenenfalls noch mal neu zu recherchieren, sie entsprechend zu adaptieren oder gar über Bord zu werfen. Vielleicht bist du aber auch wirklich aus ganzem Herzen und besten Wissens von bisher gängigen Spielregeln überzeugt, sodass für dich keine Notwendigkeit der Adaption besteht. Vielleicht entscheidest du dich, weiterhin einer gesellschaftlichen Konvention folgen zu wollen, oder du erlaubst es dir, mit deiner Familie deinen eigenen Weg zu gehen. Keine Option ist besser als die andere und beide haben ihren Reiz.

Wesentlich ist nur, dass du eine bewusste Wahl triffst: Nach welchen Regeln willst du das Spiel deines Familienlebens spielen?

Worum geht es eigentlich?

Na? Welche Regeln sind übrig geblieben? Lass uns diese Regeln nun ein wenig genauer anschauen. Gibt es vielleicht Regeln, die zusammengehören, die Gruppen bilden, die ein bestimmtes Thema abdecken? Markiere zusammenhängende Regeln in einer gemeinsamen Farbe und frage dich dann, was diese Regeln eint. Worum geht es eigentlich? Was steckt wirklich dahinter? Was ist das eigentliche Thema? So könntest du beispielsweise folgende Regeln gruppieren:

- Vor dem Essen Hände waschen
- Zwei Mal täglich Zähne putzen

Das wäre das Thema »Guter Umgang mit unserem Körper«. So erkennst du vielleicht, dass dazu auch folgende Regeln passen:

- Einmal am Tag raus an die frische Luft gehen.
- Während des Essens nicht toben (Verschluckungsgefahr!).

Schon hast du einen übergeordneten Stern, unter dessen Licht du im Alltag verschiedene Dinge erklären, darlegen und erbitten kannst. Schwups, schon haben wir es nicht mehr mit vier unterschiedlichen Regeln zu tun, sondern mit einer grundlegenden Haltung, die in eurer Familie gilt.

Schau, dass sich basierend auf den Regeln, die euch wichtig sind, zwei bis maximal fünf Polarsterne herauskristallisieren. Setzt euch für diesen Prozess als Familie zusammen. Wir haben Mala tatsächlich schon mit knapp zwei Jahren mit eingebunden. Wobei dazu gesagt werden muss, dass sie schon mit eineinhalb Jahren begonnen hat, mit uns zu diskutieren und zu verhandeln. Das konnte sie folglich auch in unserem Familienrat tun (für die Gestaltung des Familienrats gibt es noch ein extra Kapitel). Am besten ist es, wenn ihr euch als Eltern gut vorbereitet und euch einen schönen Abend gestaltet, der sich darum drehen darf, unter welchen Sternen euer Familienleben steht.

Aus Regeln werden Werte

Eure Polarsterne repräsentierten eure zentralen Werte. Wenn aus Regeln transparente Werte werden, dann schafft das innerhalb einer Familie Verbundenheit und Klarheit. Halt und Freiheit. Denn dann sitzen wir in einem Boot. Und in jedem Boot, das sich auf das offene Meer wagt, gibt es Regeln. Und natürlich können die, je nach Witterung oder anderen äußeren Umständen, variieren. Wenn es stürmt, gelten andere Dinge, als wenn die See vor einem liegt wie ein Dorfteich, oder? So ist es auch im Familienalltag. Und wenn wir das transparent kommunizieren, ist das auch für Kinder verständlich. Das Wichtigste ist, dass ihr ein gemeinsames Ziel habt, denn dann ist der Sinn dieser Regeln auch für jeden klar und ersichtlich.

Mit den im besten Fall gemeinsam erarbeiteten Polarsternen haben wir etwas in der Hand, worauf wir uns beziehen können und hinter dem wir auch tatsächlich stehen – das schafft Orientierung für jeden Beteiligten. Zeitgleich erhalten wir dadurch die Freiheit, Regeln situativ unter unseren Sternen einzubetten und zu diskutieren. Beispielsweise so: »Was meinst du, passt das zu unserem Polarstern Respekt?« Oder: »Ich frage mich gerade, wie wir die Situation unter unserem Polarstern Wertschätzung lösen könnten – was fällt dir dazu ein?«

Schwups, schon hast du deine Kinder mit an Bord!

Oder eben auch: »Hey, wir wollen doch gut mit unserem Körper umgehen, oder? Hände waschen ist wichtig, damit kein Schmutz in deinen Bauch kommt. Also, ab ans Waschbecken mit dir!«

Das Tolle ist, dass wir uns dadurch von der erdrückenden Vielzahl unterschiedlicher Regeln befreien. Stattdessen orientieren wir uns an zwei bis fünf Werten. Mit deren Hilfe können wir dann immer wieder frisch und situationsgerecht ein Geländer erschaffen, an dem sich die ganze Familie festhalten und entlanghangeln kann.

Wenn wir diese Werte gemeinsam definieren, sind wir als Eltern außerdem von der »Polizeiarbeit« befreit. Stattdessen sind wir alle gemeinsam Hüter unserer Werte. Das schafft Bindung. Das schafft Nähe und wir können wirklich auf Augenhöhe und in Beziehung gehen, da wir uns auf etwas stützen, das gemeinsam erarbeitet wurde. Außerdem schaffen die Polarsterne eine super Grundlage, auf der wir Eltern unsere eigenen Bedürfnisse mit in die Waagschale werfen können. Beispielsweise so:»Hey, wir haben uns doch auf den Polarstern Respekt geeinigt, oder? Ich merke, dass ich gerade meine Grenze respektieren möchte und daher XYZ (nicht / nicht mehr) machen möchte.«

Wenn aus Regeln Werte werden, gewinnt jeder. Und tatsächlich haben Kinder Lust und Freude an Regeln. Sie suchen sogar auf ihre Art und Weise danach. Daher ist es an uns, unsere verstaubten Ansichten von Regeln über Bord zu werfen und Hand in Hand mit unseren Kindern einen neuen Weg einzuschlagen.

Regelbrüche und Konsequenzen

Es wird vorkommen, dass gemeinsam erarbeitete und wirklich sinnvolle Absprachen nicht eingehalten werden – darauf kannst du dich schon mal einstellen. Daher ist es auch von Vorteil, sich im Voraus darüber Gedanken zu machen, wie man mit einem Regelbruch umgehen möchte.

Das muss doch Konsequenzen haben?!

Wenn eine besprochene Regel das erste Mal gebrochen wird, bleiben die meisten Eltern noch entspannt. Vor allem wenn das Kind noch sehr klein ist. Doch wenn wir mehrfach an eine Regel erinnert haben, die wir gemeinsam mit dem Kind besprochen haben und hinter der wir auch wirklich stehen, und uns nun beim zwanzigsten Mal langsam verar*cht vorkommen, können Straffanta-

sien aufkommen. Denn so kann es doch schließlich nicht weitergehen! Oder?

Dahinter steckt meist eine Angst der Eltern, dass das Kind mit
seiner Verhaltensweise irgendwann Probleme bekommen könnte. Wenn es beispielsweise nicht aufhört, um sich zu schlagen, sobald es nicht bekommt, was es will, machen wir uns Sorgen, ob es
dann mit Frustrationen auf dem Schulhof nicht umgehen können
wird, ohne alle zu verkloppen.

Hinter einem wiederholten kindlichen »Fehlverhalten« steckt
meist nicht mehr als ein bisher noch nicht erkanntes Bedürfnis.
Dein Kind wird das Fehlverhalten so lange wiederholen, bis du
wirklich verstanden hast, worum es eigentlich geht. Und schließlich dafür Sorge tragen kannst, dass der wahrhafte Beweggrund
deines Kindes erkannt und berücksichtigt wird.

Ein Beispiel?

Mala hat Mogli ziemlich lange immer wieder geschlagen. Nie
wirklich ausufernd, schlimm oder häufig – aber es war immer wieder Thema. Wir hatten das ganze Prozedere schon mehrfach durch.
Aber es hörte einfach nicht auf. Du weißt ja mittlerweile genau so
gut wie ich, dass wir solche festgefahrenen Momente als Geschenk
betrachten dürfen! Denn sie verbergen die Gelegenheit, sich neu
auszurichten! Hand auf's Herz? Ich konnte darin erst mal überhaupt nichts erkennen, außer ein Wutmonster-Mädchen, das mein
Baby ständig attackierte. Es nervte mich!

Was ich damit sagen will: Es ist okay, wenn wir eine Weile brauchen, bis wir aus diesem Film rauskommen. Du darfst dich ärgern.
Und du darfst es blöd finden. Aber meine Wut, die auf Mala durch
die ständigen Attacken entstand, ließ mich irgendwann aufhor-
chen. Ich hatte also erst mal mit mir selbst zu tun – denn mit ge-
schwisterlicher Aggression hatte ich durchaus so meine eigenen
Erfahrungen gemacht. Sodass sich nach und nach ein bisschen

mehr Klarheit einstellte. Und ich auf einmal wieder deutlicher sehen konnte, dass Mala sich einfach benachteiligt und ungerecht behandelt fühlte. Sie sagte mir irgendwann, dass ich immer sofort springen würde, sobald Mogli auch nur Pieps macht, während sie so häufig warten müsste. Das Hauen war also eigentlich Ausdruck einer tief sitzenden Frustration. Und genau die konnte ich von dem Moment an viel besser berücksichtigen. Und das Hauen ging schlagartig zurück (was für ein Wortspiel!).

Es ist ein Teil unserer Aufgaben herauszufinden, worum es dem Kind denn tatsächlich geht. Doch es gibt noch einen weiteren Part und der besteht in einer authentischen Rückmeldung, wenn Grenzen überschritten werden. Hierfür gänzlich ungeeignet ist der immer noch gängige gesellschaftliche Konsens, das erwünschte Verhalten eines Kindes zu loben und unerwünschtes zu bestrafen, sei es nun direkt (zum Beispiel durch Schimpfen) oder indirekt (zum Beispiel durch Auszeiten).

Warum Strafen zwar funktionieren, aber nichts bringen

Wie im Kapitel »Vertrauen« schon dargestellt, ist das zugrunde liegende Prinzip von Lob und Tadel die klassische Konditionierung nach Skinner. Das »Problem« bei diesem Prinzip ist: Es funktioniert! Ein bestraftes Kind wird das Verhalten nicht mehr (offen) zeigen, zumindest nicht, solange die Exekutive in Sicht- und Hörweite ist. Ein bestraftes Kind *wird* die Regel einhalten – die Frage ist nur: Zu welchem Preis? Wie ist die Wirkung auf den Selbstwert des Kindes? Und können wir überhaupt davon ausgehen, dass dieses Kind den *Sinn* der Regel auch tatsächlich begriffen hat? Oder unterdrückt es einen Impuls aus Angst vor Strafen? Und wie wirkt sich das Strafen auf die Beziehung zwischen Eltern und Kind aus?

Da es ein natürlicher Instinkt eines Kindes ist, sich die Zuwendung der wichtigsten Bezugspersonen sichern zu wollen, wird es dementsprechend *alles* daransetzen, sich ihre Gunst zu sichern. Es wird alles daransetzen, zu vermeiden, dass sie missmutig werden. So erreichen wir durch eine Strafe also durchaus, dass das Kind ein Verhalten nicht mehr offen ausführt. Vielmehr wird es seine Impulse auf anderen Ebenen oder versteckt zeigen. Wie im Kapitel »Vertrauen« schon angesprochen, ist aus der Psychotherapieforschung längst bekannt, dass Verhalten nicht gelöscht wird, sondern sich verschiebt.

Wenn ein Kind beispielsweise dafür bestraft wird, dass es ein anderes Kind gehauen hat, dann wird der Sträfling das nächste Mal einfach darauf achten, andere nur dann zu schlagen, wenn es die Autoritätsperson nicht sieht. Oder – und das ist der schlimmste Fall – das Kind beginnt, seine aggressiven Impulse gegen sich selbst zu richten. Das tut es dann, wenn es keinen anderen Kanal für seine Impulse kennt und zeitgleich lernt, dass es eben diese unterdrücken muss – denn sonst drohen ja Strafe und Missgunst. Was ein Kind *immer* vermeiden möchte. Immer! Denn die Gunst der Eltern ist für ein Kind überlebensnotwendig.

Das Verhalten wird also tatsächlich nicht mehr (offen) gezeigt, aber eben nur, weil die *Konsequenz* gefürchtet wird, und nicht, weil der Sinn der Regel erfasst wurde. Es kommt zu keiner Einsicht, zu keiner tatsächlichen Erkenntnis. Das Kind wird auf seinem Auszeitstuhl sitzen und sich grämen, sich missverstanden und ungerecht behandelt fühlen und sicherlich *nicht* darüber nachdenken, was es anders hätte machen können. Es wird innerlich angespannt darauf warten, dass diese Schmach endlich vorbei ist. Es wird sauer auf dich sein, denn es fühlt sich weder verstanden noch gesehen. Oder aber es versucht überambitioniert, sich wieder deine Gunst zu sichern.

Damit bringt jede Form des Strafens *keinen* Zugewinn für den Lernprozess. Und schadet darüber hinaus auch noch eurer Beziehung. Ja, Strafen funktionieren. Aber sie bringen uns nicht dem näher, was wir wirklich-wirklich wollen. Es sei denn, du wünschst dir ein höriges Schäfchen als Kind – dann ist das Strafen der richtige Weg. Wenn du aber selbstbewusste, verantwortungsbewusste, weitsichtige, wissbegierige und herzliche Menschen in die Welt von morgen schicken möchtest, darfst du einen anderen Weg einschlagen.

Und dieser Weg ist mitunter herausfordernder. Es *ist* tatsächlich mehr Arbeit, sich mit seinem Kind auseinanderzusetzen, statt es auf den Auszeitstuhl zu setzen. Es *ist* anstrengender, um jedes Anziehen und Zähneputzen und Losgehen zu diskutieren, statt einfach eine autoritäre Ansage zu machen und alle springen (aus Angst vor der Konsequenz).

Beziehung bedeutet Arbeit.

Aber was bedeutet das nun konkret für den Alltag? Wie kannst du denn nun damit umgehen, wenn sich dein Kind nicht an die Regeln hält, du aber nicht strafen möchtest? Eines der größten Missverständnisse der straffreien Erziehung ist die Vorstellung, dass Eltern ihren Kindern einfach alles durchgehen lassen. Aber frei zu sein von Strafe bedeutet *nicht*, ein Fehlverhalten einfach hinzunehmen. Es fordert dich vielmehr heraus, in eine *echte* Beziehung zu deinem Kind zu treten. Deine Grenzen zu kommunizieren. Für deine Bedürfnisse einzustehen. Dich in all deiner Echtheit anzunehmen und zu zeigen. Und daher geht es meines Erachtens darum, unseren Kindern authentische Konsequenzen aufzuzeigen.

Authentische Konsequenzen

Hätten wir uns vor fünf Jahren gesprochen, hätte ich ziemlich klar gesagt: Konsequenzen, auch die sogenannten natürlichen, sind unter dem Strich immer in Watte gepackte Strafen oder Liebesentzug und daher zu unterlassen! Schließlich gibt es so viele andere beziehungsschonende oder gar beziehungsvertiefende Möglichkeiten, mit denen du deinem Kind deine Botschaft mit auf den Weg geben kannst.

Doch je älter Mala wurde, desto häufiger kam ich ans Ende meines Lateins. Die Polarsterne waren besprochen und die von mir vermuteten Bedürfnisse hinter ihrer Wut Hunderte Male erkannt und benannt. Und dennoch – das Mädchen bebte weiter. »Das muss doch langsam mal Konsequenzen haben!«, hörte ich mich irgendwann zu meinem Mann sagen, nicht minder überrascht als er, dass diese Worte tatsächlich aus meinem Mund kamen.

Der Punkt ist der: Das ganze Schiff schwimmt nur, wenn wir in eine echte Beziehung zu unseren Kindern treten. Und zu einer echten Beziehung gehören immer zwei. Zu einer echten Beziehung gehöre auch ich. Ich mit meinen Grenzen. Ich mit meinen begrenzten Kapazitäten. Ich mit meinen Bedürfnissen. Und so begann ich, »authentische Konsequenzen« zu formulieren.

Ich begann, mich Mala ehrlich zu zeigen. Ich meldete aufrichtig zurück, was ihr Verhalten mit mir machte. Und wenn es mich schockierte, dass sie Mogli schlug, dann sagte ich das. Und zwar klar und deutlich. Und wenn *ich* dann erst mal eine Auszeit brauchte, dann nahm ich mir sie. Anmerkung am Rande: Das ist für mich übrigens ein schönes straf- und damit gewaltfreies Pendant zum Auszeitstuhl – nimm *du* dir eine Auszeit! Was nicht bedeuten soll, dass du dein Kind bei jedem Fehlverhalten allein im Zimmer zurücklassen solltest – begleite dein Kind, solange du kannst. Aber wenn du merkst, dass du an deine Grenzen kommst, warum auch immer (müde, keinen Nerv mehr, angetriggert in alten Mustern), dann zeig dich deinem Kind ganz authentisch. Beispielsweise so: »Hey, es verletzt mich, was hier passiert. Ich brauche eine kurze Pause. Ich geh jetzt in die Küche und koche einen Tee. Ich bin gleich wieder für dich da.«

Dabei ist es extrem wichtig, auf die Frequenz zu achten, mit der du sendest: Die Energie, die Intention, die eigene innere Haltung hinter dem Gesagten. Wenn du diesen Satz aggressiv raushaust, wird dein Kind sehr wahrscheinlich Angst bekommen und dir hinterherlaufen. Agiere *für dich*, in liebevoller Selbstfürsorge, und nicht *gegen* dein Kind. Nutze diese Strategie nicht, um deinem Kind damit implizit zu sagen, wie furchtbar es ist. Handle für dich – und nicht gegen dein Kind!

Wenn du deinem Kind auf eine konstruktive Art und Weise zurückmelden möchtest, dass sein Verhalten Konsequenzen hat, dann bleibe echt und bleibe in Beziehung! Melde zurück, was sein Verhalten mit dir macht! Bringe zum Ausdruck, wenn eine Grenze überschritten wurde. Und kommuniziere es vor deinem Kind, wenn du das Gefühl hast, selbst nicht mehr weiterzuwissen oder vielleicht einfach mal kurz eine Pause brauchst. Damit bist du ein Modell für dein Kind. Damit hältst du dich an deine eigenen Regeln. Und damit ermöglichst du deinem Kind auf eine gewaltfreie Art und Weise, die Einhaltung dieser Regeln zu verinnerlichen.[32]

Kinder müssen nicht erzogen werden. Denn sie sind bereits vollkommen. Und sie brauchen Menschen, die ihnen genau das spiegeln. Lass uns unsere Kinder an die Hand nehmen und liebevoll durch Versuch und Irrtum begleiten. Sodass sie schließlich auf ihren eigenen Weg finden, den sie eines nahen Tages selbstständig, selbstsicher, selbstbewusst und freudvoll beschreiten werden. Hierfür braucht es keine Erzieher. Hierfür braucht es Gefährten.

Kinder lernen am Modell. Was für ein Modell möchtest du sein?

Der Familienrat

In der Wirtschaft haben sich in den letzten fünfzig Jahren die Führungsstile stark verändert. Die Tendenz geht zunehmend dahin, dass nicht mehr *ein* autoritärer Machthaber im Alleingang die Entscheidungen trifft, sondern dass Mitarbeiter auf vielen unterschiedlichen Ebenen miteinbezogen werden. Die Forschung zeigt sehr deutlich, dass Menschen motivierter und zufriedener sind, wenn sie das Gefühl haben, bei ihrer Arbeit Einfluss nehmen zu können.[33] Ich finde es verwunderlich, dass im Gegenzug zu diesen krassen Veränderungen in der Geschäftswelt in familiären Kontexten an vielen Stellen immer noch Mittelalter herrscht, wenn es um Entscheidungsprozesse geht. Warum adaptieren wir die Erkenntnisse der Wirtschaftspsychologie nicht auf das Familienleben? Ruft einen Familienrat ins Leben! Ein Pendant zum Betriebsrat! Einen Kreis, der einer gemeinsamen Ethik unterliegt. In dem Regeln besprochen und diskutiert werden. In dem jede Stimme von Interesse ist.

Lasst uns ein Feld kreieren, das Probleme für alle Seiten gewinnbringend aufarbeitet. Denn wenn Kinder eine Stimme kriegen, wenn Kinder gehört werden, wenn Kindern Verantwortung übergeben wird – dann *lieben* sie es, sich daran zu beteiligen, Werte innerhalb der Familie zu hüten.

Betrachtet zum Beispiel gemeinsam den Polarstern »Wertschätzung« und erarbeitet, wie er beim Essen zum Ausdruck gebracht werden kann. Wertschätzung von Essen kann beispielsweise so ausgedrückt werden, dass man am Esstisch tatsächlich nur isst. Du merkst, dass du so schließlich auch erreichst, dass beim Essen nicht mehr getobt wird. Aber wenn du dein Kind auf Augenhöhe in diesen Prozess einbindest, dann hast du einen genialen und ambitionierten Hüter an deiner Seite.

Lass uns gleich noch ganz praktisch darauf schauen, wie ein Familienrat gestaltet werden kann. Hier die wichtigsten Regeln im Überblick:

Der allgemeine Rahmen

Der Rahmen für euren Familienrat darf genauso sein wie ihr: individuell! Schaut, was für euch passend ist: Wollt ihr an einem Tisch sitzen oder doch lieber auf dem Boden? In der Küche oder im Wohnzimmer? Direkt nach dem Essen oder lieber nach dem Spaziergang? Hauptsache, ihr fühlt euch damit wohl!

Der Familienrat tagt regelmäßig

Wichtig ist, dass der Familienrat eine gewisse Verbindlichkeit mit sich bringt, die ihr ganz einfach dadurch schaffen könnt, dass er regelmäßig stattfindet. Findet hier einen für euch passenden Turnus. Beispielsweise jeden ersten Mittwochabend im Monat oder alle zwei Wochen oder einmal im Quartal – schaut, was für euch richtig ist.

Der Familienrat hat eine klare Agenda

Die Themen für den Familienrat könnt ihr kontinuierlich sammeln. Legt euch zum Beispiel eine Familienrat-Box an, in die jeder die Themen einwerfen kann, die ihm wichtig sind. Das ist übrigens auch eine wundervolle Möglichkeit, um einen guten Rahmen für eine Konfliktklärung zu schaffen. Wenn die Gemüter nach einem Streit noch erhitzt sind, ist das kein guter Zeitpunkt, um in eine fundierte Klärung einzutreten. Ihr könnt aber beschließen, dass das ein Thema ist, das ihr euch im Familienrat anschauen wollt. So hat der Konflikt seinen Platz, ist eingebettet, fällt definitiv nicht hinten runter und erhält einen wohlwollenden sicheren Rahmen – die perfekte Grundvoraussetzung für nachhaltiges Lernen!

Sammelt all diese Themen und erstellt vorm nächsten Familienrat eine klare Agenda. Begrenzt auch die Dauer – wenn Kleinkinder mit dabei sind, sollte die inhaltliche Auseinandersetzung mit den Themen nicht länger als fünfzehn Minuten dauern.

Die Teilnahme sollte freiwillig sein

Ladet eure Kinder ganz herzlich zum Familienrat ein und bringt zum Ausdruck, dass es für euch wichtig ist, dass sie dabei sind. Aber bitte zwingt sie nicht dazu! Eure Aufgabe ist es, den Familienrat so attraktiv zu gestalten, dass die Teilnahme wirklich interessant ist. Hierfür könnt ihr die nachfolgenden Punkte berücksichtigen.

Seid kreativ in der Gestaltung

Der wohl wichtigste Aspekt bei der Gestaltung des Familienrates ist, dass ihr es euch möglichst schön machen solltet. Schafft eine positive Atmosphäre und tragt dafür Sorge, dass sich jeder auf diese gemeinsame Zeit freut. Macht euch beispielsweise ein leckeres Getränk und stellt Schälchen mit speziellen Snacks auf den Tisch, die es nur zum Familienrat gibt.

Achtet auf Abwechslung und experimentiert mit unterschiedlichen Varianten für die inhaltliche Auseinandersetzung mit den Themen. Ihr könnt beispielsweise aus einer Konfliktklärung ein Rollenspiel machen – spielt als Eltern zunächst vor, wie es tatsächlich ablief, und sammelt dann gemeinsam, was die Beteiligten hätten anders machen können. Spielt dann ein paar Durchgänge, gern auch mit wechselnder Besetzung, so lange, bis ihr eine Variante gefunden habt, die sich für alle gut anfühlt. Arbeitet dann den Polarstern heraus.

Oder gestaltet ein Quiz, vielleicht im Sinne von »1, 2, oder 3?« Lasst uns annehmen, ihr wollt das Problem besprechen, das auch lange unseres war: dass die große Schwester den kleinen Bruder immer wieder haut. Dann könnte eine Quizfrage sein:

»Anna hat Paul geschlagen, was glaubst du, wie hat er sich gefühlt: 1) traurig. 2) wütend. Oder 3) fröhlich?« Alle Familienmitglieder außer Paul (gegebenenfalls noch mit Unterstützung), dürfen sich dann auf ein Feld stellen – 1, 2 oder 3. Und Paul darf dann,
gegebenenfalls unterstützt von Mama oder Papa (oder der großen
Schwester?), mit einer Taschenlampe auf das richtige Feld leuchten.
So habt ihr spielerisch eine Gesprächsgrundlage dafür geschaffen,
um euch darüber auszutauschen, wie ihr in der Familie miteinander umgehen möchtet.

Oder sucht eine passende Geschichte aus, die ihr vorlest, um
über einen bestimmten Wert zu sprechen. Oder schaut zusammen ein Video an, das euch als Familie sehr glücklich zeigt, und
prüft, was in dieser Situation gegeben war und wie ihr dafür Sorge tragen könnt, dass es in eurem Alltag auch wieder da ist. Und
so weiter, und so weiter – Hauptsache ist, der Familienrat ist interessant, spannend und kurzweilig.

Jeder Teilnehmer sollte den gleichen Redeanteil haben

Als Eltern solltet ihr den Familienrat nicht dafür nutzen, um Mo-
ralpredigten zu halten. Achtet bei der Durchführung und Planung
darauf, dass alle ausgewogen zu Wort kommen.

Wenn ihr eine Regel einführen wollt, dann legt den Sinn dahinter dar

Stellt eine neue Regel immer unter einen Polarstern und legt dar,
warum sie euch wichtig ist. Hier ein Beispiel aus unserem Familienrat: Uns hat es als Eltern genervt, dass es beim Essen so viel Gewusel
gab. Wir hatten den Wunsch, dass das Abendessen eine friedvolle Familienzeit ist. Wir haben das Mala in etwa so dargelegt: »Toben beim Essen ist gefährlich. Man kann sich verschlucken – das
heißt, dass das Essen im Hals stecken bleibt. Ich finde, das passt

nicht zu unserem Stern ›Jedem darf es gut gehen‹, was meinst du dazu?« Und: »Essen ist kostbar und wir wünschen uns, dass wir es gemeinsam genießen und damit wertschätzen können – das passt ganz gut zu unserem Stern Wertschätzung oder was meinst du?«

Es macht einen wesentlichen Unterschied, ob du deinem Kind deine Beweggründe erklärst oder ob du einfach nur verlangst, dass es beim Essen still sitzen muss. So wurde bei uns die Regel aufgestellt: »Wenn wir essen, dann essen wir!« Das heißt: Keine Spielsachen am Tisch. Kein Getobe am Tisch. Und um dem kindlichen Entwicklungsstand und dem damit einhergehenden Bewegungsdrang gerecht zu werden, dürfen unsere Kinder während des Abendessens Pausen einlegen. Da können sie aufstehen, spielen, toben, Quatsch machen, während wir weiter in Ruhe essen können. Im Laufe der Jahre hat sich diese Regel übrigens auch auf uns Erwachsene ausgedehnt: Keine Handys am Tisch! Wenn wir essen, dann essen wir!

Besprecht auch, wann, wo und wie die strikte Einhaltung der Regel unabdingbar ist. Und wann, wie und wo es welche Spielräume gibt. Findet schließlich eine verbindliche Vereinbarung, die für *alle* Familienmitglieder Gültigkeit besitzt. Mala darf mit ihren sechs Jahren beispielsweise mittlerweile Frühstück und Mittagessen weiterhin mit den Händen essen, aber zum Abendessen erinnern wir sie ans Besteck.

Wichtig ist, dass ihr euch als Eltern im Voraus unbedingt Gedanken dazu macht. Was ist euer Ziel? Könnt ihr es in ein paar wenigen Sätzen kurz und knackig zum Ausdruck bringen? Auch oder gerade wenn ihr als Paar nicht mehr zusammen seid, ist ein einheitlicher roter Faden für euer Kind *und* für euch umso wichtiger – damit es nachher nicht heißt: »Aber bei Papa/Mama darf ich das!«

Diskussionen willkommen!

Schluss mit »Darüber diskutier ich nicht!« und mit »Weil ich das sage!«. Lass uns auf Augenhöhe mit unseren Kindern gehen und freudvoll mit ihnen über die Dinge diskutieren. Nicht im Sinne von Streiten. Sondern im Sinne von Austausch und gegenseitigem Lernen.

Jeder Teilnehmer hat gleiches Stimmrecht

Jesper Juul vertrat die Annahme, dass Kinder gleichwertig, aber nicht gleichberechtigt sind.[34] Im Familienrat sind alle auf Augenhöhe – daher bekommt jeder gleiches Stimmrecht, sollte es zu Abstimmungen kommen. Dabei ist es wichtig, dass wir als Eltern den Rahmen schaffen, in dem die Abstimmung stattfinden kann.

So könnt ihr beispielsweise sagen, dass pro Tag dreißig Minuten lang Medien konsumiert werden dürfen. Und innerhalb dieses Rahmens kann nun abgestimmt werden, ob diese dreißig Minuten erst nach dem Mittagessen genutzt werden dürfen, nicht mehr nach 20 Uhr oder ob sie sich einfach jeder frei einteilen darf. Lasst die Wünsche eurer Kinder mit einfließen und greift sie auf. Doch ihr seid rahmengebend.

Wenn wir Kinder auf diese Art und Weise in den Findungsprozess von Regeln einbeziehen, werden sie zu deren genialen Hütern. Nicht im Sinne von Petzen. Sondern im Sinne von einem wachen Gewahrsein für Regelbrüche. Diese Art von denken und handelnden Menschen braucht die Welt von morgen. Die Welt von morgen braucht keine hörigen Schäfchen, die widerwillig ausführen, was eine höhere Instanz von ihnen verlangt, aber ausbrechen, sobald sie unbeobachtet sind. Die Welt von morgen braucht selbstständige, mitdenkende, kreative und selbstbewusste Individuen!

Herausforderungen meistern

In diesem Kapitel möchte ich gern auf konkrete Fragen eingehen, die sich in meinem Beratungsalltag häufig ergeben. Dabei beziehe ich mich auf die in diesem Buch vorgestellten Strategien.

Alltägliche Hürden

Mein Kind kommt nicht zur Ruhe

An manchen Tagen können wir es kaum erwarten, bis die kleinen Engel endlich ihre Augen und Schnäbel schließen und bestenfalls für einige Stunden am Stück nichts mehr von uns wollen. Wir sehnen uns nach einigen Augenblicken nur für uns. Vielleicht mit dem oder der Liebsten … oder mit Netflix … oder mit der Chipstüte … Und häufig sind es genau *diese* Gedanken, die uns durch den Kopf wuseln, wenn wir Einschlafhilfe leisten: »Schlaf doch endlich! … Schau ich Serie Z oder B? … Chips oder Schokolade?!? – Schläft er/sie endlich?!??«

Dein Kind *spürt* das. Ein Kind spürt es, wenn wir angespannt sind, weil wir ungeduldig darauf schielen, dass es endlich, endlich einschläft. Und das erschwert es dem Kind oft, runterzufahren.

Während du also in Gedanken an die lang ersehnte Entspannung innerlich unter Druck kommst, verpasst du die Möglichkeit, dass bereits *dieser* Moment am oder im Bett deines Kindes deine Chance zur Entspannung sein könnte. Lass die Einschlafbegleitung zu deiner Meditation werden. Und während dein Kind versucht, in dieser sensiblen Übergangszeit loszulassen, lass auch du los. Alle Gedanken. Alle Gefühle. Spür den warmen Körper an deinem oder die warme Hand in deiner. Rieche den Duft der Haare, höre die Atmung – *sei* für diese Zeit mit deinem Kind! Du wirst sehen, wie das alles verändert.

Es lohnt sich aber auch, einen pragmatischen Blick auf die Unruhe deines Kindes zu werfen, wenn es abends nicht einschlafen kann.

1. Check the hard facts!

Ist dein Kind tagsüber ausgelastet? Hat es genug Bewegung, frische Luft, ausreichend Kontakt zu anderen Kindern? Hat es genügend Ruhephasen? Wie lang ist der Mittagsschlaf? Wie sind die abendlichen Umgebungsfaktoren? Läutet ihr die Abendruhe auf allen Ebenen ein? Äußere Aspekte wie das Dimmen des Lichts zählen, aber auch deine eigene innere Haltung – kommst *du* zur Ruhe? Ebenfalls lohnenswert ist ein Blick auf die abendlichen Essgewohnheiten; manche Dinge pushen – beispielsweise Hafer.

2. Der tote Punkt

Vielleicht kennst du ihn genauso gut wie ich, den toten Punkt. Ist dieser einmal überwunden, kann ich ohne Probleme bis in die Puppen arbeiten. Und meine Tochter kann bis in die Puppen mit Puppen spielen. Prüfe, ob es bereits am früheren Abend einen Tiefpunkt gibt, und nutze diesen gegebenenfalls, um euer Abendritual einzuläuten.

3. Macht diese Zeit zur schönsten Zeit des Tages!

Es lohnt sich, einen ehrlichen Blick darauf zu werfen, ob dein Kind das Zubettgehen positiv erlebt. Und wenn nicht, was *du* dazu beitragen könntest, dass diese Zeit von deinem Kind als etwas Positives erlebt wird. Prüfe hierfür als Allererstes *deine* innere Haltung. Wenn du das Zubettgehen einläutest: Bist du bereits unter Spannung, da du davon ausgehst, dass es eh wieder ein Drama gibt?

Hast du schon mal was von einer »selbsterfüllenden Prophezeiung« gehört? Dinge ergeben sich meistens so, wie wir sie erwarten. Prüfe für dich, was sich ändert, wenn du in den Abendstunden beginnst, dich innerlich auf das Zubettgeh-Ritual zu freuen: Lass die Abendstunden zur schönsten gemeinsamen Zeit des Tages werden. Lest ein Buch. Erzählt euch, was an diesem Tag schön war. Oder was noch nachhallt und noch losgelassen werden darf. Singt ein schönes Lied. Kuschelt. Und kuschelt noch mehr. Bis zum Einschlafen. Was ändert sich dadurch?

Zudem lohnt sich ein Blick darauf, warum das Kind nicht schlafen möchte. Hat es Ängste? Oder Probleme mit Übergängen? Was kannst du auf dieser Ebene beitragen, um deinem Kind den Weg ins Land der Träume zu ebnen? Bei meiner Tochter war es ganz einfach, als wir erst mal auf der richtigen Spur waren (wie immer ...). Es half ihr, wenn wir das Spielzeug, mit dem sie gerade beschäftigt war, mit in das Abendritual einbanden. So begleiteten uns Barbie, Playmobil und Schnuffelhasi zunächst mit ins Bad und schließlich mit ins Bett. So war zwar unser Familienbett von tausend Dingen besiedelt – aber darunter war auch unsere Tochter. Schlafend! Das war's wert!

Nicht mal abends Zeit für mich …

Was tun, wenn du selbst bereits um acht tot ins Bett fallen könntest, die kleinen Engel aber quietschfidel sind und an Schlaf nicht mal denken wollen? Natürlich haben wir die Ambition, die Bedürfnisse der Kleinen zu berücksichtigen. Natürlich wollen wir keine Gewalt anwenden. Doch jeder Mensch kommt an seine Grenze, wenn der Energievorrat erschöpft ist. Wie können also alle Bedürfnisse in den Abendstunden Berücksichtigung finden?

Seit Mala drei ist, haben wir die sogenannte Elternzeit eingeführt. Es ist klar, dass sie nach dem Abendessen spielen kann, bis wir mit dem Haushalt durch sind. Danach laden wir sie zu einer ruhigen, gemeinsamen Aktivität ein – Buchlesen, Malen, Brettspiele oder Ähnliches. Dann machen wir uns alle »bettfein« und danach beginnt die Elternzeit. Eine Zeit, in der wir als Eltern die Dinge tun, die wir an unserem Feierabend eben tun wollen. Eine Zeit, in der wir nicht mehr für Rollenspiel und Co. zur Verfügung stehen, sondern in der Mala noch ruhig für sich spielen kann. Manchmal verkrümelt sie sich in ihr Zimmer und taucht in Playmo-Welten ein. Manchmal sitzt sie bei uns auf der Couch, spielt, malt oder schaut für sich ein Buch an. In den allermeisten Fällen ist sie einfach mit dabei. Und natürlich helfe ich ihr dann noch, wenn sie beispielsweise auf die Toilette muss oder sonst irgendeine Form der Hilfestellung braucht – aber zu dieser Zeit stehe ich nicht mehr für ihr Spiel zur Verfügung. Sondern nehme mir den Raum für die Aktivitäten, die mir wichtig sind; stricken, schreiben, lesen … Nur Film schauen mit meinem Liebsten fällt flach. Aber dafür bleibt das dann etwas wirklich Besonderes. Das Gute daran ist: Wenn Mala signalisiert, dass sie ins Bett möchte, ist sie so müde, dass sie innerhalb von wenigen Minuten einschläft.

Klingt zwar gut, Nina, aber was, wenn *ich* todmüde bin und mein Kind immer noch hellwach ist? – Leg dich hin! Leg dich einfach schlafen. Es ist Elternzeit. Nimm dein Kind mit, bettfein seid ihr ja schon, mach ein kleines Licht an und leg ihm einen Stapel Bücher hin. Oder setz ihm Kopfhörer auf und mach ihm ein ruhiges Hörbuch an.

Ich bin immer wieder selbst ein bisschen überrascht, wie kompetent meine Tochter für sich entscheiden kann, wann es Zeit ist für sie zu schlafen. Der große Vorteil: Die Einschlafbegleitung geht dann sehr schnell! Und mir persönlich ist es sehr viel lieber, meine Mäuse noch eine Stunde länger um mich zu haben, während ich ein Buch lese, anstatt eine Stunde im Bett zu liegen, in der Hoffnung, dass sie endlich, endlich einschlafen.

Mein Kind hört nicht auf mich

»Mein Gott, Max, wie oft soll ich es dir denn *noch* sagen? Ich hab's dir schon hundert Mal gesagt, dass …!! Hast du mich verstanden???!«

Kindern immer wieder auf dieselbe Art und Weise nahezulegen, was sie tun sollen oder nicht, ist so, als würde man auf den Fahrstuhl warten und immer wieder auf denselben Knopf drücken, in der Hoffnung, er käme dadurch schneller.

Anstatt dich über den Aufzug zu ärgern (oder über dein Kind), überdenke deine Strategie! Wenn dich das Warten wirklich so nervt, dann nimm doch einfach die Treppe. Das heißt im übertragenen Sinn: Überlege, welchen anderen Weg du einschlagen kannst, um deinem Kind deine Botschaft rüberzubringen. Das Problem ist nicht der langsame Aufzug. Es ist deine Strategie. Und hier liegt deine Verantwortung.

Mein Kind kann doch nicht nackt raus?!?

Draußen regnet es in Strömen und der kleine Engel will sich um keinen Preis anziehen lassen. Und wenn, dann überhaupt *nur* die Sandalen, auf *keinen* Fall die Gummistiefel!!

Kinder können sich erst ab dem dritten bis fünften Lebensjahr Zukunft vorstellen. Im Fachjargon würden wir sagen: Sie haben noch kein prospektives Denken. Sie sind voll im Moment. Voll im Jetzt. Voll im Hier. (Eigentlich so wunderbar, oder?) Und im Moment sind sie in der Wohnung, es ist warm und die Sandalen sind viel bequemer. Warum sollten sie sich für die Gummistiefel entscheiden? Erlaube ihnen daher, die Erfahrung zu machen, wie es sich anfühlt, mit Sandalen im Regen zu laufen. Und sei vorbereitet, wenn sie von allein auf dich zukommen und um wärmere Schuhe bitten. Meistens dauert das nicht lange.

Meistens. Manchmal aber schon. Dann ist elterliche Führung angesagt. Natürlich ist eure Beziehung wichtig und sie sollte, wann immer es geht, an oberster Stelle stehen. Doch es gibt auch so etwas wie elterliche Fürsorgepflicht. Und daher solltest du nicht, wie vor Kurzem in der Zeitung zu lesen war, mit einem nackten Kind auf dem Fahrrad durch den tiefsten Winter fahren, nur um die Beziehung zu schonen.

Lass dein Kind seine Erfahrung machen – und wenn es sich immer noch nicht anziehen lässt, dann gib ihm eine Wahl: »Entweder ich darf dich jetzt anziehen oder du kommst zu mir in die Trage unter die Jacke – was ist dir lieber?« Oder: »Es ist zu kalt und du musst etwas anziehen. Womit sollen wir beginnen – mit dem Pullover oder mit den Schuhen?« Was du brauchst, ist innere Klarheit. Wenn du führst, dann »folgen« dir deine Kinder.

Kinder zeigen dieses Verhalten meist in der Autonomiephase – sie erleben sich zunehmend als eigenständige Wesen und spielen mit dieser Erkenntnis. Wenn eine starke Reaktion entsteht, macht das Spiel besonders viel Spaß. Es ist nicht nur daher sehr gewinnbringend, so entspannt wie möglich in die Anzieh-Situation zu gehen. Mir hilft es, mich vor dem Anziehen noch mal bewusst zu sammeln und einen vertieften Atemzug zu nehmen, um mich in meine liebevolle Präsenz zu holen. Das kostet mich ein paar Sekunden, spart dafür aber sehr viel Kraft und schont die Beziehung zu meinen Schätzen.

Außerdem habe ich gute Erfahrungen damit gemacht, wie von Naomi Aldort[35] empfohlen, das kindliche Autonomiebedürfnis auf andere Situationen zu verlagern: Ich schuf feste und tägliche Rituale, in denen Mala ihre Autonomie voll ausleben konnte. Beispielsweise ging ich mit ihr immer nach dem Abendessen in ein Spiel, in dem sie die volle Entscheidungsmacht hatte. In dieser Kombination – ich entspannt und Kind mit ausreichend Möglichkeiten, sein Autonomiebedürfnis zu leben – erledigten sich die Anziehdramen mit der Zeit.

Behalte außerdem immer *das* Eltern-Mantra im Hinterkopf: Es ist eine Phase, es geht vorbei!

Ständiges Drama ums Zähneputzen

Verlassen stand ich im Badezimmer. Mit der liebevoll hergerichteten Glitzer-Prinzessinnen-Zahnbürste in der Hand. Während meine so zauberhafte wie dickschädelige Tochter bereits zum dritten Mal zurück ins Kinderzimmer stürmte, wo sie lauthals schrie: »ICH WILL ABER KEINE ZÄHNE PUTZEN!«

Konflikte rund ums Zähneputzen kommen in den bedürfnisorientiertesten Familien vor. Wie, um Himmels Willen, bekomme ich mein Kind zum Zähneputzen?!? Die Antwort lässt sich wohl am besten so zusammenfassen: Immer wieder neu!

Kinder müssen hierbei eine Frustrationsschwelle überschreiten: Sie müssen eine Tätigkeit ruhen lassen, um eine Bürste für zwei Minuten im Mund hin- und herzuschieben, ohne gleich den damit verbundenen Nutzen (keine Karies) zu verspüren. Das Verständnis dafür können Kinder aber erst etwa ab dem sechsten bis achten Lebensjahr aufbringen. Und auch dann ist dieses ominöse »Loch im Zahn« weiterhin ein sehr abstraktes Konstrukt, in sehr, sehr weiter Ferne. Im verhaltenstherapeutischen Jargon würde man sagen: Die Verstärkerkontingenz des Zähneputzens ist einfach zu schwach – der Nachteil in zu weiter Ferne. Und der daraus gewonnene oder zu erwartende Vorteil viel zu gering. Es ist also ziemlich verständlich, dass unsere noch hauptsächlich lustgesteuerten Engelchen keine Lust auf die tägliche Zweimal-zwei-Minuten-Pflicht haben. Wir tun daher gut daran, das Ganze möglichst attraktiv zu gestalten. Und das am besten immer wieder neu; mit tollen Zahnbürsten und leckerer Zahnpasta, mit Zahnputzlied und Handpuppen oder unterschiedlichen Charakteren, die das Zähneputzen begleiten. Bei uns war lange eine leicht dümmliche Fee, die unbedingt lernen wollte, wie das mit dem Zähneputzen geht, der absolute Renner. Und dann auch wieder total out – etwas Neues musste her.

Mach ein Spiel daraus, bei dem jeder gewinnt. In den ersten zwei Jahren gilt vor allem eins: locker bleiben! Und bitte: kein Zwang! Kein Zahn fault ab, wenn er mal ein paar Tage nicht geputzt wird. Aber der Fleck auf eurer Beziehung bleibt. Du erinnerst dich vielleicht daran, dass Mogli mehr als zwei Wochen das Putzen verweigert hatte – als zwei Backenzähne gleichzeitig durchbrachen, wusste ich, warum. Kinder folgen ihrer Logik, auch wenn sie sich uns nicht immer gleich erschließt.

Und wenn dir eben doch mal der Geduldsfaden reißt – sei nachsichtig mit dir! Auch das passiert in den bedürfnisorientiertesten Familien!

Meine Grenzen und ich

Mein Kind akzeptiert meine Grenzen nicht

Häufig habe ich sehr verzweifelte Frauen in meiner Beratung, die sich wirklich gern Raum nehmen *würden*, sei es nun, um kurz durchzuatmen, wenn sie wütend sind – aber dann rennt ihnen immer schreiend dieser Balg hinterher!!! Oder sei es, um wirklich auch mal zum Sport zu gehen – aber dann hängt das Engelchen heulend am Rockzipfel und will sie einfach nicht gehen lassen! Was tun?

Zunächst einmal ist es wichtig, den Anspruch loszulassen, dass dein Kind dafür Verständnis haben muss, dass du dir Zeit für dich nehmen möchtest. Kinder sind rein von ihrer Entwicklung egozentrisch – und das ist okay. Sie müssen es nicht feiern, wenn du ins Yoga gehen möchtest. Es ist okay, dass sie das doof finden. *Und* – du darfst dennoch gehen! Folgende Aspekte können deine Hemmschwelle etwas senken:

- **Beginne klein!** Mal angenommen, dein Kind ist zwei, drei, vier, fünf Jahre alt und du möchtest jetzt damit beginnen, dir mehr Raum für dich zu nehmen. Dann kannst du schwer voraussetzen, dass dein Kind das vom einen Tag auf den anderen fressen wird. Denn es kennt es ja bisher nicht anders! So wie du braucht also auch dein Kind eine Phase der Umstellung. Daher bietet es sich an, mit kleinen Dingen zu beginnen, beispielsweise mit deinen Grundbedürfnissen. Das hat zwei Vorteile; zum einen kannst *du* dich üben, für eine Selbstverständlichkeit einzustehen – beispielsweise, dass du auf die Toilette musst oder erst noch etwas trinken möchtest, bevor du XYZ machst. Zum anderen kann sich aber auch dein *Kind* in sanften Schritten daran gewöhnen, dass sich dein Maßstab für den Umgang mit dir selbst Zentimeter für Zentimeter verändert. Das kannst du dann sukzessive steigern; wenn die Realisierung der Grundbedürfnisse gut klappt, frage dich, welcher Schritt, welcher Raum sich als Nächstes stimmig für dich anfühlen würde. Und dann geh genau dafür!

- **Plane gut!** Wenn du weißt, dass du heute bereits exklusive Zeit für dein Baby hattest und dass die auch für morgen wieder fest im Programm steht, dann kannst du dir deine Zeit für dich nehmen, ohne ein schlechtes Gewissen zu haben. Weil du weißt: Alles hat seinen Platz!
- **Führe dir deinen Wert vor Augen!** Bei mir ist es so, dass ich mittlerweile weiß, dass ich meine Kinder auf eine ganz andere Art und Weise begleiten kann, wenn ich aus dem Yoga komme, als wenn ich diese neunzig Minuten für mich ausfallen lassen würde, um dann zwar physisch anwesend zu sein, innerlich aber angespannt, genervt, gestresst, frustriert oder sonst was wäre. Wenn ich mir die Zeit für mich mit einer gesunden Selbstverständlichkeit zuspreche, profitiert am Ende jeder! Was es hierfür braucht, ist ein Wissen um deinen Wert. Denn du bist der Kirschbaum. Nur wenn du in deiner Blüte stehst, kann sich deine Familie an dir nähren!

Wohin mit meiner Wut?

Gerade für uns Frauen und Mütter ist es ein fetter Batzen, wenn wir erkennen, dass wir ein Wut-Thema haben. Aber auch für Männer ist es nicht ohne – denn dieses Gefühl ist einfach ein von der Gesellschaft verstoßenes, egal bei welchem Geschlecht. Ich würde gern damit brechen. Ich möchte dich entlasten und dich als ersten

Schritt dazu einladen, dieses Gefühl zu entstigmatisieren. Und seinen Wert zu erkennen.

Wut schützt. Wut ist Kraft. Wut ist Lebensenergie. Wut hat Wucht. Wut bewegt.

Wut ist an und für sich ein super Gefühl. Wenn da nur nicht die zerstörerische Komponente wäre, die eben meist dann durchkommt, wenn das Gefühl nicht kanalisiert und nicht integriert werden konnte.

Ich möchte dich daher dazu einladen, dass du dir einen Raum schaffst, in dem deine Wut gelebt werden kann – und da darfst du dich gern ein wenig ausprobieren, bis du die für dich stimmige Form gefunden hast. Für manche ist es eine Kampfsportart, für andere das Schreien im Wald. Für wieder andere Schwitzsport oder freies Tanzen. Wo kannst du deine Wut auf eine freie, lebendige Art und Weise leben? Ohne sie zu verteufeln, sondern um von dieser geballten Energie gestärkt wieder nach Hause zu kommen?

Wut ist außerdem ein sogenanntes Sekundärgefühl – also ein Gefühl, das meist infolge eines anderen, tiefer liegenden Gefühls aufkommt. Zum Beispiel Traurigkeit. Hilflosigkeit oder Ohnmacht. Für einen nachhaltigen Umgang mit deiner Wut ist es unumgänglich, dir das zugrunde liegende Gefühl anzuschauen. Ohne Furcht. Ohne Angst. Einfach damit sein. Du wirst sehen, was davon bleibt ... Das klingt einfach und das ist es eigentlich auch. Und dennoch kann es hilfreich sein, sich gegebenenfalls Unterstützung dabei zu holen.

Ich habe ein schlechtes Gewissen

Jede von uns hat schon mal einen Fehler gemacht. Und das ist okay. Denn wir sind und bleiben Menschen. Nun gibt es manche Menschen, die das auf die leichte Schulter nehmen, ihren Fehltritt vielleicht sogar eher kleinreden oder ihn relativieren. Und dann gibt es andere Menschen – die haben ein schlechtes Gewissen. Für eine ziemlich lange Zeit. Und das lässt sie auch nicht los, und wenn sie ehrlich sind, prägt es ihren Umgang mit ihren Kindern. Da ist zum Beispiel die Tendenz, es dem Kind immer recht machen zu wollen, schließlich haben wir ja damals XYZ, und damit unsere Beziehung darunter nicht leidet, machen wir nun eben PXQ.

Wenn dir ein alter Fehltritt immer noch im Nacken sitzt, möchte ich dich zu folgender Frage einladen: Hatte dein damaliges Ich – zu der Zeit, als du diesen Fehler begangen hast – eine böse Absicht? Hat es willentlich, bewusst, aus vollem Kalkül und absolut absichtlich diesen Fehler gemacht? Vielleicht sogar, weil es dem Kind schaden wollte? Ziemlich sicher nicht, oder?

Könnten wir stattdessen sagen, dass dein damaliges Ich aus seinem damals bestmöglichen Gewissen heraus gehandelt hat? Seinem damaligen Wissens- und Kenntnisstand entsprechend? Weil es bestimmte Dinge vielleicht einfach noch nicht besser wusste. Oder konnte. Oder wollte. Aber mit Sicherheit nicht aus einer bösen Absicht heraus? Dann hast du keinen Grund mehr, sauer auf dich zu sein! Du hast damals dein Bestes gegeben. Und heute hast du die Möglichkeit, aus deinen Fehlern zu lernen. Und die Tatsache, dass du gedanklich immer noch vorwurfsvoll in der Vergangenheit hängst, blockiert dich dabei! Schuld und Scham halten dich in der Vergangenheit fest. Schuld und Scham bringen dich nicht weiter. Schuld und Scham bringen niemanden was. Darum: Leck dir noch einmal deine Wunden, wenn du das brauchst. Und dann verzeih dir! Verzeih dir, indem du deine Lektion daraus ziehst – und es heute auf die Art und Weise machst, wie du es mit bestem Gewissen verantworten kannst.

Ich kann nichts und niemandem mehr gerecht werden

Wenn wir mehr als ein Baby haben (das kann dein Job sein, deine Partnerschaft oder tatsächlich ein weiteres Kind), kommen wir als Eltern um einen Punkt nicht herum: das Gefühl, nichts und niemandem mehr so *wirklich* gerecht werden zu können. Wenn wir arbeiten, sind wir müde und vermissen unser Kind. Wenn wir bei unserem Kind sind, denken wir an die Arbeit. Wenn wir mehrere Kinder haben, reicht die Zeit, die Kraft und die Aufmerksamkeit eh an keiner Ecke mehr, der Haushalt bleibt regelmäßig liegen, Freunde und Hobbys werden vernachlässigt und von der Partnerschaft fangen wir am besten gar nicht erst an zu reden. Was bleibt, ist das ewig nagende schlechte Gefühl, nichts und niemandem mehr zu 100 Prozent gerecht werden zu können.

Wenn du dieses ewige Mangelgefühl kennst, dann hilft dir vielleicht folgende Perspektive: Was, wenn es *okay* ist, nicht alles zu schaffen? Was, wenn wir gar keine Superhelden-Mama sein müssen? Was, wenn du es dir stattdessen genussvoll erlauben würdest, deine Prioritäten zu setzen und danach zu leben? Um das andere auch einfach mal gelassen zu unterlassen? Mut zur Lücke. Und Freude an der Unvollkommenheit.

Und was immer gut ist: eine gute Struktur und eine verlässliche Planung! Denn das hilft, dem Nörgler in dir etwas entgegnen zu können, wie zum Beispiel: »Junge, jetzt mach mal nen Punkt! Ich habe heute sechs Stunden gearbeitet und es ist okay an dieser Stelle, mit meinen Kindern jetzt einfach mal genussvoll ein Eis zu essen! Morgen ab neun Uhr bin ich wieder am Schreibtisch – versprochen!«

Geschwister

Sobald es still wird, setzen sie etwas unter Wasser

Wenn Geschwisterkinder gemeinsam Chaos stiften, prüfe zunächst, worum es den beiden eigentlich geht. In den allermeisten Fällen ist der Zusammenschluss von Geschwistern nämlich ein gutes Zeichen – sie verbünden sich, sie schmieden einen Plan, sie erleben gemeinsame Aufregung und rücken dabei näher zusammen.

Zunächst ist es wichtig, sich daran zu erinnern, dass die kleinen oder größeren Randale in den allermeisten Fällen *nicht* das Ziel verfolgen, *dich* zu ärgern. Selbst wenn die Aktionen gegen dich gerichtet sind, ist die Agenda dahinter keine böse. »Das machen die doch jetzt absichtlich, und zwar nur, um mich zu ärgern!«, ist Erwachsenen-Denken. Kinder denken noch nicht so. Kinder handeln. Und die Agenda hinter gemeinsam bemalten Wänden oder geklauten Süßigkeiten ist einfach und sehr wahrscheinlich nur, dass sie ihr Wir-Gefühl stärken möchten.

Schaffe ihnen daher Möglichkeiten, die für dich verträglich sind, um dieses Bedürfnis zu befriedigen. Beispielsweise indem du beiden eine Aufgabe gibst oder sie auf eine Mission schickst, die dir auf den ersten Blick noch eine halbe Nummer zu groß für sie erscheint. Damit erweckst du bei beiden ein Interesse, einen Reiz – und das ausgeschüttete Adrenalin bestärkt das erwünschte Teamerlebnis.

Was tun bei Konkurrenzverhalten?

»Mein Bild ist aber viel schöner als deins!« – »Dafür hab ich ein viel schöneres Mäppchen als du!« Eine Gesprächssequenz unter Geschwistern, bei der wir als Eltern meistens nur seufzend danebenstehen und uns genervt fragen, was wir um Gottes Willen nur falsch gemacht haben …

Du hast nichts falsch gemacht. Denn diese Phase ist aus entwicklungspsychologischer Sicht ganz normal. Kinder formen ihr Selbstbild und dafür müssen sie sich vergleichen und von anderen abheben. Die Entwicklung der Ich-Identität zieht sich bis ins Jugendalter und eigentlich ist es total genial, dass sie im Kindesalter das *Positive* hervorheben. Stell dir mal vor, es wäre andersrum: »Mein Bild ist viel hässlicher als deins.« – »Hmmm, dafür hab ich ein hässliches Mäppchen …« Was für ein Selbstbild würde da entstehen?

Was spricht dagegen, dass Kinder im Kontakt untereinander ihre Stärken betonen? Wenn du deine Kinder dabei beobachtest, wie sie sich vergleichen oder konkurrieren – wie geht es ihnen dabei? Hast du den Eindruck, dass sie unter Spannung stehen? Dass es ihnen dabei schlecht geht? Oder ist es eher ein natürlicher, fließender Prozess, in dem Relationen geklärt und Positionen eingenommen werden?

Bist es am Ende vielleicht »nur« du, für die diese Situationen ein Problem sind? Prüfe für dich, wie du zu Konkurrenz stehst. Was für spontane Assoziationen entstehen? Kannst *du* deine Stärken und deine Person gut hervorheben, ohne dabei ein schlechtes Gefühl zu haben? Vielleicht hast du ja Lust, dich *dieser* Baustelle zu widmen?

Was du konkret im Kontakt zu den Kindern tun kannst? Halte dich raus, solange dich die Kinder nicht direkt involvieren. Vertraue! Wenn du hinzugerufen wirst, dann versuche den Fokus immer auf den Genuss der Sache zu lenken: »Welches Bild ich am schönsten finde? Hat es euch denn Spaß gemacht, es zu zeichnen? Ja? Na also, das finde *ich* am allerschönsten: die Freude am Zeichnen.« Nimm Druck raus und mach, wann immer es möglich ist, ein Spiel daraus, bei dem jeder gewinnt. »Oh je, ihr wollt beide als

Erste das Mittagessen??? Wartet, ich versuche, euch gleichzeitig aufzutun ...« Alber herum. Hab Spaß. Es gibt nichts zu verlieren.

Aggression unter Geschwistern

Streit unter Geschwistern ist normal. Nicola Schmidt berichtet, dass sich Geschwister durchschnittlich alle zehn Minuten streiten.[36] Diese Reibereien sind, sofern sie von der Elternseite her entsprechend begleitet werden, ein geniales Lernfeld. Auch für dich – denn meistens leiden die Eltern mehr darunter als die Kinder. Schön daran zu erkennen, dass die Kinder fünf Minuten später wieder ein Herz und eine Seele sind.

Ich möchte dich dazu einladen, den Fokus *immer* zuerst auf dich zu richten, um in deine Klarheit zu finden und von dort aus in die Konfliktlösung mit deinen Kindern zu gehen. Also: Was passiert in dir, wenn sich deine Kinder streiten? Welche alten Wunden berührt es? Arbeite *dein* Kernthema heraus. Denn hier kannst du wirklich Einfluss nehmen.

Natürlich müssen wir aber als Eltern auch aktiv werden, selbst wenn wir noch nicht in der vollständigen Erleuchtung angekommen sind. Lass uns also in aller Kürze darauf blicken, was wir konkret tun können, um unserer elterlichen Verantwortung auch bei einem Geschwisterstreit gerecht zu werden:

Übe dich darin, dich wirklich nur dann einzuschalten, wenn nach deiner Hilfe gefragt wird. Wenn die Kompetenzen ungleich verteilt sind und ein Kind beispielsweise noch nicht sprechen kann, kann es angemessen sein, mit in den Raum zu kommen, wenn du merkst, dass die Stimmung kippt, um gegebenenfalls moderieren zu können. In den allermeisten Fällen finden Kinder aber auf ihre eigene Art und Weise eine Lösung, wenn wir ihnen den

Raum und die Möglichkeit dazu lassen. Und wir dürfen uns dann darin üben, dass das Resultat nicht unbedingt unseren Vorstellungen entspricht.

Ich erinnere mich an eine Szene meiner Tochter mit einer Freundin. Die beiden haben sich wegen einer Playmobil-Figur sprichwörtlich in die Haare gekriegt. Meine Tochter beschwichtigte ihre Freundin schließlich, indem sie ihr ein Gummibärchen anbot. Das entspricht überhaupt nicht *meinen* Ansprüchen, die ich an eine Konfliktlösung stellen würde. Aber für die beiden war es okay und sie fanden wieder in ihr Spiel.

Wenn Gefahr in Verzug ist, solltest du dich definitiv einschalten. Im besten Fall kennst du die »Vorbeben« und kannst rechtzeitig in Reichweite kommen, um gröbere Aggressionen rechtzeitig unterbinden zu können und die Konfliktlösung moderierend zu unterstützen.

Hierbei lohnt es, sich zunächst Zeit zu nehmen, um die unterschiedlichen Bedürfnisse herauszuarbeiten. Achte dabei darauf, dass der Fokus darauf bleibt, wer was braucht, wer sich was wünscht. Und lass es nicht abdriften in ein »Sie hat aber das gemacht!« – »Und dann hat sie mich aber gehauen!« – »Und sie hat mir das weggenommen« … Betrachte deine Aufgabe nicht polizeilich. Sondern fürsorglich. Und die beste Fürsorge trägst du bei, wenn du die Streitenden darin unterstützt, einen Weg zu finden, *das* auszudrücken, was sie *eigentlich* brauchen. Achte darauf, dass der Redeanteil gleich verteilt ist und fasse am Ende kurz und knackig zusammen, was die jeweiligen Bedürfnisse sind. Dann kannst du fragen, ob jemand eine Idee hat, wie die Situation gelöst werden könnte. Wenn von den Kindern nichts kommt, mach Vorschläge, die möglichst beide Bedürfnisse abdecken.

Zum Beispiel stellt sich in der Klärung heraus: Das große Kind will allein spielen, das kleine Kind will unbedingt das rote Auto. Du kannst also das große Kind fragen: »Könnten wir uns das rote Auto für einen kleinen Augenblick leihen, um damit im Wohnzimmer zu spielen? Dann hast du hier deine Playmo-Welt ganz für dich.«

Es kann auch hilfreich sein, die beiden Streithähne oder -hühner zu fragen, was sie bräuchten, um sich wieder zu vertragen und wieder gemeinsam spielen zu wollen. Häufig kommen wirklich süße und nahezu triviale Sachen dabei raus, wie: »Ich möchte diese Figur spielen und du sollst diese hier nehmen«, was von der Gegenseite oft schnurstracks angenommen wird – und zack, schon ist aller Streit vergessen. Und wenn nicht, liegt es nicht an dir! Wenn du merkst, dass du während der Konfliktklärung anspannst, wende dich dir selbst liebevoll zu. Atme. Ent-spanne. Du machst das gut! Du *bist* gut! Und der Streit zwischen deinen Kindern ist kein Ausdruck für dein Versagen. Sondern vielleicht viel mehr für die starken Charaktere, die du geboren hast. Oder vielleicht auch einfach nur für normale Geschwisterrivalitäten. Führ dir vor Augen, dass es *okay* ist, wenn sie sich streiten. Dazu sind Geschwister da. Und tatsächlich erleben unsere Kinder es meist weniger drastisch als wir selbst. Wesentlich ist, dass du möglichst geklärt im Kontakt bist. Denn dann fällt es dir auch leichter, Opfer-Täter-Dynamiken zu vermeiden. Ganz häufig haben wir nämlich die unbewusste Tendenz, uns auf die Seite *des* Kindes zu stellen, das uns ähnlicher ist. Bleib neugierig und offen und lass ganz bewusst deinen Film los, um mit wachem und liebevollem Blick auf *alle* Beteiligten zu schauen.

Meistens beginnt aber genau *hier* die Schwierigkeit: Konflikte ruhig, geduldig, liebevoll und nicht wertend zu begleiten, ist eine Herausforderung! Die vier Säulen Selbstbeziehung, Vertrauen, Präsenz und Verantwortung helfen dir dabei. Denn genau das ist es, was du brauchst, um einen Konflikt begleiten zu können.

Partnerschaft

Mein Partner sieht das aber leider anders …

Nicht immer haben wir das Glück, dass wir uns mit unserem Partner einig sind, auf welche Art und Weise wir mit unseren Kindern umgehen möchten. Mitunter kommt es vor, dass du dich mit einer neuen Methode befasst (Familienbett, Bedürfnisorientierung, Achtsamkeit …) und *begeistert* bist! Dein Partner sieht das aber leider anders … Er verbindet damit vielleicht die Sorge, das Kind könne verzogen werden oder wird irgendetwas auf diese Weise *nie* lernen. Oder gar zum Tyrannen werden. Hierbei handelt es sich um alte, über Generationen hinweg weitergegebene Strukturen. Und diese zu durchbrechen ist waschechte Pionierarbeit. Du bist eine *Pionierin*, wenn du dich aufmachst, neue Wege mit deinem Kind zu gehen. Und eine Pionierin leistet nun mal Pionierarbeit. Nur, wenn wir dabei missionieren, ist es quasi vorprogrammiert, dass sich unser Gegenüber verschließt und seine Perspektive verteidigt. Daher hier ein paar Tipps, wie du stattdessen vorgehen kannst, um die Wahrscheinlichkeit zu erhöhen, dass sich dein Partner für deine neue Idee öffnet:

1. Hör zu!

Schenk deinem Partner deine volle Aufmerksamkeit und hör wirklich zu. Was ist das Anliegen? Was ist der Wunsch? Was ist die Sorge? Welche Ängste gibt es? An dieser Stelle möchtest du noch nichts erreichen – du hörst nur zu und öffnest dich für die Welt deines Partners. Sei neugierig. Sei zugewandt. Bring Verständnis auf. Sei präsent für ihn.

2. Sei clever!

Nörgeln, Betteln, Jammern, Motzen – all das führt dazu, dass sich dein Gegenüber verschließt und in eine Abwehrhaltung geht. Finde heraus, was die Sache für ihn interessant macht. Kannst du das nutzen, um deine Sicht der Dinge als Option auf den Tisch zu bringen?

Ich weiß zum Beispiel, dass mein Mann es liebt, wenn er das Gefühl bekommt, der Ritter zu sein – ein Held, der seine holde Maid rettet. Brauch ich das immer tatsächlich? Nein! Kann ich es trotzdem nutzen? Ja! Bin ich deswegen manipulativ? Nein! Das ist nicht manipulativ – sondern *clever*!

Das Ganze kann dann etwa so aussehen: »Die aktuelle Situation XY ist so schwer für mich (100 Prozent wahr!) und ich würde es so gern mit Methode XY probieren (100 Prozent wahr!) – du würdest mir einen unfassbaren Gefallen tun, wenn du mich dabei unterstützen würdest (100 Prozent wahr!)!« Das ist nicht gelogen. Das ist eine verpackte Tatsache, die für meinen Mann auf einmal interessant wird …

3. Findet einen Deal

Wenn du wirklich Verständnis für die Sicht deines Partners aufbringen konntest und deine Strategie gut verpackt hast, hast du gute Chancen bei der Verhandlung. So könntest du vorgehen:

»Ich habe gehört, dass du die Sorge hast, dass Mala … (nicht lernt, ihre Impulse zu kontrollieren). Ich teile diese Befürchtung! Ich wünsche mir auch für sie (oder für uns) … (dass wir Konflikte friedlich und ohne Streit lösen können). Und ich glaube, dass die Methode AB (Bedürfnisse herausarbeiten und Alternativen finden) uns dabei helfen könnte, unser gemeinsames Ziel zu erreichen. Für mich ist die aktuelle Situation so unfassbar herausfordernd und du könntest mich damit so gut dabei unterstützen, … (hier platzierst du den Punkt, der für dein Gegenüber spannend ist). Wollen wir es nicht einfach mal ausprobieren? Erst mal für eine Woche und danach können wir ja weiterschauen. Was meinst du … (hier verhandelst du)?«

Wichtig dabei ist, dein Gegenüber immer wieder einzubeziehen, indem du Fragen stellst, seine Sicht und seine Anliegen miteinbeziehst und dich in deinem wahrhaftigen Anliegen authentisch zeigst.

Wenn du deinen Partner davon überzeugen konntest, die Strategie XY auszuprobieren, haben diese Punkte in diesem Zeitraum weiterhin Gültigkeit: Sei wach für das, was ihn wahrhaftig bewegt, verpacke deine Wahrheiten so, dass er sie gut annehmen kann. Und dass das Endergebnis auch für ihn interessant ist.

Eltern sein, Paar bleiben – aber wie?

Ich hatte eine ziemlich romantische Vorstellung vom Elternsein. Verkörperte Liebe! Er und ich, Hand in Hand, innig verliebt das Kindchen bestaunend … Okay, ja, es gab diese Momente. So drei, vier Mal im ersten Quartal. Den Rest der Zeit … waren wir froh, wenn jeder endlich mal wieder für sich sein konnte. Wir hatten wenig Zeit. Viel im Kopf. Viel um die Ohren. Und zwischen Stoffwindelbergen und Bäuchleinöl war kein Platz für uns. Geschweige denn für Romantik.

Wir funktionierten.

Beim zweiten Kind ähnlich, nur schlimmer – denn nun wollte in den wenigen Pausen natürlich die Große endlich Aufmerksamkeit … Allerdings wusste ich jetzt: Es geht vorbei! Klar, ich wusste das beim ersten Baby auch. Doch beim zweiten hatte ich es *erfahren*.

Lass mich dir sanft etwas zuflüstern, das – ich weiß! – wahrscheinlich schon abgedroschen und doch wahr ist: Diese Zeit, in der deine Kinder dich so sehr brauchen, wird rückblickend so schnell vorbeigegangen sein! Es ist okay, wenn ihr als Paar in dieser kurzen Zeit eine funktionale Phase durchlebt. Denn auch das geht ganz natürlich wieder vorbei. Wenn es euch gelingt, hierfür eine Akzeptanz zu kultivieren, öffnet das neue Tore: Die kurze innige Umarmung zwischen den Wäschebergen kann dann zum Ausdruck eurer Verbundenheit werden oder das unerfragte Reichen der frischen Feuchttuchpackung beim Wickeln ein Zeichen von Aufmerksamkeit.

Die Zeit, in der euch wieder mehr Freiraum zur Verfügung steht, wird kommen! Bis es soweit ist, überlegt euch: Wie könnt ihr *jetzt* das Beste aus dem knappen Zeitbudget machen? Wie könnt ihr jetzt Ja zu euch als Paar in der aktuellen Lebensphase, mit all den damit einhergehenden Umständen, sagen?

Führt euch außerdem vor Augen, dass ihr mit dem Thema definitiv nicht allein seid! Ja, es ist wunderschön, Eltern zu werden. *Und* es ist wohl eine der größten Krisen, die ein Paar durchläuft. Es ist okay, wenn es knirscht! Mit Akzeptanz durchbrecht ihr den Kreislauf der Krise. Bringt Spiel rein. Und führt euch die Endlichkeit des Ganzen vor Augen.

Bedürfnisse kommunizieren

Häufig fällt es uns im Alltag sehr schwer, uns ganz ehrlich mit unseren Bedürfnissen zu zeigen. Und daher passiert es nicht selten, dass du dich den ganzen Tag kümmerst und kümmerst und kümmerst. Und dabei selbst verkümmerst.

Das muss nicht sein! Du musst nicht über deine Grenzen gehen. Du bist wichtig. Und deine Bedürfnisse sind wichtig. Dass es uns so schwerfällt, uns in unserer Bedürftigkeit zu zeigen, ist definitiv gesellschaftlich und kulturell bedingt. Wir verbinden (erwachsene) Bedürftigkeit mit Schwäche, wir sprechen (oder denken) von einem »Jammerlappen« oder einer »Heulsuse« – einfach nicht belastbar! Und irgendwie nervig. Auf jeden Fall weniger angesehen als die Supermama.

Doch weißt du, was? Ich empfinde es als einen Ausdruck *maximaler* Stärke, wenn du dich auch in deiner Schwäche zeigen kannst. Wahrhaftige Stärke und Kraft entsteht, wenn wir Ja zu unserer Verletzbarkeit sagen. Ja zu unseren Fehlern. Ja zu unseren Bedürfnissen.

Seine Bedürfnisse zu kennen und dafür einzustehen, ist für mich der Inbegriff von Selbst-bewusst-sein. Denn dann bin ich mir meiner selbst bewusst.

In unserem Alltag mit Kindern warten wir häufig viel zu lang, bis wir für unsere Bedürfnisse einstehen. Dabei ergibt es wirklich keinen Sinn, wenn wir uns immer und immer wieder zurückstellen. Denn du bist der Kirschbaum. Nur wenn du in deiner Blüte stehst, kann sich deine Familie an dir nähren.

Können wir uns also bitte darauf einigen, dass es *wirklich* eine gute Idee ist, die eigenen Bedürfnisse zu kommunizieren?

Zeig dich!

Am Anfang ist das meist etwas ungewohnt und wirkt vielleicht unbeholfen. Daher kann es hilfreich sein, dir zu Beginn einige Sätze vorzuformulieren und richtig einzuüben. Such dir dafür ein oder zwei wiederkehrende Situationen aus, in denen du üben möchtest. Ich verspreche dir, irgendwann platzt der Knoten und es wird freudvoll aus dir heraussprudeln. Das Geniale daran ist: Alle Seiten gewinnen! Wenn du dabei folgende Punkte beachtest:

Sei aufrichtig

Es ist wichtig, dass du dir im Voraus einige Momente Zeit nimmst, um dir über dich und dein wahres Bedürfnis gewahr zu werden. Was willst du wirklich-wirklich? Was brauchst du wirklich-wirklich?

Bleib bei dir

Der Klassiker, den du sicher schon einmal gehört hast: Sende Ich-Botschaften! Sprich von dir und von dem, was *du* brauchst. Was *du* dir wünschst. Und nicht davon, was der andere tun oder lassen soll.

Fass dich kurz

Halte keine Monologe und auch keine Reden über dein Innenleben. Es sei denn, dein Gegenüber fragt dich explizit danach oder du hast dir davor die Erlaubnis dafür eingeholt. Ansonsten: Fass dich bitte kurz. Und versuche dein Anliegen, dein Bedürfnis in ein bis maximal zwei Sätzen an den Mann zu bringen.

Sei freundlich

Es ist nicht manipulativ, wenn wir uns darüber Gedanken machen, wie wir unser Gegenüber am besten dazu bringen, dass es uns unsere Wünsche erfüllt. Sondern clever. Und unsere Wünsche werden sehr viel wahrscheinlicher von anderen erfüllt, wenn wir freundlich sind. Also, be smart und schmeiß deinen individuellen Charme mit in den Topf, wenn du beginnst, für dich und die Erfüllung deiner Bedürfnisse einzustehen.

Erwartungen Dritter

»Oma, du bist ein Arschloch!«

Es ist quasi unumgänglich, dass Kinder ab einem gewissen Alter Schimpfwörter aufschnappen. Der Kindergarten ist dafür prädestiniert, aber auch der Betrunkene in der U-Bahn – Kinder sind wie Schwämme. Es ist also nicht zwangsläufig ein Rückschluss auf *dein* Vokabular, wenn dein Kind zu fluchen beginnt.

Aber was tun, wenn es andere beschimpft?

Der erste Impuls ist wahrscheinlich, dem Kind zu sagen, dass man so etwas nicht sagen darf. Denn die Beschimpfung geht mit einer gewissen Scham dafür einher, dass unser Kind überhaupt solche Kraftausdrücke verwendet. Schließlich zeichnet sich dadurch auch ein Bild von uns. Und schnell kommt der Impuls, uns ins rechte Licht rücken zu wollen.

Aber lass uns zunächst einen Blick darauf werfen, wie du auf dein Kind eingehen kannst. Natürlich spürt dein Kind die Schwingung des Wortes und bekommt mit, dass es verwendet wird, wenn man beispielsweise wütend ist. Wenn du deinem Kind nur das Schimpfwort verbietest, kommt bei ihm unterm Strich an, dass es seinem Erleben keinen Ausdruck verleihen sollte. »Arschloch« ist für das Kind zunächst nur ein Wort, das beispielsweise für »Ich bin wütend« steht. Schau daher zuerst darauf, was hinter der Beschimpfung steht. Frust? Ärger? Was möchte dein Kind eigentlich sagen? Geh *hierauf* ein. Denn generell ist es eine grandiose Fähigkeit, dass dein Kind dazu in der Lage ist, verbal auszudrücken, dass es wütend ist. Oder? Nun wäre da nur noch das *Wie*. Um diese Botschaft an dein Kind zu bekommen, bring es erst einmal in einen sicheren Hafen. Denn hier ist es aufnahmebereit. Sorge für eine Atmosphäre des Wohlwollens und halte dich kurz: »Du bist wütend auf

Oma? Du wolltest das lieber allein machen und Oma hat das gar nicht bemerkt?« Warte die Reaktion des Kindes ab und bring dein Verständnis zum Ausdruck. Wenn eine Verbindung besteht und du deinem Kind Gelegenheit geben konntest, sein Anliegen auszudrücken, kannst du ergänzen:»Beschimpfungen tun weh. Wie könntest du es Oma denn noch sagen, dass du das allein machen möchtest?«

Prüfe außerdem, was in *dir* passiert, wenn dein Kind jemanden beschimpft. Kannst du dich in solchen herausfordernden Momenten von dem Druck freisprechen, was andere von dir denken könnten, und deinen Fokus auf dein Kind lenken? Kannst du dich freisprechen von all den Szenarien, die in deinem Kopf entstehen, und auf das Wesen eingehen, das vor dir steht, im Hier und Jetzt?

Was kostet dich der prüfende Blick darauf, *warum* dein Kind deine Mutter beschimpft? Was kostet dich die Perspektive darauf, was dein Kind braucht? Es kostet dich vor allem das Loslassen der Erwartungshaltungen an dich als Mama. Und wenn die Beschimpfte dann auch noch deine eigene Mutter ist, zusätzlich auch noch das Loslassen der Erwartungshaltungen an dich als Tochter. Wie du zu sein hast. Oder wie auch nicht.

Agieren wir entgegen gängiger Erwartungen, stoßen wir damit meist auf Unverständnis. Das wird mal mehr, mal weniger subtil geäußert. Die bösen Blicke auf dem Spielplatz sind schon herausfordernd, aber die der eigenen Eltern haben eine besondere Wucht – denn sie versetzen uns schlagartig zurück in alte Muster und Dynamiken.

Wie willst du antworten? Willst du als erwachsene Frau deinen authentischen Weg gehen? Oder willst du in kindlichen Strukturen weiterhin die Erwartungen deiner Mutter erfüllen? Das Leben ist dein Spiel. Erlaube dir, es nach deinen eigenen Regeln zu spielen.

»Sag Entschuldigung!«

»Ich will, dass du dich dafür bei Anton entschuldigst!«, sagen wir, verbunden mit der besten Absicht, unserem Kind beizubringen, was Recht und Unrecht ist und wie man ein Fehlverhalten ausgleichen kann. Doch spätestens, wenn ein Kind dem Beschädigten ein flüchtiges »Tschuldigung!« hinterherruft und sich dabei nicht einmal umdreht, sollten Eltern merken, dass die Strategie, eine Entschuldigung einzufordern, nicht wirklich funktioniert.

De facto lernen die zum »Entschuldigung«-Sagen »dressierten« Kinder nur: Wenn ich tue, was Mama sagt, kann ich in Ruhe weiterspielen. Und ich beobachte in den seltensten Fällen wirkliches Mitgefühl. »Entschuldigung« bleibt eine leere Phrase, die sie von ihrer Schuld befreit. Ent-schuldigt. (»Aber ich hab' doch Entschuldigung gesagt!!«)

Durch das bloße Abverlangen eines Wortes (»Entschuldigung«) wird kein Perspektivwechsel angeregt und auch keine Empathie gefördert – diese beiden Fähigkeiten sind aber genau das, was es zur Entwicklung der Moral benötigt. Und genau darauf wollen wir ja hinarbeiten, wenn wir unser Kind anregen, sich zu entschuldigen, richtig? Wir wollen, dass sich unser Kind sozial kompetent und moralisch korrekt verhält. Wer einen Fehler macht, entschuldigt sich. Oder? Ja schon, aber für mich ist das das Ende vom Lied. Davor kommt doch noch die Notwendigkeit, sich dem Beschädigten zuzuwenden, ihm Aufmerksamkeit zu schenken. Vielleicht eine Weile beim Weinen zuzuhören. Nachzufragen, was denn nun helfen würde. Beim Wiederaufstehen zu helfen. Die Hand auf die Schulter zu legen. Für die nächsten Augenblicke besonders zärtlich zu sein, da ich verstanden habe, dass es ihm gerade nicht gut geht. Ist das nicht viel moralischer als »Tschuldigung!«?

Kinder lernen durch Nachahmung. Daher lebe ich genau das beschriebene Verhalten meinen Kindern vor. Und ich entschuldige mich bei ihnen, wenn *ich* einen Fehler gemacht habe. Denn ich bin *das* Modell für meine Kinder. Wenn du dir also wünschst, dass sich dein Kind dafür entschuldigt, wenn es beispielsweise jemanden verletzt hat, dann solltest *du* ihm genau das vorleben.

Unsere Kinder *wollen* lernen. Unsere Kinder *sind* moralisch. Unsere Kinder sind gut. Wir dürfen ihnen vertrauen.

Was du konkret tun kannst – in aller Kürze:

- Fragen stellen, anstatt nur Forderungen anzubringen (»Was glaubst du, wie es Anton damit geht?«)
- Zur Perspektivübernahme anregen, statt Schema F einzufordern (»Schau mal, Anton weint. Was glaubst du, warum?«, »Was würde dir in so einer Situation helfen?«)
- Vorleben, was du dir von deinem Kind wünschst, anstatt einfach nur die Wiederholung eines bestimmten Wortes einzufordern.

Wutanfälle in der Öffentlichkeit

Ein Wutanfall hat seine Wucht. Schon in den eigenen, sicheren vier Wänden kann es zu einer Herausforderung werden, ihn zu begleiten. Doch wenn wir dann noch in der Öffentlichkeit sind und all diese Blicke in unserem Rücken spüren ... Den subtilen Druck. Die Bewertungen. Die Verurteilungen ... Dann bekommt die Tobsucht erst richtig Schmackes. Auf einmal wird uns, ohne dass wir es wollen, sehr wichtig, was die anderen denken. Denn schließlich geht es auch um das Bild, das von *uns* gezeichnet wird. Bin ich eine gute Mutter? Habe ich mein Kind »im Griff«? All diese Beurteilungen schwirren dann nämlich vor allem durch unseren eigenen Kopf! Es entsteht die (verständliche) Sehnsucht, uns selbst als kompetent zu erleben. Und das tun wir meistens dann, wenn uns eine Mehrheit anerkennend zunickt.

Unser Selbstwert ist wichtig – doch wollen wir uns wirklich in diese Abhängigkeit stellen? Ich weiß aus eigener Erfahrung, dass es für den Selbstwert *noch* effizienter ist, wenn wir unseren authentischen Weg gehen und auch auf ihm bleiben.

Daher lohnt es, sich einmal mit der Frage zu beschäftigen, wie wir uns in solchen Momenten denn gern verhalten würden. Wie möchtest du dein Kind begleiten? Was fühlt sich für dich und für deine Beziehung stimmig an? Zeichne dir im Voraus ein konkretes Bild davon, wie du beispielsweise Wutanfälle in der Öffentlichkeit lösen möchtest. Allein dadurch erhöhst du bereits die Wahrscheinlichkeit, dass es dir dann auch genauso oder zu mindestens so ähnlich gelingt.

Außerdem ist es spannend, auch darauf zu schauen, was du denn brauchst, um auf deinem Weg zu bleiben, unabhängig von deinem Aufenthaltsort. Für mich war es eine innere Sicherheit. Ein inneres Wissen darum, dass ich als Mutter genau richtig bin für meine Kinder. Ein Wissen darum, dass meine Art des Umgangs mit ihnen zwar nicht dem der Mehrheit entspricht, aber ich aus vollem Herzen Ja dazu sagen kann.

Ich kenne zugleich auch das Bedürfnis nach konkreten, handfesten Tipps, vor allem, wenn ich gerade in einer Krise stecke. Daher – here we go!

1. **Entspann dich:** Herausforderungen und Konflikte zeigen sich sehr schnell und sehr deutlich an unserem Körper ab. Wir spannen dann im wahrsten Sinne des Wortes an. Wenn du also in Stressmomente kommst, dann lohnt sich zu-

nächst ein Blick auf deinen Körper: Wo bist du angespannt?
Wo sitzt Druck, Spannung? Lass diese Spannung dann ganz
bewusst los. Und wenn du möchtest, begegne dir selbst on
top fürsorglich, beispielsweise, indem du dir kurz, aber sanft
dir Hand aufs Herz oder auf den Oberarm legst.

2. **Klarer Blick:** Lass die automatisch ablaufenden gedanklichen Filme über dein Kind und die Situation los und blicke
klar auf das, was ist. Berücksichtige dabei das Alter deines
Kindes, seinen Entwicklungsstand. Und dass eine Situation oder eine Phase nichts über das Wesen deines Kindes
aussagt.

3. **Eröffne einen Raum:** Fass die Situation in ein bis zwei Sätzen zusammen und signalisiere deinem Kind, dass du es ver-
stehst, dass du da bist und da bleibst. In etwa so:»Du wolltest die Gurke auf das Band legen. Und jetzt bist du ganz
wütend. Ich versteh dich. Du darfst wütend sein. Ich bin da!«

4. **Hüte den Raum:** Jedes Kind ist anders – manche Kinder
stürzen sich sofort in deine Arme. Manche wollen Raum
für sich. Finde heraus, was dein Kind braucht. Sei da. Sei
präsent. Und lass dein Kind leben, was es eben durchlebt.

5. **Führung:** Wenn du, andere, Gegenstände oder gar das Kind
selbst gefährdet werden, dann geh in Führung. Sei klar, präg-
nant und liebevoll. Kündige vorher an, was du tust und warum. Biete gegebenenfalls Alternativen an, bei denen das
Kind seine Impulse gefahrlos leben kann. Beispielsweise so:
»Stopp! Das verletzt andere. Wenn du etwas werfen willst,
dann nimm meine Mütze.« Oder:»Ich trag dich jetzt von
hier weg. Das ist gefährlich.«

6. **Achte gut auf dich:** Um den Sturm zu überstehen, wende dich zwischendurch immer wieder liebevoll dir selbst
zu. Das können Kleinigkeiten sein, wie darauf zu achten,

dass du bequem sitzt oder stehst. Oder zwischendurch etwas trinkst. Oder dich zwischendurch ganz bewusst mit
dir und mit deinem Atem verbindest. Blicke sanft auf dich,
auf die Situation und auf dein Kind.

Irgendwann ist die Luft und die Wut raus – versprochen! Und dein
Kind wird sich in deine Arme oder an die Hand nehmen lassen.
Spüre ganz bewusst diesen Moment. Er ist so kostbar. Tankt erst
mal gemeinsam wieder auf. Es gibt vorerst nichts weiter zu tun.

Nachwort

Ich habe dir eingangs von Nina_2015 erzählt. Einer jungen Mutter, die beste Ambitionen hatte. Hohe Ansprüche. Und ein wirklich großes Herz. Und die doch immer wieder scheiterte und dann vor allem ziemlich hart mit sich selbst ins Gericht ging. Mit diesem Buch hast du einen Einblick in den Weg bekommen, den ich selbst gegangen bin. In einen Weg, der auf einer alten Sehnsucht basierte. In einen Weg, von dem ich eine ganze Weile lang wollte, dass er endlich zu Ende ist. Dass ich am Ziel bin. Bis ich schließlich erkannte, dass es eigentlich eine viel bessere Idee ist, die einzelnen Schritte dorthin zu genießen. Diese Schritte gehe ich heute noch. Mit einer Mischung aus einem neuen Blick auf meine Kinder und damit auf mich selbst, verhaltenstherapeutischem Knowhow, neuro- und entwicklungspsychologischen Fakten und einem Touch New-Age-Spiritualität.

Nina_heute meckert ihre Liebsten mitunter immer noch an, obwohl sie eigentlich »nur« müde ist. Oder hungrig. Oder unter Stress. Oder weil sie sich mal wieder nicht gesehen fühlt. Doch ein paar ganz wesentliche Dinge haben sich dabei in den letzten Jahren verändert.

Die Dauer, die ich in meinem Film hänge, wird kürzer und kürzer. Ich komme schneller und schneller wieder in die Verbindung – mit mir selbst, mit meinen zauberhaften Kindern und mit meiner Vision davon, wie ich Familie leben möchte.

Ich gehe nicht mehr so hart mit mir ins Gericht, wenn ich mal wieder einem alten Muster verfalle. Ich habe anerkannt, dass niemand gewinnt, wenn ich mich verurteile. Stattdessen erkenne ich an und würdige, dass alle davon profitieren, wenn ich sanft und nachsichtig mit mir selbst bin. Und zeitgleich in die volle Verantwortung dafür trete, dass es sich morgen so möglichst nicht wiederholt.

Gerade weil ich große Visionen habe, gelingt es mir heute, den Weg als Ziel anzuerkennen und mir dabei mehr und mehr Freude, Leichtigkeit, Spiel und Spaß zu erlauben. Ich finde zunehmend in dieses Vertrauen, dass nicht nur meine Kinder, sondern auch ich und mein Leben, so wie wir gerade sind, genau *richtig* sind.

Ich bin nicht fertig, ich bin auch nicht angekommen, sondern ich bin ein lebendiger Prozess – und ich lerne jeden Tag dazu. Ich bin vollkommen in meiner Unvollkommenheit. Und du bist es auch! Du musst dich nicht schelten. Du musst dich auch nicht übermäßig anstrengen – denn du bist bereits vollkommen! Denn auch als Eltern bleiben wir Menschen. Mit Fehlern. Mit Macken und mit komischen Eigenarten. Die nun mal genauso zu uns gehören wie die Sonnenseiten. Und es geht nicht darum, sie loszuwerden. Fühl dich immer wieder dazu eingeladen, in einen neuen Umgang mit dir selbst zu finden. Denn damit schaffst du perfekte Voraussetzungen, um nachhaltig in einen neuen Umgang mit deinen Kindern zu finden. Wir dürfen Frieden damit schließen, dass das ein Prozess sein darf, zu dem uns unsere Kinder jeden Tag aufs Neue einladen. Lass uns kühn sein und sogar annehmen, dass es uns *zusteht*, diesen Prozess zu *genießen*. Und uns dafür zu feiern, dass wir überhaupt unterwegs sind.

Die wichtigsten Lehrer für meinen Prozess waren und sind meine Kinder. Man könnte fast sagen: Sie sind meine Gurus! Denn heute weiß ich, dass das Wunder, das mir durch den ersten Blick in Malas Augen erstmals in dieser Intensität begegnete, eine Erinnerung war. An das, was für uns alle Gültigkeit besitzt: dass wir gut sind. Dass wir vollkommen sind. Dass wir wundervoll sind. So wie wir sind. Einfach so. Weil ich ich bin. Und weil du du bist. Du bist ein Wunder. Und unsere Kinder erinnern uns daran.

Lasst uns gemeinsam daran erinnern. Lasst uns an das Wunder erinnern, das jedem entgegenscheint, der schon mal das Glück hatte, ein Baby in den Armen halten oder Kinder begleiten zu dürfen. Daran, was für jede und jeden Einzelnen von uns gilt: Du bist ein Wunder! Auch wenn das nach und nach in Vergessenheit geraten ist. Es ist immer noch da. Immer. In dir. In mir. In deinem Kind. In jedem von uns. Selbst wenn alles gerade mal wieder furchtbar anstrengend ist – wenn wir *damit* in Verbindung sind, können wir Familie so leben, wie es uns theoretisch längst klar ist. Alles, was es braucht, ist, dass wir uns erinnern.

Mein Herz tanzt bei dem Gedanken, dass ich mit diesem Buch und mit diesen Worten einen Beitrag dazu leisten kann, dass *dich* diese Erinnerung erreicht. Denn ich fühle, dass wir an der Schwelle stehen. Zu einer neuen Zeit. Und dass das ein Puzzlestück sein könnte, um sie endlich zu überschreiten. Um endlich zu leben, wonach wir uns am Ende *alle* sehnen.

Du bist ein Wunder! Schön, dass es dich gibt!

Herzensgrüße für dich,
deine Nina

Literaturverzeichnis

Arnhold-Kerri, Sonja; Otto, Friederike, & Sperlich, Stefanie (2011). Zusammenhang zwischen familiären Stressoren, Bewältigungsressourcen von Müttern und der gesundheitsbezogenen Lebensqualität ihrer Kinder. In: *Psychotherapie – Psychosomatik – Medizinische Psychologie (611)*, 405–411.

Aldort, Naomi (2008). *Von der Erziehung zur Einfühlung*. Freiburg: Arbor Verlag.

Berk, Laura E. (2019). *Entwicklungspsychologie*. 7. aktualisierte Auflage. Pearson Studium.

Bolster, Marie; Rattay, Petra; Hölling, Heike, & Lampert, Thomas (2020). Zusammenhang zwischen elterlichen Belastungen und der psychischen Gesundheit von Kindern und Jugendlichen. In: *Kindheit und Entwicklung (29)*, 30–39.

Bucay, Jorge (2005): *Komm, ich erzähl dir eine Geschichte*. Zürich: Ammann Verlag.

Byron Katie & Mitchell, Stephen (2002). *Lieben was ist. Wie vier Fragen Ihr Leben verändern können*. München: Goldmann Verlag.

Cina, Annette, & Bodenmann, Guy (2009). Zusammenhang zwischen Stress der Eltern und kindlichem Problemverhalten. In: *Kindheit und Entwicklung (18)*, 39–48.

Dias, Bryan G., & Ressler, Kerry J. (2014). Parental olfactory experience influences behavior and neural structure in subsequent generations. In: *Nature Neuroscience, 17*, 89–96.

Dias, Bryan G., et al. (2014). Amygdala-Dependent Fear Memory Consolidation via miR-34a and Notch Signaling, Neuron. http://dx.doi.org/10.1016/j.neuron.2014.07.019.

Edelmann, Walter, & Wittmann, Simone (2019). *Lernpsychologie*, 8. Auflage. Weinheim: Beltz Verlag.

Felfe, Jörg, et al. (2012). *Grundriss der Psychologie. Arbeits- und Organisationspsychologie 1: Arbeitsgestaltung, Motivation und Gesundheit.* Stuttgart: Kohlhammer Verlag.

Fuchs, Reinhard (2007). Das MoVo-Modell als theoretische Grundlage für Programme der Gesundheitsverhaltensänderung. In: Fuchs, Reinhard, et al. (Hrsg.), *Aufbau eines körperlich-aktiven Lebensstils* (317–325). Göttingen: Hogrefe Verlag.

Förstl, Hans (2012). *Theory of Mind: Neurobiologie und Psychologie sozialen Verhaltens.* 2. Auflage. Berlin: Springer Verlag.

Heidenreich, Thomas, & Michalak, Johannes (2013). *Die »dritte Welle« der Verhaltenstherapie.* Weinheim: Beltz Verlag.

Hendrix, Cassandra L., et al. (2020). Maternal Childhood Adversity Associates With Frontoamygdala Connectivity in Neonates. In: *Biological Psychiatry: Cognitive Neuroscience and Neuroimaging,* 2021 Apr 6(4):470–478.

Huizinga, Mariëtte, Dolan, Conor V. & van der Molen, Maurits W. (2006). Age-related change in executive function: developmental trends and a latent variable analysis. In *Neuropsychologia 44* (11), 2017–2036.

Kabat-Zinn, Jon (2020). *Das heilende Potenzial der Achtsamkeit.* Freiburg: Arbor Verlag.

Kopp, Diana von (2015). 11 Millionen vs. 40 Bit. Focusing. essentials. Springer, Wiesbaden. https://doi.org/10.1007/978-3-658-08754-8_10.

Lorenz, Stefanie (2020).*»Ich war schon immer so ...«.* Suhland Verlag.

Neff, Kristin (2012). *Selbstmitgefühl. Wie wir uns mit unseren Schwächen versöhnen und uns selbst der beste Freund werden.* München: Kailash Verlag.

Margraf, Jürgen, & Schneider, Silvia (2018). *Lehrbuch der Verhaltenstherapie. Grundlagen, Diagnostik, Verfahren und Rahmenbedingun-*

gen psychologischer Therapie. Band 1, 4. Auflage. Berlin: Springer Verlag.

Pfeiffer, Jörg, & Walther, Michael (2012). Nachhaltige Unternehmensentwicklung durch Beteiligung. Den Lernprozess der nachhaltigen Entwicklung durch Partizipation in Unternehmen gestalten. In: Linne, Gudrun, & Schwarz, Michael (Hrsg.), *Handbuch Nachhaltige Entwicklung*. VS Verlag für Sozialwissenschaften, Wiesbaden, 447–459.

Schmidt, Nicola (2018). *Geschwister als Team. Ideen für eine starke Familie*. München: Kösel-Verlag.

Schmidt, Nicola (2020). *Der Elternkompass. Was ist wirklich gut für mein Kind? Alle wissenschaftlichen Studien ausgewertet*. München: Gräfe und Unzer.

Siegel, Daniel J., & Payne Bryson, Tina (2016). *Disziplin ohne Drama. Achtsame Kommunikation mit Kindern*. Freiburg: Arbor Verlag.

Stahl, Stefanie (2020). *So stärken Sie Ihr Selbstwertgefühl. Damit das Leben einfach wird*. München: Kailash Verlag.

Young, Jeffrey E., Klosko, Janet S., et al. (2005). *Schematherapie. Ein praxisorientiertes Handbuch*. Paderborn: Junfermann Verlag.

Anmerkungen

1 Kabat-Zinn, Jon (2020). *Das heilende Potenzial der Achtsamkeit.* Freiburg: Arbor Verlag.

2 Heidenreich, Thomas, & Michalak, Johannes (2013). *Die »dritte Welle« der Verhaltenstherapie.* Weinheim: Beltz Verlag.

3 Neff, Kristin (2012). *Selbstmitgefühl. Wie wir uns mit unseren Schwächen versöhnen und uns selbst der beste Freund werden.* München: Kailash Verlag.

4 Zum Beispiel Bolster, Marie, et al. (2020). Zusammenhang zwischen elterlichen Belastungen und der psychischen Gesundheit von Kindern und Jugendlichen. In: *Kindheit und Entwicklung (29),* 30–39. Oder Arnhold-Kerri, Sonja, et al. (2011). Zusammenhang zwischen familiären Stressoren, Bewältigungsressourcen von Müttern und der gesundheitsbezogenen Lebensqualität ihrer Kinder. In: *Psychotherapie – Psychosomatik – Medizinische Psychologie (611),* 405–411.

5 Cina, Annette, & Bodenmann, Guy (2009). Zusammenhang zwischen Stress der Eltern und kindlichem Problemverhalten. In: *Kindheit und Entwicklung (18),* 39–48.

6 Fuchs, Reinhard (2007). Das MoVo-Modell als theoretische Grundlage für Programme der Gesundheitsverhaltensänderung. In: Fuchs, Reinhard, et al. (Hrsg.), *Aufbau eines körperlichaktiven Lebensstils (317–325).* Göttingen: Hogrefe Verlag.

7 Ebenda.

8 Neff, Kristin (2012). *Selbstmitgefühl.*

9 Lorenz, Stefanie (2020). Ich war schon immer so. Suhland Verlag.

10 Neff, Kristin (2012). *Selbstmitgefühl.*

11 Hendrix, Cassandra L., et al. (2020). Maternal Childhood Adversity Associates With Frontoamygdala Connectivity in Ne-

onates. In: *Biological Psychiatry: Cognitive Neuroscience and Neuroimaging*, 2021 Apr 6(4):470–478.

12 Dias, Bryan G., & Ressler, Kerry J. (2014). Parental olfactory experience influences behavior and neural structure in subsequent generations. In: *Nature Neuroscience*, 17, 89–96.

13 Edelmann, Walter, & Wittmann, Simone (2019). *Lernpsychologie, 8*. Auflage. Weinheim: Beltz Verlag.

14 Margraf, Jürgen, & Schneider, Silvia (2018). *Lehrbuch der Verhaltenstherapie. Grundlagen, Diagnostik, Verfahren und Rahmenbedingungen psychologischer Therapie*. Band 1, 4. Auflage. Berlin: Springer Verlag.

15 Schmidt, Nicola (2020). *Der Elternkompass. Was ist wirklich gut für mein Kind? Alle wissenschaftlichen Studien ausgewertet*. München: Gräfe und Unzer.

16 Ebenda.

17 Huizinga, Mariëtte, et al. (2006). Age-related change in executive function: developmental trends and a latent variable analysis. In *Neuropsychologia 44* (11), 2017–2036.

18 Berk, Laura E. (2019). *Entwicklungspsychologie*. 7. aktualisierte Auflage. Pearson Studium.

19 Förstl, Hans (2012). *Theory of Mind: Neurobiologie und Psychologie sozialen Verhaltens*. 2. Auflage. Berlin: Springer Verlag.

20 Berk, Laura E. (2019). *Entwicklungspsychologie*.

21 Kopp, Diana von (2015). 11 Millionen vs. 40 Bit. In: *Focusing. essentials*. Springer, Wiesbaden. https://doi.org/10.1007/978-3-658-08754-8_10

22 Siegel, Daniel J., & Payne-Bryson, Tina (2016). *Disziplin ohne Drama. Achtsame Kommunikation mit Kindern*. Freiburg: Arbor Verlag.

23 Lorenz, Stefanie (2020). *Ich war schon immer so.*

24 Bucay, Jorge (2005): *Komm, ich erzähl dir eine Geschichte*. Zürich: Ammann Verlag.

25 Berk, Laura E. (2019). *Entwicklungspsychologie.*

26 Byron Katie & Mitchell, Stephen (2002). *Lieben was ist. Wie vier Fragen Ihr Leben verändern können.* München: Goldmann Verlag.

27 Young, Jeffrey E., et al. (2005). *Schematherapie. Ein praxisorientiertes Handbuch.* Paderborn: Junfermann Verlag.

28 Young, Jeffrey E., et al. (2005). *Schematherapie.*

29 Stahl, Stefanie (2020). *So stärken Sie Ihr Selbstwertgefühl. Damit das Leben einfach wird.* München: Kailash Verlag.

30 Mit diesem Sachverhalt hat sich schon früh der österreichische Neurologe und Psychiater Viktor E. Frankl (1905–1997), der das KZ Auschwitz überlebte, auseinandergesetzt. Dr. Karella Easwaran widmet sich dem Thema in ihrem Buch *Das Geheimnis ausgeglichener Mütter* (München: Kösel-Verlag, 2020).

31 Marshall B. Rosenberg (2012). *Gewaltfreie Kommunikation. Eine Sprache des Lebens.* Paderborn: Junfermann Verlag.

32 Wer zu diesem Thema noch mehr lesen möchte, wird bei Aida S. de Rodriguez (*Es geht auch ohne Strafen,* München: Kösel-Verlag 2019) oder Nicola Schmidt (*Erziehen ohne Schimpfen,* München: Gräfe und Unzer 2019) fündig.

33 Felfe, Jörg, et al. (2012). *Grundriss der Psychologie. Arbeits- und Organisationspsychologie 1: Arbeitsgestaltung, Motivation und Gesundheit.* Stuttgart: Kohlhammer Verlag. Und: Pfeiffer, Jörg, & Walther, Michael (2012). Nachhaltige Unternehmensentwicklung durch Beteiligung. Den Lernprozess der nachhaltigen Entwicklung durch Partizipation in Unternehmen gestalten. In: Linne, Gudrun, & Schwarz, Michael (Hrsg.), *Handbuch Nachhaltige Entwicklung.* VS Verlag für Sozialwissenschaften, Wiesbaden, 447–459.

34 Jesper Juul (2008): *Nein aus Liebe. Klare Eltern – starke Kinder.* München: Kösel-Verlag.

35 Aldort, Naomi (2008). *Von der Erziehung zur Einfühlung.* Freiburg: Arbor Verlag.

36 Schmidt, Nicola (2018). *Geschwister als Team. Ideen für eine starke Familie.* München: Kösel-Verlag.

Liebe*r Leser*in,

ich danke dir von Herzen, dass du dir Zeit für dieses Buch genommen hast. Für mich ist das – in einem vollen Alltag, mit all den Pflichten, die wir Eltern haben – nicht selbstverständlich. Ich bin mir darüber bewusst, dass der in diesem Buch beschriebene Prozess mitunter sehr intensiv sein kann. Dass es vielleicht Fragen geben kann, die unbequem sind oder gar wehtun. Dass es vielleicht Wunden gibt, die aufreißen. Und dass wir vielleicht an Weggabelungen landen, an denen wir nicht mehr weiterwissen.

Falls du an diesen Punkt kommst, ist das okay. Es handelt sich schließlich um psychotherapeutische Techniken und Prozesse, die tief gehende Wirkung haben können. Doch das muss kein Weg sein, den du alleine gehst. Es kann sogar eine richtig gute Idee sein, dir eine*n Wegbegleiter*in an die Seite zu holen.

Da ich diese Wege selbst immer am liebsten gemeinsam mit Gleichgesinnten gegangen bin, biete ich ein Gruppenprogramm an (bestehend aus Online- und Live-Treffen). Mit diesem Programm begleite und führe ich dich gemeinsam mit gleichgesinnten Eltern durch den im Buch beschriebenen Prozess.

Als Leser*in dieses Buches bekommst du ein besonderes Geschenk auf deine Buchung. Alle Infos findest du auf www.ninagrimm.de/haettemuesstesollte

Ich freu mich auf dich und sende dir bis dahin Herzensgrüße.

Deine Nina